Chowdhury/Meier/Schröder

Standardfälle Strafrecht für Fortgeschrittene

1. Auflage 2007

ISBN 978-3-86724-042-0

1. Auflage 2007

© 2007 Niederle Media

Bezug über den Buchhandel oder direkt vom Verlag
Niederle Media
48341 Altenberge
Fax (02505) 93 98 99
E-Mail: info@niederle-media.de
www.niederle-media.de

Druck:

▶ Inhaltsverzeichnis

▶ Standardfälle Strafrecht für Fortgeschrittene

Vorwort 5

Fall 1: *Motorsport ist Mord* 7
* Versuch der Beteiligung
* Mordmerkmale
* Tötungsdelikte und § 28 StGB
* Betrug
* Zweckverfehlungslehre

Fall 2: *Beschäftigungsmaßnahmen* 30
* Diebstahl
* Schwerer Diebstahl
* Versuch und Regelbeispiel
* Vorsatzwechsel beim Diebstahl

Fall 3: *Verloren & gefunden* 55
* Diebstahl
* Unterschlagung
* Manifestationslehren
* Wiederholte Zueignung
* Beteiligung an der Unterschlagung

Fall 4: *Wenn die Provision lockt* 78
* Betrug
* Abgrenzung Diebstahl/Betrug
* Verfügungsbewusstsein
* Diebstahl in mittelbarer Täterschaft

Fall 5: *Monique in der Boutique* 107
* Abgrenzung Raub/Räuberische Erpressung
* Scheinwaffe
* Finalzusammenhang
* Raub durch Unterlassen
* Diebstahl im besonders schweren Fall

4

Fall 6: *Späte Reue* 138
- Erfolgsqualifikation
- Raub
- Totschlag
- Rücktritt vom erfolgsqualifizierten Versuch
- Nötigung und fahrlässige Tötung

Fall 7: *Zu früh gefreut* 159
- Falsche Verdächtigung
- Falschaussage und Meineid
- Verleiten zur Falschaussage
- Strafvereitelung
- Begünstigung

Fall 8: *Alte Bekannte* 189
- Hausfriedensbruch
- Beleidigung und Verleumdung
- Gefährliche Körperverletzung
- Freiheitsberaubung
- Nötigung

Fall 9: *Geschönte Zahlen* 222
- Urkundenfälschung
- Falschbeurkundung im Amt
- Mittelbare Falschbeurkundung
- Begriff des „Bewirkens"
- Verfälschen durch den Aussteller
- Anforderungen an das „Bestimmen"

Fall 10: *Vom rechten Weg abgekommen* 258
- Gefährdung des Straßenverkehrs
- Trunkenheit im Verkehr
- Unerlaubtes Entfernen vom Unfallort
- Teilnahme an den §§ 315 ff. StGB
- Beihilfe durch Unterlassen

Literaturverzeichnis 287

Vorwort

Das vorliegende Skript ist in erster Linie für fortgeschrittene Studenten gedacht, die bereits Grundwissen im Strafrecht erworben und in der Lösung strafrechtlicher Fälle schon erste Erfahrung haben. Aufbauend auf diesen Grundkenntnissen ist das Skript als Einheit mit dem Skript *„Standardfälle Strafrecht für Anfänger"* zu verstehen. Die Idee zu dem Skript entstand im Zuge der Durchführung eines Begleitkollegs zum Besonderen Teil des StGB, das im Sommersemester 2006 an der Georg-August-Universität Göttingen die in der Vorlesung „Strafrecht II" behandelten BT-Delikte vertiefen sollte. Die im Rahmen dieser Veranstaltung entwickelten Fälle und Ideen für die Vermittlung strafrechtlicher Inhalte sind in dieses Fallbuch eingeflossen. Anknüpfend an den Zweck des Begleitkollegs ist es Ziel des Skripts, die examensrelevantesten Bereiche des Besonderen Teils abzudecken.

Sofern die Lösungsvorschläge sehr ausführlich erscheinen, sollte sich der Leser davon nicht abschrecken lassen; insoweit ist das Skript wie alle Anleitungen zur Falllösung ein Kompromiss zwischen der „Simulation" von Prüfungssituationen und der umfassenden Darstellung von Inhalten. Was Ersteres angeht, so ist es ein besonderes Anliegen dieses Skripts, dem Leser Hilfestellungen für die Bewältigung von Klausuren und Hausarbeiten zu geben, indem Hinweise zum Vorgehen in der Prüfungssituation gegeben werden. Die klare Struktur im Aufbau und die klare Diktion in der Darstellung der Inhalte sollen dem Leser helfen, auch die zum Teil schwierigeren strafrechtlichen Fragestellungen der Fälle zu verstehen und deren Lösung nachzuvollziehen. Insgesamt soll das Skript so einerseits auf die Fortgeschrittenenklausur vorbereiten, andererseits aber auch die Möglichkeit bieten, sich mit der Situation im Staatsexamen vertraut zu machen, in dem teilweise (längst nicht immer!) nach der Fähigkeit zum Umgang mit unbekannten Fragestellungen und deren Lösung mit Hilfe eigener juristischer Argumentation gefragt ist.

Schließlich sollte sich der Leser stets vergegenwärtigen, dass die präsentierten Lösungen letztlich Vorschläge darstellen, die nicht davon abhalten sollen, eigene Gedanken zu entwickeln.

Die Fußnoten wurden weitgehend auf Nachweise aus der leicht zugänglichen Kommentar- und Lehrbuchliteratur beschränkt. Falls nicht anders angegeben, wurden in den Fußnoten jeweils die aktuellen Auflagen zitiert. Beim Lesen und vor allem beim Lösen der Fälle wünschen wir viel Erfolg!

Göttingen, im Herbst 2006

Tobias Chowdhury (Autor der Fälle 2, 4, 9)
Kai-Michael Meier (Autor der Fälle 5, 7, 10)
Thomas Schröder (Autor der Fälle 1, 3, 6, 8)

▶ Unsere Skripten, Karteikarten, Hörbücher

Zivilrecht (je Titel 6,60 €*)

Standardfälle für Anfänger
Standardfälle für Fortgeschrittene
Standardfälle Schuldrecht
Standardfälle Ges. Schuldverh. (§§ 677, 812, 823)
Standardfälle Sachenrecht
Standardfälle Familien- und Erbrecht
Originalklausuren Übung für Fortgeschrittene
Streitfragen Schuldrecht
Einführung in das Bürgerliche Recht
Schuldrecht (AT)
Schuldrecht (BT) 1 - §§ 437, 536, 634, 670 ff.
Schuldrecht (BT) 2 - §§ 812, 823, 765 ff.
Sachenrecht 1 – Bewegliche Sachen
Sachenrecht 2 – Unbewegliche Sachen
Familienrecht
Erbrecht
Definitionen für die Zivilrechtsklausur (7,90) 1)

Strafrecht (je Titel 6,60 €)

Standardfälle für Anfänger Bd. 1 (7,90) und Bd. 2
Standardfälle für Fortgeschrittene (8,90)
Strafrecht (AT)
Strafrecht (BT) 1 - Vermögensdelikte
Strafrecht (BT) 2 - Nichtvermögensdelikte
Definitionen für die Strafrechtsklausur 1)
Jugendstrafrecht/Strafvollzug/Kriminologie

Öffentl. Recht (je Titel 6,60 €*)

Standardfälle Staatsrecht I – VerfassungsR (7,90)
Standardfälle Staatsrecht II – Grundrechte (7,90)
Standardfälle für Anfänger
Standardfälle für Fortgeschrittene
Basiswissen Staatsrecht I – Verfassungsrecht 1)
Basiswissen Staatsrecht II – Grundrechte 1)
Verwaltungsrecht (AT) 1 - VwVfG
Verwaltungsrecht (AT) 2 – VwGO
Standardfälle Verwaltungsrecht (AT)
Verwaltungsrecht (BT) 1 - POR
Verwaltungsrecht (BT) 2 – Baurecht
Verwaltungsrecht (BT) 3 – Umweltrecht
Standardfälle Baurecht
Staatshaftungsrecht
Grundriss Europarecht (7,90) 1)
Standardfälle Europarecht (7,90)
Definitionen Öffentliches Recht (7,90) 1)
Kinder- und Jugendhilferecht
Sozpäd. Diagn.: Ambulante Hilfen der Jugendhilfe

Steuerrecht (je Titel 6,60 €)

Abgabenordnung (AO)
Einkommensteuerrecht (EStG)
Umsatzsteuerrecht
Erbschaftsteuerrecht/Bewertungsrecht 2)
Steuerstrafrecht/Verfahren/Steuerhaftung

Grundlagen (je Titel 6,60 €*)

Wie gelingt meine BGB-Hausarbeit?
Einführung in die Rhetorik
500 Spezial-Tipps f. Juristen (10,90)
Ratgeber Assessment Center
Mitarbeiterführung 2)
Vernetztes Denken 2)
Selbstmanagement 2)
Mediation

Nebengebiete (je 6,60 €)

Handelsrecht
Gesellschaftsrecht
Standardfälle Handels- & GesellschaftsR
Arbeitsrecht
Kollektives Arbeitsrecht
Standardfälle Arbeitsrecht
ZPO I - Erkenntnisverfahren
ZPO II - Zwangsvollstreckung
Strafprozessordnung (StPO)
Internationales Privatrecht
Insolvenzrecht
Gewerbl. Rechtsschutz/Urheberrecht

Assessorexamen (je 6,60 €)

Die Relationstechnik
Der strafrechtliche Aktenvortrag
Der Aktenvortrag im Wahlfach Strafrecht
Der zivilrechtliche Aktenvortrag
Der öffentlich-rechtliche Aktenvortrag
Urteilsklausuren Zivilrecht
Anwaltsklausuren Zivilrecht
Staatsanwaltl. Sitzungsdienst & Plädoyer
Die strafrechtliche Assessorklausur
Die öffentl.-rechtl. Assessorklausur Bd.1+2
Zwangsvollstreckungsklausuren
Vertragsgestaltung in der Anwaltsstation

BWL & VWL (je Titel 6,60 €)

Einführung in die Betriebswirtschaftslehre
Einführung in die Volkswirtschaftslehre
Ratg. „500 Spezial-Tipps für BWLer"
Rechnungswesen
Grundl. emp. (quant.) Methoden 2)
Marketing
Organisationsgestaltung & -entwicklung
Internationales Management
Unternehmensführung
Wie gelingt meine wiss. Abschlussarbeit?
Ratgeber Assessment Center
Einführung in die Rhetorik
Mitarbeiterführung 2)
Vernetztes Denken 2)
Selbstmanagement 2)
Alle Preise freibleibend

* 6,60 Euro, soweit nicht ein anderer Preis in ( ) angegeben ist

1) Auch als **Hörbuch** (Audio-CD) lieferbar; 2) Titel, die in Vorbereitung sind

Alle lieferbaren Titel im Internet unter **www.niederle-media.de.**

Fall 1: „Motorsport ist Mord"[1]

▶ **Standort:** Strafrecht BT, Tötungsdelikte mit Beteiligung, Betrug

Bereits seit einiger Zeit hatte der E den Verdacht, dass ihn seine Frau Q mit einem Vereinskameraden aus dem Motorsportclub „Schneller-Lauter-Tiefer-Breiter" betrügt. Tatsächlich erwischt er sie eines Abends in flagranti mit S, dem attraktiven Schriftführer des Vereins. E ist außer sich vor Wut. Dabei nimmt er dem S den Vorfall wesentlich übler als der „blöden Q", weil der Schriftführer schon viele Wochen keine Gelegenheit ausgelassen hatte, sich über den tiefergelegten Fiat Panda des E lustig zu machen. Nun hat E von den Demütigungen endgültig genug und beschließt, nicht länger im Schatten des S zu stehen.

Bereits am nächsten Tag wendet er sich wegen eines „Spezialauftrags" an den H, der nicht nur der Kassenwart des Clubs, sondern auch eine lokale Unterweltgröße ist. Gegen die Zahlung von 10.000 , so das Angebot des E an H, solle dieser den S für immer zum Schweigen bringen. H weist den E darauf hin, dass sich diese Offerte weit unter den marktüblichen Preisen bewege, er aber bereit sei, für einen Vereinsfreund auch einmal beide Augen zuzudrücken. Als Ausgleich für diese Großzügigzeit müsse er jedoch auf Vorauskasse bestehen. E erklärt sich einverstanden. Drei Tage später überreicht er dem H die vereinbarte Summe in bar. H gibt das Geld alsbald aus.

Auf die Tötung des S aber wartet E vergeblich. S erfreut sich weiterhin bester Gesundheit. H hatte nämlich zu keinem Zeitpunkt im Sinn gehabt, seinem Freund S etwas anzutun. Diese freundschaftliche Beziehung war E verborgen geblieben.

Prüfen Sie die Strafbarkeit von H und E nach dem StGB!

---

[1] Fall nach *KG* NJW 2001, 86.

8

A. Die Strafbarkeit des H
I. Versuch der Beteiligung an einem Mord, §§ 212 I, 211, 30 II StGB
1. Objektiver Tatbestand: Keine ernsthafte Bereiterklärung durch H
2. Ergebnis

II. Betrug gegenüber und zu Lasten des E, § 263 I StGB
1. Objektiver Tatbestand
    a) Täuschung: Ausdrückliche Täuschung über Tatbereitschaft
    b) Irrtum
    c) Vermögensverfügung: 10.000 Vermögen i.S.v. § 263 StGB?
    d) Schaden: Ist auch die bewusste Selbstschädigung erfasst?
2. Ergebnis

III. Unterschlagung, § 246 I StGB
1. Objektiver Tatbestand
    a) Tatobjekt: Übereignung an H nach §§ 134, 138 BGB nichtig
    b) Tathandlung Zueignung: Keine Manifestation durch H
2. Ergebnis

B. Die Strafbarkeit des E
I. Versuchte Anstiftung zum Mord an S, §§ 212 I, 211, 30 I 1. Alt. StGB
1. Vorprüfung
    a) Kein Eintritt der Haupttat in das Versuchsstadium
    b) Strafbarkeit der versuchten Beteiligung
2. Tatentschluss
    a) Tatentschluss bzgl. des Bestimmens
    b) Tatentschluss bzgl. Haupttat: Kenntnis der vermeintlichen
        Habgier bei H, hingegen kein Tatentschluss bzgl. Heimtücke
    c) Sonstige subjektive Merkmale: Niedrige Beweggründe bei E,
        vorgestellte Habgier bei H, daher „gekreuzte Mordmerkmale"
3. Unmittelbares Ansetzen
4. Rechtswidrigkeit
5. Schuld
6. Ergebnis

II. Nichtanzeige geplanter Straftaten, § 138 I Nr. 5 StGB
E ist als Beteiligter an der geplanten Tat nicht zur Anzeige verpflichtet

Endergebnis

A. Die Strafbarkeit des H

I. Versuch der Beteiligung an einem Mord, §§ 212 I, 211, 30 II, 1. Mglk. StGB

Indem H dem E gegenüber erklärte, er sei zur Tötung des S bereit, könnte er sich wegen des Versuchs der Beteiligung an einem Mord gemäß §§ 212 I, 211, 30 II 1. Mglk. StGB strafbar gemacht haben.

1. Objektiver Tatbestand

H müsste sich gemäß § 30 II 1. Mglk. StGB zur Begehung eines Verbrechens bereit erklärt haben. Bereiterklären meint die Aussage, ein bestimmtes Verbrechen begehen zu wollen[2], wobei die Begehungsformen des Sicherbietens und der Annahme einer Aufforderung inbegriffen sind[3]. Dabei wohnt dem Begriff bereits ein subjektives Element inne: Die Erklärung muss **ernst gemeint** sein.[4] H hat eine Aufforderung des E zur Tötung des S angenommen. Allerdings steht die Ernstlichkeit dieser Erklärung in Frage. Nach dem Sachverhalt ist H nur zum Schein auf das Angebot des E eingegangen, um von diesem eine Anzahlung zu bekommen. Den Tatentschluss zur Tötung des S hat H zu keinem Zeitpunkt gefasst. Wie sich aus dem hohen Strafrahmen des § 30 II StGB ergibt – der Strafrahmen des § 30 ist grundsätzlich von der Strafandrohung für die Haupttat abhängig – kann allein die Tatsache, einem anderen gegenüber ein Tötungsversprechen abzugeben, nicht den Unwertgehalt des Versuchs an der Beteiligung ausmachen. Der Versprechende muss vielmehr auch **selbst** zur Tat entschlossen sein. Dies war aber nicht der Fall. Es fehlte daher an einer ernst gemeinten Erklärung des H zur Begehung eines Verbrechens.

---

[2]   *Joecks*, StGB, § 30 Rn. 12.
[3]   *Tröndle/Fischer*, StGB, § 30 Rn. 10.
[4]   *BGH*St 6, 346 (347), *Wessels/Beulke*, AT, Rn. 564; *Tröndle/Fischer*, aaO.

2. Ergebnis

H hat sich nicht wegen des Versuchs der Beteiligung an einem Mord gemäß §§ 212 I, 211, 30 II 1. Mglk. StGB strafbar gemacht.

II. Betrug gegenüber und zu Lasten des E, § 263 I StGB[5]

Indem der H von E 10.000 annahm, könnte er sich wegen Betrugs gegenüber E und zu Lasten des E gemäß § 263 I StGB strafbar gemacht haben.

> **Achtung:** Bei § 263 StGB müssen Verfügender und Geschädigter nicht personenidentisch sein (Fall des „Dreiecksbetrugs"). Es sollte daher schon in der Überschrift deutlich werden, wer einerseits Getäuschter und Verfügender, andererseits Geschädigter sein soll.

1. Objektiver Tatbestand

a) Täuschung

H müsste den E getäuscht haben. Täuschung ist die intellektuelle Einwirkung auf das Vorstellungsbild eines anderen mit dem Ziel der Irreführung über Tatsachen.[6] Tatsachen sind alle vergangenen und gegenwärtigen Sachverhalte, die objektiv bestimmt und dem Beweis zugänglich sind. Auch psychische Zustände sind als so genannte „**innere Tatsachen**" erfasst.[7] H hat durch seine vermeintliche Zusage auf das Vorstellungsbild des E eingewirkt und ihm eine in Wirklichkeit nicht gegebene Bereitschaft zur Tötung des S suggeriert. Die Bereitwilligkeit zu einer bestimmten Handlung ist ein gegenwärtiger Sachverhalt, der dem Beweis zugänglich ist. **H hat** somit den E über eine innere Tatsache ausdrücklich **getäuscht**.[8]

---

[5] Zur ausführlichen Behandlung des Betrugs siehe Fall 4.
[6] *Lackner/Kühl*, StGB, § 263 Rn. 6.
[7] *Kindhäuser*, BT II, § 27 Rn. 18.
[8] Von manchen Autoren wird die mangelnde Schutzwürdigkeit des E wegen des von ihm verfolgten Ziels bereits der Täuschung zugeordnet. E könne bei dem von ihm vorgeschlagenen Geschäft schwerlich einen Anspruch auf

b) Irrtum

Die Täuschung müsste einen Irrtum bei E verursacht haben. Irrtum ist jede unrichtige, der Wirklichkeit nicht entsprechende Vorstellung über Tatsachen.[9] E ist von einer nicht existenten Bereitschaft des H zur Tötung seines Nebenbuhlers ausgegangen. Er hat sich mithin geirrt.

c) Vermögensverfügung

Weiterhin ist erforderlich, dass der Irrtum des E eine Vermögensverfügung seinerseits ausgelöst hat. Vermögensverfügung ist jedes (rechtliche oder tatsächliche) **Handeln, Dulden oder Unterlassen**, das unmittelbar zu einer Vermögensminderung führt.[10] Weil E an die Tötungsbereitschaft des H glaubte, war er bereit gewesen, diesem 10.000 aus seinem eigenen Vermögen zu übergeben. Es ist daher an und für sich davon auszugehen, dass E durch sein Handeln eine irrtumsbedingte, unmittelbare Minderung seines Vermögens bewirkt hat. Fraglich ist allerdings, ob und wie sich die missbilligenswerte Zielsetzung seines Mitteleinsatzes auf den strafrechtlichen Vermögensschutz des E auswirkt. Dieses Problem ist zunächst im Zusammenhang mit der Reichweite des Vermögensbegriffs im Sinne von § 263 StGB zu untersuchen.

aa) Der wirtschaftliche Vermögensbegriff

Nach Auffassung des Bundesgerichtshofs und einer Minderheitsansicht in der Literatur ist unter Vermögen die Gesamtheit aller geldwerten Güter einer Person zu verstehen. Erfasst sind demnach also **alle ökonomisch wertvollen Positionen**, ohne dass diese unter dem Schutz

---

wahrheitsgemäße Information haben; vgl. *Kindhäuser*, BT II, § 27 Rn. 128; *Hecker*, JuS 2001, 228 (231) m. w. N. Eine solche normative Auslegung des Täuschungsmerkmals ist dem Gesetz allerdings kaum zu entnehmen.

[9]   *Wessels/Hillenkamp*, BT/2, Rn. 508.

[10] *Rengier*, BT I, § 13 Rn. 23.

der Rechtsordnung stehen müssen.[11] Dieser Auffassung zufolge bestehen keine Bedenken, das an H übergebene Geld trotz seiner sittenwidrigen Verwendung durch E unter den strafrechtlichen Vermögensbegriff zu subsumieren.[12]

bb) Der juristisch-ökonomische Vermögensbegriff

Der wirtschaftliche Vermögensbegriff ist auch Ausgangspunkt des juristisch-ökonomischen Vermögensbegriffs. Allerdings wird dieser faktische Ausgangspunkt unter Bezugnahme auf die Gesamtrechtsordnung und dabei insbesondere das Zivilrecht für die Fälle eingeschränkt, in denen ein Vermögensbestandteil im wirtschaftlichen Sinne unter „juristischen" Gesichtspunkten **nicht schutzwürdig** erscheint.[13]

Innerhalb dieser Lehre ist allerdings umstritten, ob es auch für die hier einschlägige Konstellation (Einsatz „guten" Geldes für sitten- oder strafrechtswidrige Zwecke[14]) angezeigt ist, den strafrechtlichen Vermögensschutz zu versagen. **Nach einer Auffassung** ist dies abzulehnen. Eigentum und Besitz seien von der Rechtsordnung geschützte Vermögensbestandteile, denen ihr Schutz auch nicht durch den Einsatz zu verbotenen Zwecken entzogen werden darf.[15] Ein wegen seiner Entstehung, Herkunft oder Verwendung **schlechthin schutzunwürdiges Vermögen** kenne die Rechtsordnung nicht.[16] **Die Gegenansicht** sieht in diesem Ergebnis durchaus einen Widerspruch zur Gesamtrechtsordnung. Wer sein Geld zur Erreichung rechtswidriger Ziele einsetze, verliere seinen Anspruch auf die Rückabwicklung des Geschäfts, §§ 134, 138 I, 817 S. 2 BGB.

---

[11] *BGHSt* 2, 364 (366 f.); 26, 346 (347); 32, 88 (91); *KG* NJW 2001, 86; *Krey/Hellmann*, BT II, Rn. 433; *Tröndle/Fischer*, StGB, § 263 Rn. 54 ff.
[12] Die „personale Vermögenslehre", die Vermögen als personal strukturierte Einheit zur Entfaltung der im gegenständlichen Bereich versteht, kommt für diese Fälle zum gleichen Ergebnis, vgl. *Otto*, BT, § 38 Rn. 1 ff.; § 51 Rn. 50 m. w. N.
[13] *Rengier*, BT I, § 13 Rn. 53.
[14] Benennung bei *Joecks*, StGB, § 263 Rn. 105.
[15] *Rengier*, BT I, § 13 Rn. 60; *Wessels/Hillenkamp*, BT/2, Rn. 564.
[16] *Wessels/Hillenkamp*, aaO; zur möglichen Zirkelschlüssigkeit dieses Arguments vgl. aber *Arzt/Weber*, BT, § 20 Rn. 88.

Wenn demnach das Zivilrecht von einer schutzunwürdigen Vermögensposition ausgeht, so ist es nicht einsehbar, warum dem Täter gleichwohl ein strafrechtlicher Schutz zukommen sollte. Vielmehr handele der Täter bei derartigen Dispositionen auf **eigenes Risiko**.[17] Danach hat E an H über kein durch § 263 StGB geschütztes Vermögen verfügt.

Der letztgenannten Ansicht kann nicht gefolgt werden. Der Täuschende, der zum Beispiel die Begehung einer Straftat verspricht, darf keinen Freibrief erhalten, sich durch betrügerisches Verhalten beliebig bereichern zu können, sofern der Getäuschte ebenfalls missbilligte Zwecke verfolgt.[18] Auch der Hinweis auf § 817 S. 2 BGB verfängt nicht, denn aus der fehlenden Kondiktionsmöglichkeit eines sittenwidrigen Erfolgszwecks der Leistung lassen sich keine zwingenden Rückschlüsse auf die strafrechtliche Schutzwürdigkeit der ursprünglichen Vermögensverschiebung ziehen. Es ist daher nicht angezeigt, sittenwidrige Zwecke bereits auf der Ebene des Vermögensbegriffs aus dem Schutzbereich des § 263 StGB herauszuhalten.[19]

Damit sind die von E an H übergebenen 10.000 sowohl nach der wirtschaftlichen als auch nach der juristisch-ökonomischen Vermögenstheorie ein Vermögensbestandteil im Sinne von § 263 StGB. Eine Stellungnahme zu den verschiedenen Vermögenslehren kann daher entfallen. E hat eine **Vermögensverfügung** vorgenommen.

Hinweis: Die meisten Lehrbücher und Kommentare diskutieren die Frage nach dem vorzugswürdigen Vermögensbegriff erst auf der Ebene des Vermögensschadens. Präziser ist es aber, dieses Problem schon für die Vermögensverfügung zu diskutieren, denn der Vermögensbegriff des

---

[17] *Hecker*, JuS 2001, 228 (231); SK-*Samson/Günther*, StGB, § 263 Rn. 149; Schönke/Schröder-*Cramer*, StGB, § 263 Rn. 150.
[18] *Tröndle/Fischer*, StGB, § 263 Rn. 65 m. w. N.
[19] Allerdings können die von E verfolgten Ziele im Rahmen der Schadensermittlung relevant werden, hierzu sogleich.

14

Tatbestandsmerkmals „Verfügung" ist mit demjenigen des Merkmals „Schaden" identisch. Diese Vorgehensweise trägt auch dazu bei, die beiden Prüfungsschritte „Vermögensminderung" (Inhalt der Prüfung „Vermögensverfügung") und „Keine Kompensation dieser Minderung" (Inhalt der Prüfung „Vermögensschaden") deutlich voneinander trennen zu können.[20]

d) Vermögensschaden

Die Vermögensverfügung des E müsste einen Vermögensschaden herbeigeführt haben. Die Vermögensverfügung führt dann zu einem Schaden, wenn der mit ihr verbundene Vermögensabfluss nicht durch den Zugang einer wirtschaftlich mindestens gleichwertigen Position **kompensiert** werden kann.[21] Angesichts der Nichtigkeit des Verpflichtungsgeschäfts zwischen E und H kann das Ausbleiben eines *rechtlich geschuldeten* Erfolgs und die von Anfang an fehlende Bereitschaft des H hierzu nicht als relevanter Schaden angesehen werden. Bei rein wirtschaftlicher Betrachtung könnte hingegen die *faktische* **Erfüllungschance** bei Anerkennung verbotener Märkte als Schaden verstanden werden. Dafür müsste aber der „Geschäftsbesorgung Mord" wirtschaftlicher Wert beigemessen werden![22] Diese Konsequenz meidend wird für diesen Sachverhalt der Schaden daher teils in der wirtschaftlichen Sinnlosigkeit der Ausgabe des E[23], teils in der fehlenden Rückabwicklungsmöglichkeit nach § 817 S. 2 BGB erblickt[24].

An einem Vermögensschaden bestehen allerdings schon aus grundsätzlichen Erwägungen erhebliche Zweifel. Es stellt sich nämlich die Frage, ob § 263 StGB bewusste Selbstschädigungen überhaupt erfasst.

---

[20] Zu dieser Aufbaufrage *Rengier*, BT I, § 13 Rn. 28 ff.
[21] *Joecks*, StGB, § 263 Rn. 81.
[22] Zu Recht kritisch *Kindhäuser*, BT II, § 27 Rn. 130 mit Fn. 214.
[23] *Wessels/Hillenkamp*, BT/2, Rn. 565.
[24] *KG* NJW 2001, 86.

aa) Lehre von der unbewussten Selbstschädigung

Ein Teil des Schrifttums vertritt die Auffassung, dass der Betrug eine unbewusste Selbstschädigung voraussetzt. Danach muss dem Getäuschten die vermögensschädigende Qualität seiner Verfügung verborgen bleiben. Wegen seiner Eigenart als Selbstschädigungsdelikt sei es auch nur folgerichtig, dass vom Betrugstatbestand ausschließlich unbewusste Selbstschädigungen erfasst werden.[25] E wird sich wenigstens bei einer Nachvollziehung in der Laiensphäre darüber im Klaren sein, dass seine Vereinbarung mit H aufgrund ihrer Rechtswidrigkeit keine zivilrechtliche Erfüllungsverpflichtung nach sich zieht. Eine mögliche faktische Erfüllungschance kann hier nicht relevant sein (s. o.). Damit ist E auch bewusst, dass er sich durch die Hingabe des Geldes selbst schädigt. Allerdings sieht die Theorie von der unbewussten Selbstschädigung Ausnahmen vor: So soll nach der so genannten **Zweckverfehlungslehre** die Hingabe einer vermögenswerten Position nicht nur durch die Erlangung einer wirtschaftlich gleichwertigen Gegenleistung, sondern auch durch die Erreichung eines außerwirtschaftlichen Zweckes kompensiert werden.[26] Wer etwa einem scheinbar bettelarmen Stadtstreicher etwas Gutes tun will, sein Geld aber in Wirklichkeit einem exzentrischen Millionär mit eigenwilligem Hobby in den Hut wirft, erleidet nach der Zweckverfehlungslehre einen Vermögensschaden, weil dem Verlust des Geldes nicht die Erreichung des karitativen Zweckes gegenübersteht. Fast einhellig wird die Zweckverfehlungslehre jedoch auf Fälle beschränkt, in denen ein **sozial gebilligter Zweck** verfolgt wird; ist die Erreichung des Zweckes als sittenwidrig zu bewerten, muss die Anwendung der Lehre von der Zweckverfehlung unterbleiben.[27]

---

[25] Schönke/Schröder-*Cramer*, StGB, § 263 Rn. 101 ff.; *Maurach/Schroeder/Maiwald*, BT I, § 41 Rn. 121 f. m w. N.

[26] *Krey/Hellmann*, BT II, Rn. 470.

[27] SK-*Hoyer*, StGB, § 263 Rn. 214; *Maurach/Schroeder/Maiwald*, BT I, § 41 Rn. 122. Anders die Vertreter der personalen Vermögenslehre, für die die Verfehlung des individuell angestrebten wirtschaftlichen Ziels stets konstituierend

Das Ziel des H ist offensichtlich **sittenwidrig** und unterliegt zudem einem **gesetzlichen Verbot**. Es bleibt daher bei einer bewussten Selbstschädigung des H, die nicht unter die Voraussetzungen der Zweckverfehlungslehre fällt. Ein Vermögensschaden ist nach der Theorie der unbewussten Selbstschädigung mithin nicht gegeben.

bb) Lehre von der bewussten Selbstschädigung

Die vor allem von der Rechtsprechung vertretene Lehre von der bewussten Selbstschädigung erfasst – wie schon der Name verdeutlicht – auch die täuschungsbedingte Vermögenshingabe in Kenntnis einer fehlenden causa.[28] Danach ist die Bezugnahme auf die Zweckverfehlungslehre zur Konstruktion eines Vermögensschadens eigentlich **überflüssig**[29]; die Rechtsprechung hat dies gleichwohl getan, auch um zum Teil umgekehrt unter Zuhilfenahme der Zweckverfehlungslehre darzutun, dass **nicht jeder Motivirrtum** rechtsgutrelevant sein kann.[30] Bei Anwendung der Zweckverfehlungslehre können daher auch die Befürworter der Ansicht, § 263 StGB erfasse auch die bewusste Selbstschädigung, zu einer Ablehnung eines Vermögensschadens gelangen. Gleichwohl kommen die Vertreter der Lehre von der bewussten Selbstschädigung für diesen Sachverhalt zu einer Betrugsstrafbarkeit des H: Teils wird die Zweckverfehlungslehre für diese Konstellationen für unanwendbar erklärt[31], teils bleibt sie unangesprochen und das Ergebnis wird allein aus dem Ausgangspunkt der Lehre von der bewussten Selbstschädigung unter Zugrundelegung eines wirtschaftlichen Vermögensbegriffs entwickelt[32].

---

für den Vermögensschaden ist; vgl. *Otto*; BT, § 38 Rn. 8 f.; § 51 Rn. 50. Danach wäre ein Vermögensschaden des E gegeben.

[28] *BGH*St 19, 37 (45); *Rengier*, BT I, § 13 Rn. 62.

[29] So zu Recht LK-*Tiedemann*, StGB, § 263 Rn. 183; SK-*Hoyer*, aaO; *Kindhäuser*, BT II, § 27 Rn. 126.

[30] *BGH* NJW 1995, 539. Anderenfalls wäre über § 263 StGB auch die Dispositionsfreiheit geschützt, vgl. *Joecks*, StGB, § 263 Rn. 102.

[31] *Wessels/Hillenkamp*, BT/2, Rn. 564.

[32] *KG* NJW 2001, 86.

cc) Stellungnahme

Im vorliegenden Sachverhalt zeigen sich die Unstimmigkeiten der Lehre von der bewussten Selbstschädigung. In ihrem Ausgangspunkt erfasst sie jede täuschungsbedingte Zielverfehlung einer Vermögenshingabe und verfälscht damit den Betrug zu einem Delikt zum Schutze der **Dispositionsfreiheit**. Die damit erforderlich gewordene Einschränkung durch die Zweckverfehlungslehre wird jedoch für diese Sachverhalte nicht durchgehalten, jedenfalls wird die ansonsten unbestrittene Beschränkung dieser Lehre auf sozial billigenswerte Motive des Verfügenden durch die Bezugnahme auf angebliche kriminalpolitische Erfordernisse einer Bestrafung ersetzt. Zudem bestehen gegen die Zweckverfehlungslehre grundsätzliche Bedenken, denn sie sprengt die engen Einschränkungen des subjektiven Schadenseinschlags und verdunkelt dadurch zugleich die Grenzen des strafrechtlichen Schadensbegriffs.[33]

Die besseren Gründe sprechen daher dafür, den Betrug von dem Bestehen einer unbewussten Selbstschädigung abhängen zu lassen. E hat daher mithin **keinen Vermögensschaden** erlitten.

2. Ergebnis

H hat sich nicht wegen Betrugs gemäß § 263 I StGB gegenüber und zu Lasten des E strafbar gemacht.

III. Unterschlagung, § 246 I StGB[34]

Allerdings könnte H sich durch die Annahme bzw. den Verbrauch des Geldes wegen Unterschlagung gemäß § 246 I StGB strafbar gemacht haben.

---

[33] *Arzt/Weber*, BT, § 20 Rn. 111 ff.
[34] Eine ausführliche Behandlung der Struktur und der Probleme des § 246 StGB findet sich in Fall 3.

1. Objektiver Tatbestand

a) Tatobjekt

Bei dem Geld müsste es sich um eine **fremde bewegliche Sache** handeln. Sache im Sinne des Strafrechts ist jeder körperliche Gegenstand.[35] Die Geldscheine sind körperliche Gegenstände und damit Sachen nach § 246 StGB. Sie sind auch beweglich. Fremd ist eine Sache, die (auch) im Eigentum eines anderen steht, also weder herrenlos ist noch ausschließlich dem Täter selbst gehört.[36] Der Fremdheit des Geldes könnte hier eine Eigentumsübertragung der Scheine von E zu H gemäß § 929 S. 1 BGB entgegenstehen. Jedoch führt die Nichtigkeit des dinglichen Rechtsgeschäfts gemäß §§ 134, 138 I BGB auch zur **Unwirksamkeit der Einigung** zwischen E und H. Mithin blieben die Scheine auch nach der Besitzverschaffung für H eine fremde bewegliche Sache.

b) Tathandlung: Zueignung

aa) Zueignungswille

H müsste mit **Zueignungswillen** gehandelt haben. Der Täter muss dabei im Rahmen von § 246 StGB mit dolus eventualis hinsichtlich einer dauerhaften Enteignung des Opfers sowie mit dolus eventualis hinsichtlich einer wenigstens vorübergehenden Aneignung des Gegenstandes handeln.[37] H wollte die Geldscheine seinem Vermögen zuführen.

Dabei war er sich der Tatsache bewusst, dass E spätestens mit dem Verbrauch des Geldes dauerhaft enteignet würde. Er handelte daher mit Zueignungswillen.

bb) Objektives Zueignungselement

Höchst umstritten ist die Bestimmung des objektiven Zueignungselements.

---

[35] *Tröndle/Fischer*, StGB, § 242 Rn. 3.
[36] *Wessels/Hillenkamp*, BT/2, Rn. 68.
[37] *Arzt/Weber*, BT, § 15 Rn. 19.

(1) Weite Manifestationstheorie

Der „weiten Manifestationstheorie" zufolge genügt **jede beliebige Willensbetätigung**, die als Betätigung des Zueignungswillens verstanden werden kann: Entscheidend ist, ob ein objektiver Beobachter mit Einblick in den Tatplan die Handlung als Betätigung des Zueignungswillens ansieht.[38] Nach dieser Lehre ist eine Manifestation bereits mit der Annahme des Geldes gegeben.

(2) Enge Manifestationstheorie

Die „enge Manifestationstheorie" fragt danach, ob ein nach außen erkennbares Verhalten **unzweideutig** zeigt, dass der Täter die Sache nicht an den Berechtigten zurückführen will. Keine Manifestation ist daher bei Handlungen gegeben, die **ambivalent oder neutral** erscheinen, weil sie auch von einer rechtstreuen Person ohne Zueignungswillen zu erwarten sind.[39] Nach dieser Auffassung ist in der Annahme des Geldes noch kein unzweideutiger Manifestationsakt zu sehen, denn auch eine zur Tötung bereite Person hätte das Geld zunächst angenommen. Gleiches gilt auch für den Verbrauch des Geldes durch H in den nächsten Tagen. Nach der Vereinbarung zwischen E und H ist die Ausgabe des Geldes durch H kein unberechtigter Umgang mit der Sache.[40]

Eine eindeutige Manifestationshandlung wäre daher erst in dem Zeitpunkt zu sehen, in dem die endgültige „Leistungsverweigerung" des H deutlich wird. Zu diesem Zeitpunkt aber war das Geld bereits ausgegeben, so dass keinerlei für § 246 StGB erforderliche **Herrschaftsbeziehung**[41] zu dem

---

[38] *BGHSt* 14, 38 (41); LK-*Ruß*, StGB, § 246 Rn. 13.

[39] *Rengier*, BT I, § 5 Rn. 10a; *Wessels/Hillenkamp*, BT/2, Rn. 280 f.; *Krey*[12], BT II, Rn. 68.

[40] Wird die Vereinbarung zwischen E und H auf Tatbestandsebene außer Betracht gelassen, so ist die Ausgabe des Geldes auch nach der engen Manifestationslehre bereits eine Zueignung i. S. v. § 246. So etwa *Hecker*, JuS 2001, 228 (231), der aufgrund der bewussten Selbstschädigung des Opfers in dem darauf folgenden Verbrauch jedoch keinen eigenständigen Angriff auf dessen Vermögen sieht.

[41] Zu dieser Voraussetzung vgl. *Rengier*, BT I, § 5 Rn. 17 ff.

Tatobjekt mehr bestand. Somit hat nach der engen Manifestationstheorie keine Zueignung stattgefunden.

(3) Lehren vom materiellen Zueignungserfolg[42]

In der Literatur sehen einige Autoren in der Zueignung nicht die Manifestation eines Zueignungswillens, sondern die inhaltliche Verwirklichung der Zueignungselemente. So soll die Zueignung erst mit der Schaffung einer Lage von gewisser Endgültigkeit vollendet sein[43], weitergehend wird sogar die **tatsächliche Enteignung** im zivilrechtlichen Sinne verlangt[44]. Nach diesen Lehren hat eine Zueignung des H stattgefunden, als er das Geld ausgab und E spätestens dadurch das Eigentum an den Geldscheinen verlor, §§ 929 S. 1, 932 BGB.[45]

(4) Stellungnahme

Die weite Manifestationstheorie kann nicht überzeugen, denn für die Entscheidung über das objektive Tatbestandsmerkmal „Enteignung" können nach dem dem StGB zugrunde liegenden Tatprinzip allein objektive Tatumstände entscheidend sein.[46] Für die materiellen Enteignungslehren spricht ihr Bemühen, den Charakter von § 246 StGB als Erfolgsdelikt hervorzuheben, was sich auch deutlich besser mit dem Wortlaut der Vorschrift harmonisieren lässt als die Auffassung der herrschenden Meinung, Zueignung sei schon die Manifestation eines entsprechenden Willens. Dennoch kann diesem Standpunkt nicht gefolgt werden, denn die materiellen Zueignungslehren führen in den allermeisten Fällen zu einer Vollendungsverlagerung des § 246 StGB in die weite Zukunft und lassen so die Vorschrift weitgehend

---

[42] Formulierung nach *Arzt/Weber*, BT, § 15 Rn. 29.

[43] *Maiwald*, Der Zueignungsbegriff im System der Eigentumsdelikte (1970), S. 191 ff.; ähnlich *Gropp*, JuS 1999, 1041 (1045) und MüKo-*Hohmann*, StGB, § 246 Rn. 36.

[44] *Joecks*, StGB, § 246 Rn. 18 f.; SK-*Hoyer*, StGB, § 246 Rn. 22.

[45] Unter Umständen fand bereits zuvor ein gesetzlicher Eigentumserwerb des H nach §§ 948, 947 II BGB statt.

[46] SK-*Hoyer*, StGB, § 246 Rn. 13.

leer laufen.[47] Die frühe Vollendung der Unterschlagung nach den materiellen Lehren ergibt sich für diesen Sachverhalt allein aus der (äußerst seltenen!) Unwirksamkeit der dinglichen Einigung nach §§ 134, 138 I BGB und kann daher nicht gegen die dargelegte grundsätzliche Schwäche der materiellen Zueignungslehren ins Feld geführt werden. Es ist somit festzuhalten, dass die besseren Gründe für die „enge Manifestationslehre" sprechen.

Eine **Zueignung** durch H hat mithin **nicht stattgefunden**.

Hinweis: Natürlich ist auch die Gegenauffassung gut vertretbar.[48] Im Rahmen von § 246 StGB ergeben sich dann für den Prüfungspunkt „Rechtswidrigkeit der Zueignung" weitere Schwierigkeiten: Zum einen könnte die Zueignung durch eine **Einwilligung** des E gerechtfertigt sein[49], zum anderen stellt sich die Frage, ob die Zueignung wegen § 817 S. 2 BGB überhaupt im Widerspruch zur Gesamtrechtsordnung steht.[50] Schließlich liegt es nahe, im subjektiven Tatbestand einen **Tatbestandsirrtum** (§ 16 I S. 1 StGB) des H hinsichtlich der Fremdheit anzunehmen, da er den Unwirksamkeitsgrund der dinglichen Einigung wohl nicht nachvollzogen haben wird und es auf die Vermeidbarkeit dieses Irrtums im Gegensatz zu § 17 StGB nicht ankommt.

---

2. Ergebnis

H ist nicht strafbar wegen Unterschlagung an den Geldscheinen gemäß § 246 I StGB.

---

[47] *Rengier*, BT I, § 5 Rn. 10.

[48] Vgl. etwa *Kindhäuser*, BT II, § 27 Rn. 131 m. w. N.

[49] Einzugehen wäre insbesondere auf die mögliche Unwirksamkeit der Einwilligung wegen Täuschung, *Hecker*, JuS 2001, 228 (231 f.). Zur ausführlichen Behandlung der Einwilligung siehe auch Fall 4 des Skriptes „*Standardfälle Strafrecht für Anfänger Band 1*".

[50] Hier sprechen die besseren Gründe für die Rechtswidrigkeit der Zueignung, denn § 817 S. 2 BGB ist keine Anspruchsgrundlage des H. Das Telos der Norm richtet sich gegen E und die Möglichkeit der Rückgabeverweigerung für H ist dessen bloßer Reflex.

B. Die Strafbarkeit des E

I. Versuchte Anstiftung zum Mord an S, §§ 212 I, 211, 30 I 1. Alt. StGB

Indem E den H zur Tötung des S aufforderte, könnte er sich gemäß §§ 212 I, 211, 30 I 1. Alt. StGB wegen versuchter Anstiftung zum Mord strafbar gemacht haben.

1. Vorprüfung

a) Kein Eintritt der Haupttat in das Versuchsstadium

H hat keinerlei Planungen zur Tötung des S aufgenommen. Es ist somit nicht zum Versuch oder zum Erfolg der Haupttat gekommen.

b) Strafbarkeit der versuchten Beteiligung

E müsste gemäß § 30 I StGB versucht haben, zu einem Verbrechen anzustiften. Umstritten ist, in **wessen Person** die ins Auge gefasste Tat Verbrechen sein muss. Nach der herrschenden Meinung muss die angestrebte **Haupttat** ein Verbrechen sein, nach einer Minderheitsauffassung ist die **Person des Auffordernden** entscheidend, für andere wiederum ist eine Verbrechensvorstellung **für beide** erforderlich.[51]

Eine Auseinandersetzung mit den verschiedenen Auffassungen kann hier aber dahinstehen, da die Tat sowohl für E als auch für H zumindest einen Totschlag darstellt.

2. Tatentschluss

E müsste den Tatentschluss zu einer Anstiftung zum Mord gefasst haben. Der Tatentschluss als Sonderbegriff für den subjektiven Tatbestand des versuchten Delikts entspricht grundsätzlich dem der vollendeten Tat.[52]

---

[51] Zum Streitstand vgl. statt vieler *Joecks*, StGB, § 30 Rn. 8.
[52] *Joecks*, StGB, § 22 Rn. 2.

a) Tatentschluss bezüglich des Bestimmens

E hatte die Absicht, bei H den Tatentschluss zur Tötung des S hervorzurufen. E handelte daher bezüglich des Bestimmens mit dolus directus 1. Grades.

b) Tatentschluss bezüglich der Haupttat

Es war die Absicht des E, die Ausführung eines **Totschlags** herbeizuführen. Er erkannte auch, dass es sich bei der von H ausgeführten Tat um einen Mord aus **Habgier** gemäß § 211 II, 1. Gruppe, 3. Mglk. StGB handeln würde. Fraglich ist, ob sich der Tatentschluss des E auch auf eine **heimtückische Tötung** des S gemäß § 211 II, 2. Gruppe, 1. Mglk. StGB bezog.

aa) Die Ansicht der herrschenden Meinung

Nach der herrschenden Meinung tötet heimtückisch, wer in feindlicher Willensrichtung die **Arg- und Wehrlosigkeit** des Opfers bewusst zur Tötung ausnutzt.[53] Arglos ist, wer sich im Zeitpunkt der Tat keines tätlichen Angriffs auf sein Leben oder seine körperliche Unversehrtheit versieht.[54] Es ist trotz des Fehlens näherer Sachverhaltsangaben davon auszugehen, dass E nicht glaubte, dass H seinem Opfer offen gegenüber treten würde.

S sollte sich daher nach Vorstellungen des E zum Zeitpunkt der Tötungshandlung durch H keinerlei Angriffs auf sein Leben bewusst sein. Auch sollte der Angriff in feindlicher Willensrichtung erfolgen. Es kann daher angenommen werden, dass der H nach den Vorstellungen des E bei Begehung der Haupttat die Arg- und Wehrlosigkeit des S bewusst zur Tötung ausgenutzt hätte. Nach dieser Auffassung hatte E den **Tatentschluss** bezüglich eines **heimtückischen Mordes** gefasst.

[53] *BGHSt* 9, 385 (390); 39, 353 (368); *Joecks*, StGB, § 211 Rn. 26.
[54] *BGHSt* 18, 87 (88); 20, 301 (302).

bb) Die Minderheitsauffassung

Der überwiegende Teil der Literatur stellt statt dem Heimtückebegriff der herrschenden Meinung, bzw. zusätzlich zu ihm, darauf ab, ob ein besonders **verwerflicher Vertrauensbruch** stattgefunden hat.[55] Nach dieser Auffassung hatte E keinen Tatentschluss bezüglich eines Heimtücke-Mordes, da zwar die enge freundschaftliche Beziehung ein Vertrauensverhältnis in diesem Sinne begründen kann[56], E von dem Freundschaftsverhältnis aber nichts wusste.

cc) Stellungnahme

Es ist zuzugeben, dass der Bestimmung der Heimtücke als verwerflichen Vertrauensbruchs eine gewisse **Unbestimmtheit** innewohnt.[57] Gleichwohl sprechen mehr Argumente gegen die Herleitung der Rechtsprechung: Ihre Heimtückebestimmung soll die besondere Gefährlichkeit des Tätervorgehens zum Ausdruck bringen. Ihre Erwägungen bringen hingegen keine über die der vorsätzlichen Tötung typischen Gefahrenmomente zum Ausdruck. Vielmehr weist das bewusste Ausnutzen der Arg- und Wehrlosigkeit nicht ohne weiteres auf Verschlagenheit, List und Tücke hin, ein solches Vorgehen kann auch eine **Waffe des körperlich Unterlegenen** gegen Übermacht und Brutalität sein.[58] Dabei sei etwa an die Tötung eines „Familientyrannen" gedacht. Dazu kommt, dass die von der Rechtsprechung vorgenommene Heimtückebestimmung das Bild vom typischen Unrecht des Totschlags verzerrt: Auch § 212 I StGB wird nicht von einem edlen Ritter realisiert, der nach Ansage der Fehde dem Gegner die Zeit lässt, sich zum Zweikampf zu rüsten.[59] Für die vorsätzliche Tötung, die nicht Tötung auf Verlangen ist, wird gerade typisch sein, dass der Tot-

---

[55] Schönke/Schröder-*Eser*, § 211 Rn. 26; *Krey/Heinrich*, BT I, Rn. 58 f.; *Otto*, BT, § 4 Rn. 25.
[56] *Otto*, aaO.
[57] So z. B. *BGH*St 30, 105 (115 f.).
[58] *Jescheck*, JZ 1957, 386 (387).
[59] Beispiel bei *Otto*, § 4 Rn. 23.

schläger eine Sachlage wählt, die ihm die **größten Erfolgs-chancen** bietet. Der Rechtsprechung ist es damit trotz jahrzehntelanger Bemühungen nicht gelungen, die angesichts der Androhung lebenslanger Freiheitsstrafe gebotene restriktive Fassung des Heimtückebegriffs zu leisten und diejenigen Fälle herauszugreifen, die durch ein gegenüber dem Totschlag besonders hohes Maß an Unrecht gekennzeichnet sind. Trotz der genannten Bedenken ist daher der Minderheitsansicht im Schrifttum zu folgen, da sie wenigstens eine sachgerechte, wenn auch an den Rändern unscharfe Eingrenzung dieses Mordmerkmals vorzunehmen vermag.

E hatte daher **keinen Tatentschluss** hinsichtlich eines **heimtückischen Mordes** gefasst.

Vertiefungshinweis: Die verfassungsrechtliche Problematik der lebenslangen Freiheitsstrafe in Hinblick auf das Mordmerkmal Heimtücke hat weitere Bemühungen der Rechtsprechung und Literatur um eine Restriktion dieses Merkmals hervorgebracht, auf deren Darstellung im Gutachten verzichtet wurde: Die so genannten **Tatbestandslösungen** bemühen sich um Einschränkung der Heimtücke bereits auf Unrechtsebene, so zum Beispiel durch die „Lehre von der Typenkorrektur"[60]. Die Rechtsprechung geht einen anderen Weg und ist bereit, dem Täter bei außergewöhnlichen Umständen über die Analogie zu den Vorschriften über die Strafmilderung (zum Beispiel § 23 II, 21 StGB) einen übergesetzlichen Strafmilderungsgrund nach § 49 I StGB zukommen zu lassen (so genannte **Rechtsfolgenlösung**[61]).

---

[60] *Wessels/Hettinger*, BT/1, Rn. 133; *Rengier*, BT II, § 4 Rn. 32 ff.
[61] *BGH*St 30, 105 (120 f.).

c) Sonstige subjektive Merkmale

E könnte die versuchte Anstiftung aus **sonstigen niedrigen Beweggründen** nach § 211 II, 1. Gruppe, 4. Mglk. StGB begangen haben. Von solchen Beweggründen ist auszugehen, wenn die Motivation des Täters sich nicht nur als verwerflich darstellt, sondern als **sittlich auf tiefster Stufe** stehend und als besonders verachtenswert erscheint.[62] Die Niedrigkeit des Beweggrundes ist dabei nach den Gesamtumständen der Tat zu bestimmen. Dem **Missverhältnis zwischen Tatanlass und Zweck** kommt dabei eine besondere Bedeutung zu.[63] Zwar ist zu beachten, dass spontane Beweggründe wie Eifersucht oder Wut die Tötung unter gewissen Einzelumständen noch als so verständlich erscheinen lassen, dass der besondere Unwertgehalt des §§ 212, 211 StGB nicht erreicht wird, doch liegt ein solcher Sachverhalt hier nicht vor. Jedenfalls die hemmungslose, triebhafte Eifersucht ist nämlich als niedrig anzusehen, wie sie insbesondere in übersteigertem Neid oder Geltungsdrang zum Ausdruck kommen kann.[64]

Von einer solchen Eifersucht und Rachelust ist E dominiert, da er hofft, durch die Tötung des S aus dessen Schatten heraustreten zu können. Auch fehlt es hier an einer den E unter Umständen entlastenden Tatbegehung aus einem spontanen Erregungszustand heraus.[65] Es liegen daher sonstige niedrige Beweggründe bei E vor.

Umstritten ist nun, wie die täterbezogenen Mordmerkmale den einzelnen Beteiligten im Rahmen der Tötungsdelikte zugerechnet werden.

---

[62] *BGH*St 3, 132 (133).
[63] *Joecks*, StGB, § 211 Rn. 16 f.
[64] *BGH*St 9, 180 (183); Schönke/Schröder-*Eser*, § 211 Rn. 19.
[65] In solchen Fällen bedarf die Annahme niedriger Beweggründe stets besonders sorgfältiger Prüfung, *BGH* StV 1996, 211; *Rengier*, BT II, § 4 Rn. 20.

aa) Die Auffassung der Rechtsprechung

Nach Auffassung des BGHs sind Mord und Totschlag **selbständige Tatbestände**, so dass das Vorliegen täterbezogener Mordmerkmale zur Anwendung von § 28 I StGB führt.[66] Weil E sich vorstellt, dass H nicht wie er selbst aus sonstigen niedrigen Beweggründen töten wird, müsste es an und für sich zu einer Strafmilderung für E nach §§ 28 I, 49 I StGB kommen. Um dieses offensichtlich unbillige Ergebnis zu korrigieren, versagt der BGH dem Täter die Anwendung von § 28 I StGB, wenn „gekreuzte Mordmerkmale" vorliegen.[67] Dies ist hier der Fall: E handelt aus niedrigen Beweggründen, H nach Vorstellung des E aus Habgier, welche für den BGH nur einen *speziellen* niedrigen Beweggrund darstellt. Somit fehlen nach der Rechtsprechung bei E nicht die besonderen persönlichen Merkmale des H, weil beide aus niedrigen Beweggründen handeln.

bb) Die Auffassung des Schrifttums

Nach Ansicht der Literatur stehen Totschlag und Mord in einem Verhältnis von **Grundtatbestand und Qualifikation** zueinander. Die Behandlung der subjektiven Mordmerkmale der Beteiligten erfolgt daher über § 28 II StGB.[68] Diese Vorschrift findet dabei stets **doppelt** Anwendung, so auch für die Zurechnung von subjektiven Mordmerkmalen: Zum einen kann ihr zufolge die vermeintliche Habgier des H dem E nicht zugerechnet werden, da E selbst nicht aus Habgier versucht hat, anzustiften. Zum anderen liegen bei E selbst sonstige niedrige Beweggründe vor, die ihm zur Last gelegt werden können, ohne dass sie auch bei H vorliegen müssen. Auch nach der Auffassung des Schrifttums muss E daher für seine niedrigen Beweggründe voll einstehen.[69]

---

[66] *BGH* NJW 2005, 996 (997).
[67] *BGHSt* 23, 39 (40).
[68] Vgl. statt aller *Arzt/Weber*, BT, § 2 Rn. 26 ff.
[69] Stets zum gleichen Ergebnis gelangt, wer in den subjektiven Mordmerkmalen besondere Schuldmerkmale erblickt und daher § 29 StGB zur Anwendung kommen lässt, so etwa *Wessels/Beulke*, AT, Rn. 422.

Eine Stellungnahme zu dem Verhältnis von Mord und Totschlag und der daraus resultierenden Frage der Anwendbarkeit von Absatz eins oder zwei des § 28 StGB kann daher unterbleiben. E hat den **Tatentschluss** der Anstiftung zum Mord aus **sonstigen niedrigen Beweggründen** gefasst.

3. Unmittelbares Ansetzen

Durch das Gespräch mit H hat E gemäß § 22 StGB unmittelbar zum Versuch der Anstiftung zum Mord angesetzt.

4./5. Rechtswidrigkeit und Schuld

E handelte rechtswidrig und schuldhaft.

6. Ergebnis

E hat sich wegen versuchter Anstiftung zum Mord gemäß §§ 212, 211, 30 I, 1. Alt. StGB strafbar gemacht.

II. Nichtanzeige geplanter Straftaten, § 138 I Nr. 5 StGB

Beteiligte an der geplanten Tat trifft nach allgemeiner Ansicht keine Warnungspflicht.[70] E ist daher kein tauglicher Täter im Sinne von § 138 StGB.

Endergebnis

H ist straffrei.

E ist strafbar wegen versuchter Anstiftung zum Mord gemäß §§ 212, 211, 30 I, 1. Alt. StGB.

---

[70] *Tröndle/Fischer*, StGB, § 138 Rn. 18.

Vertiefungshinweise

- Besprechungsaufsatz zu KG NJW 2001, 86: *Hecker*, JuS 2001, 86 ff.

- Zur Strafbarkeit eines Rauschgifthändlers wegen Betrugs bei Vorleistung durch den „Kunden": *BGH* NStZ 2002, 33 ff.

- Übersicht mit Beispielen zu den Beteiligungsproblemen im Bereich der Tötungsdelikte: *Otto*, BT, § 8.

- Aufsatz zur Beteiligung an den Tötungsdelikten: *Engländer*, JA 2004, 410 ff.

Fall 2: „Beschaffungsmaßnahmen"

▶ **Standort:** Strafrecht BT, Diebstahl, Regelbeispiele

Der Ehemann E muss sich schon seit längerer Zeit von seiner Frau F Beschwerden über die aus ihrer Sicht unbefriedigende finanzielle Situation im Haushalt anhören. Insbesondere, dass sie sich kein so teures Auto wie die von ihr verhassten Nachbarn leisten kann, macht ihr zu schaffen. Als er die Nörgelei der F nicht mehr aushält, beschließt E, auf illegale Weise „einen schnellen Euro" zu machen. Dazu begibt er sich eines Abends in der Absicht, dort wertvolles Geschirr an sich zu bringen, zur Gaststätte der Nachbarn, die er ebenfalls nicht leiden kann. Um sich Zutritt zu verschaffen, entfernt E mittels eines Schraubenziehers und eines Teppichmessers die Bleiumbördelung einer Butzenscheibe. Als er die Scheibe gerade herausstemmen will, erscheint die von den Anwohnern des Nachbargrundstücks alarmierte Polizei. Im dem Bewusstsein des Scheiterns der Aktion macht E sich aus dem Staub und kann knapp entkommen.

E lässt sich von dieser Pleite jedoch nicht entmutigen, sondern steckt sich im Gegenteil noch höhere Ziele. Er fasst den Plan, das wertvollste Bild des städtischen Museums zu stehlen und es anschließend zu verkaufen. Mit diesem Plan begibt er sich mit einem Stemmeisen und allerlei technischem Gerät zwei Nächte später zur Kellertür des Museums. Zu seiner Überraschung ist die Kellertür nicht verschlossen. Der für seine Trunksucht stadtbekannte Aufseher A hatte seinen Rundgang verschlafen und weder die Türen verschlossen noch die Alarmanlage eingeschaltet. Vor den Galerieräumen angekommen findet E den A schlafend vor. Voller Freude darüber, dass er mit A so leichtes Spiel hat, macht er sich auf den Weg zu dem Bild.
Als er vor diesem steht, bemerkt der in Sachen Kunst nicht unbewanderte E jedoch, dass es sich um ein Plagiat han-

delt. Das Original war schon eine Woche zuvor gestohlen worden. Das Plagiat hatte der Museumsführer an die Stelle des Originals gehängt, um dem Museum weiterhin die Einnahmen zu sichern. E ist zwar enttäuscht, beschließt aber in der Hoffnung, seine Frau mit einem neuen Bild für das Wohnzimmer wenigstens halbwegs besänftigen zu können, die Fälschung mitzunehmen.

Strafbarkeit des E?

Erster Tatkomplex: Der Einbruch in die Gaststätte

I. Versuchter Diebstahl, §§ 242, 22, 23 StGB
1. Vorprüfung
2. Tatentschluss
3. Unmittelbares Ansetzen nach § 22 StGB
4. Rechtswidrigkeit
5. Schuld
6. Rücktritt nach § 24 StGB als persönlicher Strafaufhebungsgrund
    a) Kein fehlgeschlagener Versuch
    b) Rücktrittsvoraussetzungen nach § 24 I StGB: Kein autonomer Entschluss
6. Zwischenergebnis
7. Strafzumessung: Besonders schwerer Fall nach § 243 I 2 Nr. 1 StGB
    a) Verwirklichung des Regelbeispiels: Kein Einbrechen nach § 243 I 2 Nr. 1 StGB
    b) Indizwirkung bei Ansetzen zur Verwirklichung des Regelbeispiels: Problem – „Versuch" des Regelbeispiels
8. Ergebnis

II. Versuch des schweren Diebstahls, §§ 244 I Nr. 1a, 22, 23 StGB
1. Vorprüfung
2. Tatentschluss: Begriff des gefährlichen Werkzeugs in § 244 StGB
    a) Objektive Lehren
    b) Subjektive Lehren
3. Ergebnis

III. Sachbeschädigung, § 303 I StGB
1. Objektiver Tatbestand
2. Subjektiver Tatbestand
3. Rechtswidrigkeit
4. Schuld
5. Ergebnis

Zweiter Tatkomplex: Der „Einbruch" in das Museum

I. Diebstahl, § 242 I StGB
1. Objektiver Tatbestand
2. Subjektiver Tatbestand
3./4. Rechtswidrigkeit und Schuld
5. Zwischenergebnis
6. Strafzumessung: Besonders schwerer Fall nach § 243 I 2 Nr. 1 StGB:
   nochmals: Versuch des Regelbeispiels
      a) Rechtsprechung
      b) Herrschende Lehre
7. Ergebnis

II. Versuchter Diebstahl, §§ 242 I, 22 StGB
1. Vorprüfung: einheitlichen Diebstahlsvorsatz – Vorsatzverbrauch
2. Ergebnis

III. Schwerer Diebstahl, § 244 I Nr. 1a StGB
1. Objektiver Tatbestand: Problem: Bestimmung des gefährlichen
   Werkzeugs in § 244 StGB
      a) Subjektive Lehren
      b) Objektive Lehren
2. Ergebnis

IV. Hausfriedensbruch, § 123 I, 1. Alt. StGB
1. Objektiver Tatbestand
2. Subjektiver Tatbestand
3. Rechtswidrigkeit
4. Schuld
5. Ergebnis

Endergebnis und Konkurrenzen

Erster Tatkomplex: Der Einbruch in die Gaststätte

I. Strafbarkeit nach §§ 242, 22, 23 StGB wegen des Versuchs, das Fenster aus der Fassung zu nehmen

E könnte sich dadurch, dass er in der Absicht, in der Gaststätte Geschirr zu entwenden, begann, die Scheibe aus der Fassung zu drücken, wegen versuchten Diebstahls strafbar gemacht haben.

1. Vorprüfung

E hat das Geschirr nicht an sich bringen können. Es liegt demnach keine Wegnahme und damit auch kein vollendeter Diebstahl vor, weshalb nur eine versuchte Tat in Betracht kommt. Die **Strafbarkeit** des **Diebstahlsversuchs** ist in § 242 II StGB angeordnet.

2. Tatentschluss

E müsste zu einem Diebstahl nach § 242 StGB entschlossen gewesen sein. Der **Tatentschluss** umfasst den auf **alle objektiven Tatbestandsmerkmale gerichteten Vor-satz sowie die sonstigen subjektiven Tatbestandsmerkmale.**[1]

E hatte vor, aus der Gaststätte Geschirr zu entwenden. Darin ist der Vorsatz zu sehen, eine fremde bewegliche Sache wegzunehmen. Er wollte sich das Geschirr auch zu-eignen und war sich bewusst, dass diese Zueignung rechtswidrig sein würde. E hatte somit Tatentschluss.

3. Unmittelbares Ansetzen nach § 22 StGB

Um aus der straflosen Vorbereitungsphase in das strafbare Versuchsstadium zu gelangen, müsste E im Sinne von **§ 22 StGB unmittelbar** zum Diebstahl **angesetzt** haben.

Ein unmittelbares Ansetzen nach § 22 StGB ist nach dem von der **herrschenden Meinung** vertretenen **Kombinationsansatz** gegeben, wenn der Täter **subjektiv** die Schwelle zum „**Jetzt geht's los**" überschritten hat und sein Verhalten **nach** seinem **Gesamtplan so eng mit der tatbestandlichen Ausführungshandlung verknüpft** ist, dass es **bei ungestörtem Fortgang unmittelbar zur Verwirklichung des Tatbestandes** führen soll bzw. mit dieser **in unmittelbarem räumlichen und zeitlichen Zusammen-**

---

[1]   *Wessels/Beulke*, AT, Rn. 598.

hang steht.[2] **Indizien** für die Unmittelbarkeitsbeziehung bzw. für die Tatbestandsnähe können in Anlehnung an zwei in der Literatur vertretene Ansichten sein, dass nach Tätervorstellung **keine weiteren Zwischenakte** mehr erforderlich sind oder das **Rechtsgut** aus Tätersicht schon konkret **gefährdet** erscheint.[3] Auch das sozial auffällige Eindringen in die Sphäre des Opfers ist als Kriterium heranziehbar.[4]

Indem E sich an dem Fenster zu schaffen macht, hat er mit der Wegnahme noch nicht begonnen, so dass ein unmittelbares Ansetzen hier nicht im Beginn der tatbestandlichen Ausführungshandlung liegt.

Merke: In Fällen, in denen mit der tatbestandsmäßigen Handlung schon begonnen wurde, sollte die Prüfung des § 22 StGB mit dieser Feststellung abgeschlossen werden. Denn in einem solchen Fall ist auch nach engsten Auffassung, der **älteren formal-objektiven Theorie**[5], das Versuchsstadium erreicht. Diese Theorie ist im Übrigen seit der Einführung des § 22 StGB nicht mehr vertretbar, weil die Norm klarstellt, dass es für den Versuchsbeginn auch auf die Tätervorstellung ankommt.

Jedoch wollte E nach dem Herausstemmen der Scheibe aus der Fassung sofort zur Wegnahme schreiten. Dass er beim Auffinden des Geschirrs von besonderen Schwierigkeiten oder davon ausging, erst eine längere Suchaktion durchführen zu müssen, ist nicht ersichtlich. Nach seiner Vorstellung der Tat waren daher keine wesentlichen Zwischenakte mehr erforderlich, um die tatbestandsmäßige Handlung vorzunehmen. Das Entfernen der Scheibe stand angesichts dessen auch in unmittelbarem räumlichen und zeitlichen Zusammenhang mit der Wegnahme.

---

[2]   Vgl. *Wessels/Beulke*, AT, Rn. 601.
[3]   *Wessels/ Beulke*, AT, Rn. 601.
[4]   Vgl. *BGH*St 28, 163.
[5]   Vgl. zu dieser Theorie *Stratenwerth/Kuhlen*, AT I, § 11 Rn 31 f.

Das Eindringen in die Gaststätte stellt zudem ein sozial auffälliges Eindringen in die Sphäre der Nachbarn dar. E hat somit unmittelbar im Sinne von § 22 StGB zur Tat angesetzt. Ob bereits das Ansetzen zu einem Regelbeispiel des § 243 I StGB auch ein solches zu § 242 I StGB begründen kann, kann daher hier offen bleiben.[6]

4. Rechtswidrigkeit

Ein Rechtfertigungsgrund für E's Verhalten ist nicht ersichtlich, es war rechtswidrig.

5. Schuld

E handelte auch schuldhaft.

6. Rücktritt nach § 24 StGB als persönlicher Strafaufhebungsgrund

a) Kein fehlgeschlagener Versuch

Durch das Davonlaufen könnte E strafbefreiend vom Versuch des Diebstahls zurückgetreten sein. Voraussetzung dafür wäre jedoch zunächst, dass **kein fehlgeschlagener Versuch** vorliegt. Ein solcher ist dann gegeben, wenn **der Täter erkannt hat** bzw. **irrtümlich zu erkennen glaubt**, dass die von ihm **vorgenommenen Handlungen ihr Ziel nicht erreicht haben und er mit den ihm zur Verfügung stehenden Mitteln den Erfolg gar nicht oder nicht ohne zeitlich relevante Zäsur herbeiführen kann.**[7]

Ob dies hier der Fall ist, ist zweifelhaft. Zwar hat E die Polizei bemerkt. Er ist sich deshalb auch dessen bewusst, dass er erwischt würde, führte er seinen Plan zu Ende durch. Bezogen auf die Wegnahme als Erfolg ist der Fehlschlag indes nicht eindeutig, weil es nicht auszuschließen ist, dass E es noch geschafft hätte, das Geschirr ein-

---

[6] Vgl. zu diesem Problem Schönke/Schröder-*Eser*, § 243 Rn. 45; auch in § 244 wird dieses Problem diskutiert, dazu *Wessels/Beulke*, AT, Rn. 607 m. w. N.

[7] *Wessels/Beulke*, AT, Rn. 628.

zustecken und ihm diese Möglichkeit der Vollendung wohl auch bewusst war. Ein subjektiver Fehlschlag liegt eindeutig nur bezogen auf die Beendigung vor. Der Rücktritt ist deshalb nicht wegen eines fehlgeschlagenen Versuchs ausgeschlossen.

Innerhalb der „Vorprüfung" ist der Fehlschlag subjektiv zu bestimmen. Der **objektiv fehlgeschlagene Versuch ist in § 24 I S. 2 StGB geregelt** (sog. **untauglicher Versuch**).

b) Rücktrittsvoraussetzungen nach § 24 I StGB

Es liegt in diesem Fall ein **unbeendeter Versuch** nach § 24 I 1, 1. Alt. StGB vor, weil E **nicht glaubte, alles zur Tatbestandsverwirklichung**, der Wegnahme, **erforderliche getan zu haben.**[8] Ein Rücktritt des E war somit durch das bloße Davonlaufen bzw. Aufgeben seines Vorhabens möglich, § 24 I 1.

Fragwürdig ist dagegen die **Freiwilligkeit** seiner Rücktrittshandlung. Der Rücktritt ist freiwillig, wenn der Täter zum ihm durch **autonome**, nicht durch heteronome Gründe veranlasst wird. Er muss bei der Entscheidung noch **„Herr seiner Entschlüsse"** sein.[9] Die Freiwilligkeit kann insbesondere dann zu verneinen sein, wenn der Täter aufgrund der Entdeckung bei Fortführung seines Plans ein größeres Risiko eingehen muss als er zunächst annahm.[10]

E weiß, dass erwischt würde, führte er sein Vorhaben zu Ende durch. Dann nützte ihm aber auch eine vollendete Wegnahme nichts. Das Anrücken der Polizei stellte sich deshalb als Hindernis für ihn dar, das Vorhaben abzubrechen. Ein Rücktritt ist somit mangels Freiwilligkeit ausgeschlossen.

---

[8] So die Definition der ganz h.M., vgl. nur *Wessels/Beulke*, AT, Rn 631.
[9] *BGH* StV 1992, 224.
[10] *Kühl*, AT, § 16 Rn. 57 f.

In der Literatur wird die Ansicht vertreten, der fehlgeschlagene Versuch sei keine eigenständige Fallgruppe, sondern nur ein Unterfall des unfreiwilligen Rücktritts.[11] Im Ergebnis ergeben sich freilich zur herrschenden Meinung keine Unterschiede, weil derjenige, der einen Fehlschlag – irrig – annimmt, nicht mehr freiwillig zurücktreten kann.

7. Zwischenergebnis

E hat sich wegen versuchten Diebstahls nach §§ 242 II, 22, 23 StGB strafbar gemacht.

8. Strafzumessung: Besonders schwerer Fall nach § 243 I S. 2 Nr. 1 StGB

a) Verwirklichung des Regelbeispiels

E könnte durch die in Rede stehende Handlung ein Regelbeispiel nach § 243 I S. 2 Nr. 1 StGB verwirklicht haben. Seine Strafe wäre dann aus dem Strafrahmen des § 243 I StGB zu entnehmen, wenn nicht die **Indizwirkung** aufgrund der Gesamtumstände entkräftet würde.[12]

E hatte beim „Herumwerkeln" am Fenster bereits den Tatentschluss zum Diebstahl, er handelte mithin **zur Ausführung der Tat**. Die Gaststätte ist auch ein Geschäftsraum im Sinne des § 243 I S. 2 Nr. 1 StGB. Für ein Eingreifen des Regelbeispiels müsste aber zusätzlich eine der in Nr. 1 genannten Tathandlungen erfüllt worden sein.

Einbrechen bezeichnet das **gewaltsame, nicht notwendig substanzverletzende Öffnen einer dem Zutritt entgegenstehenden Umschließung**.[13] Erforderlich ist zudem ein nicht unerheblicher Kraftaufwand.[14]

---

[11] *Maurach/Gössel/Zipf*, AT, § 41 Rn. 36.
[12] Vgl. *Rengier*, BT I, § 3 Rn. 2.
[13] *Tröndle/Fischer*, § 243 Rn. 5.
[14] *BGH* NStZ 2000, 143.

Die Variante des Einbrechens ist erst dann voll verwirklicht, wenn der Täter so in das Gebäude eingedrungen ist, dass ihm der Zugriff auf das Tatobjekt möglich ist.[15] Das Herausstemmen einer Scheibe erfordert einen nicht unerheblichen Kraftaufwand und stellt damit ein gewaltsames Öffnen dar. Eine geschlossene Fensterscheibe ist auch eine dem Zutritt entgegenstehende Umschließung. Allerdings hatte E die Scheibe noch nicht entfernt, als die Polizei eintraf; ein Zugriff auf das Geschirr war somit offensichtlich ausgeschlossen. Ein Einbrechen im Sinne der Vorschrift liegt deshalb nicht vor. Da auch ein Einsteigen nicht vorliegt, wurde das Regelbeispiel der § 243 I S. 2 Nr. 1 StGB nicht verwirklicht, denn auch ein Einsteigen setzt schon dem Wortsinn nach offensichtlich das Betreten des Gebäudes voraus.[16] Eine typisierte Strafzumessung nach § 243 StGB müsste danach entfallen.

b) Greifen der Indizwirkung bei Ansetzen zur Verwirklichung des Regelbeispiels

Fraglich ist jedoch, ob die Indizwirkung der Regelbeispiele auch dann eingreifen kann, wenn diese zwar nicht verwirklicht wurden, hierzu aber angesetzt wurde. Ob ein derartiger „Versuch" des Regelbeispiels zum Eingreifen von § 243 I StGB führt, ist in Literatur und Rechtsprechung äußerst umstritten.

aa) BGHSt 33, 370 und Teile der Literatur

Der BGH hat im vorliegenden Fall eine Anwendbarkeit des § 243 I StGB bejaht.[17] Zur Begründung führt er an, dass der schwere Diebstahl früher ein selbständiger Tatbestand bzw. eine Qualifikation gewesen sei und der Gesetzgeber durch die **Umwandlung in Regelbeispiele** dem Tatrichter lediglich mehr Spielraum habe geben wollen, von einer Bestrafung wegen schweren Diebstahls abzusehen.

---

[15]   *Rengier*, BT I, § 3 Rn. 6a.
[16]   Vgl. die Definition bei *BGHSt* 10, 132 (133).
[17]   *BGHSt* 33, 370; i.E. zustimmend *Eckstein*, JA 2001, 548 (553).

Eine Beschränkung der Reichweite der Tatbestände sei nicht gewollt gewesen.[18] Im Übrigen seien Regelbeispiele **tatbestandsähnlich**, weshalb sie für die Bestimmung des für den Versuch geltenden Strafrahmens wie Tatbestandsmerkmale behandelt werden könnten.[19] Des Weiteren lasse sich § 23 II StGB entnehmen, dass nach dem Willen des Gesetzgebers die versuchte Tat grundsätzlich ebenso strafwürdig ist wie die vollendete. Es entspreche auch dem allgemeinen Grundsatz, dass die Schuld Grundlage der Strafzumessung ist, wenn man bei einer versuchten qualifizierenden Handlung für die Strafschärfung den **Tatentschluss maßgebend** sein lässt.[20] Schließlich schade es nicht, dass § 243 StGB keine Bestimmung über den Versuch enthalte, weil dessen Strafbarkeit in § 242 II StGB vorgesehen ist.[21]

E hat zum Einbrechen entsprechend § 22 StGB angesetzt.[22] Nach dieser Ansicht wäre er also aus den §§ 242, 22, 243 StGB zu bestrafen.

Achtung: Falsch wäre es, hier auch den § 243 StGB mit § 22 StGB in Verbindung zu bringen. Den Versuch des Regelbeispiels im „technischen Sinne" gibt es auch nach der Ansicht des BGH nicht. Es geht immer nur um eine entsprechende Anwendung des § 22 StGB, um die „Tür zu § 243 zu öffnen". Die Normen miteinander zu kombinieren, hieße die Fragestellung zu verkennen, die da lautet: Kann die Indizwirkung eines Regelbeispiels auch dann eingreifen, wenn dieses nicht verwirklicht ist? Wird diese Frage bejaht, dann greift die Indizwirkung wie bei einem verwirklichten Regelbeispiel voll ein.[23] Ausformuliert handelte es sich nach Ansicht des BGH hier also um einen **versuchten Diebstahl**

---

[18] *BGH* aaO (375).
[19] *BGH* aaO (374).
[20] *BGH* aaO (374)
[21] *BGH* aaO (376).
[22] Diesen Subsumtionsschritt in der Klausur nicht vergessen!
[23] Allerdings wird zum Teil eine mögliche Strafmilderung entsprechend § 23 II vertreten, vgl. dazu *Tröndle/Fischer*, § 46, Rn. 98.

> im besonders schweren Fall und eben nicht um einen versuchten Diebstahl in einem versuchten besonders schweren Fall.

bb) Herrschende Lehre

Die wohl herrschende Lehre **lehnt** ein Eingreifen der **Indizwirkung bei Nichtverwirklichung des Regelbeispiels ab**. Die Annahme, man könne Regelbeispiele aufgrund Tatbestandsähnlichkeit im Hinblick auf das Ansetzen zur Verwirklichung des Regelbeispiels nach §§ 22, 23 StGB wie Tatbestandsmerkmale behandeln, stelle eine nach Art. 103 II GG unzulässige Analogie dar.[24] Denn in § 22 sei eben nur von „der Tat" die Rede. Zwar sei richtig, dass die Schuld des Täters Grundlage der Strafzumessung ist. Das sage aber noch nichts darüber aus, ob die Steigerung der Schuld über die Indizwirkung von Regelbeispielen oder über § 46 II StGB in den Grenzen des Normalstrafrahmens des Grunddeliktes zu erfassen ist.[25]

Nach dieser Auffassung ist E nur aus §§ 242, 22 StGB zu bestrafen.

cc) Stellungnahme

Eine Versuchsstrafbarkeit ist, wie der BGH selbst einräumt, für § 243 StGB nicht angeordnet. Der angebliche Wille des Gesetzgebers, den erhöhten Strafrahmen für den besonders schweren Diebstahl in Versuchskonstellationen auch nach der Umwandlung in Regelbeispiele zu eröffnen, findet im Gesetz daher keine Stütze. Es ist deshalb auch nicht überzeugend, die Anwendbarkeit der Versuchsregeln aus § 242 II StGB herzuleiten. Und aus dem angeblich in § 23 II StGB zum Ausdruck kommenden allgemeinen Gedanken, der Versuch sei grundsätzlich strafwürdig, kann für sich genommen eine Anwendbarkeit der Versuchsregeln nicht

---

[24] *Wessels/Hillenkamp*, BT/2, Rn. 207; Rengier, BT I, § 3 Rn. 30.
[25] *Wessels/ Hillenkamp*, BT/2, Rn. 207.

abgeleitet werden, weil dort, auch dies erkennt der BGH an,[26] eben nur der **strafbare** Versuch geregelt ist. Aus alledem ergibt sich, dass hier für die Bestimmung des Strafrahmens eben nicht auf den Tatentschluss abgestellt werden darf.[27] Im Ergebnis ist somit der herrschenden Lehre darin zuzustimmen, dass in der entsprechenden Anwendung des § 22 StGB eine Analogie zu Lasten des Täters zu sehen ist. Ein Greifen der Indizwirkung des § 243 I S. 2 Nr. 1 StGB ist deshalb abzulehnen.

Anmerkung: Die Rechtsprechung ist insgesamt undurchsichtig. In NStZ-RR 1997, 293 hat der **5. Senat** des BGH ohne Umschweife ausgesprochen, den Versuch des Regelbeispiels gebe es im System des StGB nicht, weil die Regelbeispiele eben keine Tatbestände seien. Der 5. Senat setzt sich mit dieser Aussage **in Widerspruch zu der** genannten **Entscheidung** des **3. Senats**. Allerdings war in NStZ-RR 1997 das Grunddelikt vollendet; diese Konstellation war in BGHSt 33, 370 ausdrücklich offen gelassen worden. Das Urteil beinhaltet daher zumindest im Ergebnis keinen Widerspruch. Auch konnte man hier noch annehmen, die Absage an das **Argument der Tatbestandsähnlichkeit** sei dem Umstand geschuldet, dass es um Vorschriften ging, die nicht wie § 243 StGB eine „Qualifikationsgeschichte" aufweisen. Das Argument der Tatbestandsähnlichkeit ist jedoch durch die Entscheidung des **1. Senats** (NStZ 2001, 642 = NJW 2002, 150), in der es um die Heranziehung des § 243 im Rahmen der Konkurrenzen ging, weiter geschwächt worden. Schließlich hat der BGH in NStZ 2003, 602 in deutlicher Abgrenzung zur Fallgestaltung aus BGHSt 33, 370 erneut die Anwendbarkeit von Regelbeispielen für einen Fall verneint, in dem das Grunddelikt vollendet war. Man könnte also sagen, dass sich in der Rechtsprechung so etwas wie eine „differenzierende Linie" herausgebildet hat.

---

[26] *BGH* aaO, S. 374.
[27] Vgl. *Graul*, JuS 1999, 852 (855).

9. Ergebnis

E hat sich nach §§ 242, 22 StGB strafbar gemacht. § 243 I S. 2 Nr. 1 StGB liegt hingegen nicht vor.

II. Strafbarkeit nach §§ 244 I Nr. 1a, 22, 23 StGB wegen Beisichführens von Teppichmesser und Schraubenzieher

E könnte sich aber dadurch, dass er bei seinem Einbruchsversuch ein Teppichmesser und einen Schraubenzieher bei sich führte, nach § 244 I Nr. 1a StGB strafbar gemacht haben.

1. Vorprüfung

Der Diebstahl ist, wie gesehen, nicht vollendet. Die **Versuchsstrafbarkeit** ist in **§ 244 II StGB** angeordnet.

2. Tatentschluss

Tatentschluss hinsichtlich des Grundtatbestandes hatte E. Für eine Strafbarkeit nach §§ 244 I Nr. 1a, 22 StGB müsste auch diesbezüglich ein Tatentschluss vorgelegen haben. E müsste dazu vorsätzlich eine Waffe oder ein gefährliches Werkzeug während der Tat **bei sich geführt** haben.

Der Täter führt den Gegenstand bei sich, **wenn dieser ihm während des Tathergangs so zur Verfügung** steht, dass er sich seiner **jederzeit bedienen kann**, wobei es **ausreicht**, dass der Gegenstand **zu irgendeinem Zeitpunkt des Tathergangs zur Verfügung steht**.[28]

E hatte das Teppichmesser und den Schraubenzieher dabei, um diese Gegenstände zum Öffnen des Fensters einzusetzen. Diese Phase betraf, wie gesehen, bezogen auf § 242 StGB auch **schon das Versuchsstadium**. E hatte also vor, die Gegenstände während der Tatzeit bei sich zu führen.

---

[28] Vgl. *Rengier*, BT I, § 4, Rn. 13 ff.

Das Teppichmesser und der Schraubenzieher stellen keine Waffen im Sinne des § 244 I Nr. 1a, 1. Alt. StGB dar.[29] Es könnte sich aber um gefährliche Werkzeuge im Sinne der 2. Alt. handeln.

Nach dem **Willen des Gesetzgebers** sollte für die Bestimmung der Gefährlichkeit des Werkzeugs in § 244 StGB die **für § 224 I Nr. 2 StGB anerkannte Definition** übernommen werden.[30] Das ist deshalb **problematisch**, weil sich die Gefährlichkeit dort aus der Verwendung bzw. Verwendungsabsicht ergibt, der **Wortlaut des § 244 I Nr. 1a StGB** eine solche aber gerade nicht (mehr) voraussetzt. Der **Wortlaut** legt eher eine **abstrakt-objektive Betrachtung** für die Bestimmung der Gefährlichkeit nahe. Welche objektiven Kriterien bzw. ob überhaupt solche zur Anwendung kommen sollen ist seit dem 6. StrRG sehr umstritten.

Anmerkung: Das Meinungsbild zu dem aufgeworfenen Problem ist kaum mehr überschaubar und muss in einer Klausur nicht umfassend gekannt bzw. dargestellt werden.[31] Zu verlangen wäre aber, dass das oben eingeleitete Problem herausgestellt und nach einer plausiblen Lösung gesucht wird. Im Übrigen ist zu beachten, dass das Problem ohne inhaltliche Unterschiede auch im Rahmen des § 250 StGB besteht.[32]

---

a) Objektive Lehren

Die Befürworter einer abstrakt-objektiven Betrachtungsweise sind sich darüber einig, dass das gefährliche Werkzeug **allein nach** seiner **Beschaffenheit** mit Hilfe **generalisierender Kriterien** definiert werden muss. Unterschiede bestehen aber hinsichtlich der Art der Kriterien.[33]

---

[29] Zur Definition der Waffe siehe Schönke-Schröder/*Eser*, § 244 Rn 3.
[30] BT-Drucks. 13/9064, S. 18.
[31] Vgl. zu den verschiedenen Meinungen bspw. die Nachweise bei *Hillenkamp*, BT, 25. Problem.
[32] Vgl. dazu Fall 5.
[33] Vgl. Nachweise bei *Wessels/Hillenkamp*, BT/2, Rn. 262.

Zum Teil wird danach differenziert, ob der Gegenstand frei verfügbar ist oder nicht.[34] Andere Stimmen verlangen einen „typischerweise gefährlichen" Gegenstand. Diesbezügliche Kriterien sind etwa die generelle Eignung zur Zufügung erheblicher Verletzungen,[35] bzw. – in der Sache ähnlich – umgekehrt das Ausschlusskriterium der Zweckentfremdung,[36] die typischerweise zu erwartende Zweckentfremdung in der konkreten Situation[37] oder eine „objektive Waffenähnlichkeit" oder „Waffenersatzfunktion".[38]

Für diese Ansätze spricht neben dem Gesetzeswortlaut der Nr. 1a selbst ein **Umkehrschluss zu § 244 I Nr. 1b StGB**. Denn wenn **dort ausdrücklich** eine **Verwendungsabsicht gefordert** wird, kann dies für die Nr. 1a eigentlich nicht gewollt sein.

> Gemeinsamer Nenner dieser Auffassungen ist die Suche nach einem vom Verwendungsvorbehalt – den der Gesetzeswortlaut eben nicht mehr verlangt – unabhängigen Abgrenzungskriterium.

Ein Teppichmesser ist aufgrund der kleinen Schnittfläche nicht generell zur Zufügung erheblicher Verletzungen geeignet und auch nicht typischerweise gefährlich für Leib und Leben des Diebstahlsopfers. Es wird auch nicht typischerweise zu solchen Zwecken mitgeführt. Vielmehr kommt ihm nach allgemeiner Anschauung wohl ausschließlich ein „Werkzeugcharakter[39]" zu. Gleiches gilt für einen Schraubenzieher.[40]

---

[34] *Lesch*, GA 1999, 376 f.
[35] SK-*Günther*, § 250 Rn. 11.
[36] *Krey/Hellmann*, BT/2, Rn. 134a.
[37] *OLG Schleswig* NStZ 2004, 212; *Schroth*, NJW 1998, 2864; SK-*Hoyer*, § 244 Rn. 11.
[38] *BGH* NJW 2002, 2890.
[39] Wohl aber nicht der Charakter eines „Einbruchwerkzeugs"; siehe dazu weiter unten.
[40] a.A. für größere Schraubenzieher *Schroth*, NJW 1998, 2864.

Nach den objektiven Ansätzen stellen die von E mitgeführten Gegenstände somit keine gefährlichen Werkzeuge
im Sinne von § 244 I Nr. 1a StGB dar. Dementsprechend
konnte sich E's Vorsatz auch nicht darauf beziehen.[41] Ein
Tatentschluss entfällt danach.

b) Subjektive Lehren

Nach diesem Ansatz ist der Vorbehalt des Täters entscheidend, das Werkzeug zumindest als Mittel zur Drohung
zu verwenden, deren Umsetzung das Opfer in erhebliche
Verletzungsgefahr bringen würde.[42] In der Rechtsprechung
wurde – auch auf der Linie einer subjektiven Lösung –
vertreten, dass zur objektiven Beschaffenheit eine nur
generelle Bestimmung (**„Widmung"**) durch den Täter unabhängig von einer auf den konkreten Einzelfall bezogenen
Verwendungsabsicht treten soll.[43] Der **Gegenschluss aus
der Nr. 1b überzeugt diese Ansichten nicht**, weil sie
diesen Widerspruch **als Versehen des Gesetzgebers
ansehen.**

Es geht aus dem Sachverhalt weder hervor, dass E bei
Entdeckung seiner Tat die Absicht hatte, jemanden mit den
mitgeführten Gegenständen zu verletzen oder ihm mit
erheblichen Verletzungen zu drohen noch, dass er Teppichmesser und Schraubenzieher in dieser Art generell ge-
widmet hätte. Auch nach dieser Ansicht entfällt somit ein
Tatentschluss des E hinsichtlich § 244 I Nr. 1a StGB. Eine
Stellungnahme zugunsten einer der dargestellten Ansätze
kann mithin unterbleiben.

---

[41] Dass es sich um eine Versuchsprüfung handelt, darf in dem „Meinungswust"
nicht vergessen werden.

[42] *Wessels/Hillenkamp*, BT/2, Rn. 262b; die Definition aus § 224 I Nr. 2 StGB wird
also modifiziert; a.A. *Rengier*, BT I, § 4 Rn. 25a, der eine Verwendungsabsicht
zu einer *Androhung* erheblicher Körperverletzungen nicht genügen lässt.

[43] *BGH* NStZ 1999, 302.

3. Ergebnis

E hat sich nicht nach §§ 244 I Nr. 1a, 22, 23 StGB strafbar gemacht.

III. Strafbarkeit nach § 303 I StGB

E könnte sich wegen des Entfernens der Bleiumbördelung auch wegen einer Sachbeschädigung strafbar gemacht haben.

1. Objektiver Tatbestand

In dem Entfernen der Bleiumbördelung liegt eine Substanzverletzung, die den bestimmungsgemäßen Gebrauch des Fensters, nämlich dessen luftundurchlässigen Verschluss, nicht unerheblich beeinträchtigt. Es liegt somit zumindest eine **Beschädigung in Form einer Brauchbarkeitsminderung** vor. Ob die Substanzverletzung für sich genommen schon erheblich ist, bedarf deshalb keiner Klärung.[44]

2.Subjektiver Tatbestand

E handelte vorsätzlich.

3./4. Rechtswidrigkeit und Schuld

E's Verhalten war rechtswidrig und schuldhaft.

5. Ergebnis

E hat sich durch das Entfernen der Bleiumbördelung nach § 303 I StGB strafbar gemacht.

---

[44] Vgl. zur Unterscheidung von Substanzverletzung und Brauchbarkeitsminderung beim Beschädigen in § 303 *Rengier*, BT I, § 24 Rn. 8 ff.

Zweiter Tatkomplex: Der „Einbruch" in das Museum

I. Strafbarkeit nach § 242 I StGB wegen Mitnehmen des Plagiats

E könnte sich wegen Diebstahls strafbar gemacht haben, indem er das Plagiat mitnahm.

1. Objektiver Tatbestand

Das Bild stellte eine bewegliche Sache dar und war für E fremd. Spätestens mit dem Verlassen des Museums war auch die Wegnahme des Bildes vollendet.[45] Der objektive Tatbestand liegt somit vor.

2. Subjektiver Tatbestand

E hat die Fälschung vorsätzlich und in Zueignungsabsicht weggenommen. Da er auch um die Rechtswidrigkeit der Zueignung wusste, ist der subjektive Tatbestand somit gegeben.

3./ 4. Rechtswidrigkeit und Schuld

E handelte rechtswidrig und schuldhaft.

5. Zwischenergebnis

E hat sich nach § 242 I StGB strafbar gemacht.

6. Strafzumessung: Besonders schwerer Fall nach § 243 I 2 Nr. 1 StGB

Fraglich ist abermals, ob sich die Strafzumessung nach § 243 I StGB richtet. E hatte vor, in das Museum einzubrechen. Das Regelbeispiel der Nr. 1 ist jedoch abermals nicht verwirklicht, weil A die Tür offen gelassen hatte und E deshalb sein mitgebrachtes „Werkzeug" gar nicht benutzen musste.

---

[45] Zur Frage der Vollendung der Wegnahme in fremden Herrschaftsbereichen (so genannnte „Gewahrsamsenklave") siehe Fall 4.

48

Es stellt sich also wiederum die Frage, ob die Indizwirkung greifen kann, obwohl das Regelbeispiel nicht verwirklicht ist. Ein Unterschied zu der vorangegangenen Erörterung liegt hier darin, dass **nun ein vollendetes Grunddelikt gegeben ist**.

a) Rechtsprechung

Der BGH hatte diese Konstellation in St 33, 370 ausdrücklich offengelassen. Angesichts der Tatsache, dass für die hier vorliegende Konstellation auch vom BGH ein Greifen der Indizwirkung bereits zwei Mal[46] abgelehnt wurde, ist wohl anzunehmen, dass die Rechtsprechung einen besonders schweren Fall hier ablehnen würde.

b) Herrschende Lehre

In der Literatur wird das Eingreifen eines Regelbeispiels, bei dessen Nichtverwirklichung unabhängig davon, ob das Grunddelikt vollendet ist oder nicht, abgelehnt.[47]

Da also beide Ansichten zum selben Ergebnis kommen, erübrigt sich an dieser Stelle eine Stellungnahme zugunsten einer von ihnen, § 243 I 2 Nr. 1 StGB greift nicht ein.

Anmerkung: In der Literatur wird dem BGH vielfach vorgeworfen, er müsste auf dem Boden seiner in St 33, 370 vertretenen Ansicht in dem Fall des vollendeten Grunddelikts erst recht zu einem besonders schweren Fall kommen.[48] Dies aus zwei Gründen: Erstens erscheint es seltsam, wenn, nach der Lösung des BGH, während des Versuchsstadiums des Grunddeliktes „zwischenzeitlich" ein Diebstahl im besonders schweren Fall vorliegt, die Indizwirkung aber, wenn der Diebstahl dann vollendet ist, quasi rückwirkend wieder entfällt.[49] Zweitens ist es widersinnig,

---

[46] *BGH* NStZ-RR 1997, 293; *BGH* NStZ 2003, 602; vgl. auch oben.
[47] S. oben, Fn 24 und 25.
[48] *Graul*, JuS 1999, 852 (856); *Küper*, JZ 1986, 518 (525); *Rengier*, BT I, § 3 Rn. 31 m.w.N., zweifelnd *Tröndle/Fischer*, § 46 Rn. 48d.
[49] *Küper*, JZ 1986, 518 (525).

jemanden, bei dem der Diebstahl im Ganzen misslingt, grundsätzlich einer strengeren Strafe zu unterwerfen als jemanden, der den Diebstahl vollendet hat.[50]

7. Ergebnis

E hat sich wegen Diebstahls am Plagiat strafbar gemacht. Ein besonders schwerer Fall liegt nicht vor.

II. Strafbarkeit nach §§ 242 I, 22 StGB bezüglich des Originals

Fraglich ist, ob E sich durch das Eindringen in das Museum in Diebstahlsabsicht auch wegen versuchten Diebstahls an dem Original strafbar gemacht hat.

1. Vorprüfung

Die Tat dürfte nicht vollendet sein. Ob dies hier der Fall ist, ist deshalb fragwürdig, weil E sich wegen vollendeten Diebstahls an der Fälschung strafbar gemacht hat.

Eine Versuchsstrafbarkeit käme hier **nur in Betracht, wenn der Diebstahlsvorsatz nicht als ein einheitlicher anzusehen wäre.** Anderenfalls wären E's Vorstellungen und sein Verhalten hinsichtlich des Originals nicht eigenständig strafrechtlich relevant und eine Versuchsstrafbarkeit käme aufgrund des Vorliegens einer vollendeten Tat nicht in Betracht; der Vorsatz wäre „verbraucht".

Für einen einheitlichen Diebstahlsvorsatz ist nach der Rechtsprechung und herrschenden Lehre **unwesentlich, ob er zunächst auf bestimmte Gegenstände beschränkt** war. Der Diebstahlsvorsatz **bleibt derselbe,** wenn er sich **im Rahmen einer einheitlichen Tat** hinsichtlich des

---

[50] *Graul*, JuS 1999, 852 (856); dieses Argument hatte zum ersten Mal das *BayOLG* in NJW 1980, 2207 vorgetragen.

Gegenstandes **verengt, erweitert oder ändert**.[51] Will der Täter zunächst eine bestimmte Sache wegnehmen, scheitert dieses Vorhaben aber, zum Beispiel weil die Sache nicht am Ort ist, so liegt gleichwohl ein einheitlicher Diebstahlsvorsatz und somit nur eine Diebstahlstat vor. Anders ist es, wenn der Diebstahlsvorsatz zwischendurch gänzlich aufgegeben wurde.[52]

Das Verhalten E's erscheint bei natürlicher Betrachtungsweise als ein einheitliches, zusammengehöriges Tun; nach Konkurrenzgrundsätzen läge hier eine natürliche Handlungseinheit[53] und demnach auch eine einheitliche Tat vor. Nach den aufgezeigten Prinzipien lag hier folglich nur ein Diebstahlsvorsatz und somit auch nur ein einheitlicher Diebstahl vor. Da die Vorstellungen des E hinsichtlich Original und Fälschung also als einheitliche vollendete Tat anzusehen sind, muss eine Versuchsstrafbarkeit hier entfallen.

Anmerkung: Das Problem des **Vorsatzwechsels** kann in einer Klausur an verschiedenen Stellen auftauchen. Außer in § 242 StGB spielt er auch im Rahmen von § 243 I S. 2 Nr. 1 StGB[54] („zur Ausführung der Tat") und in § 243 II StGB[55] eine Rolle. Auch in § 244 I Nr. 3 StGB ist die Frage relevant. Nimmt man in einem Fall wie dem vorliegenden einen versuchten Diebstahl an dem ursprünglichen „Zielobjekt" plus einen vollendeten an der dann weggenommen Sache an, so ist bei der Versuchstat an die Prüfung des Rücktritts zu denken. Dieser scheitert dann entweder an dem Fehlschlag des Versuchs oder an der Freiwilligkeit.[56]

---

[51] *BGH*St 22, 350, 351; *Wessels/ Hillenkamp*, BT/2, Rn. 249; *Rengier*, BT I, § 2 Rn. 37.
[52] *BGH*St 22, 350 (351); *BGH* MDR/D, 1953, 272; Schönke/Schröder-*Eser*, § 242, Rn. 45; *Wessels/Hillenkamp*, BT/2, Rn. 249; *Rengier*, BT I, § 2 Rn. 37.
[53] Siehe zu diesem Begriff Wessels/Beulke, AT, Rn. 764 ff.
[54] Dazu *Rengier*, BT I, § 3, Rn. 11, 27 ff.
[55] S. *Rengier*, aaO, § 3 Rn. 27 ff.
[56] Dazu, wie nah sich beide Lösungen im Ergebnis sind, vgl. schon oben.

2. Ergebnis

E hat sich nicht nach §§ 242, 22 StGB strafbar gemacht.

III. Strafbarkeit nach § 244 I Nr. 1a StGB

In Betracht kommt auch eine Strafbarkeit nach § 244 I Nr. 1a StGB; E hatte ein Stemmeisen dabei. Der Grundtatbestand liegt vor.

1. Objektiver Tatbestand

Das Stemmeisen müsste ein gefährliches Werkzeug im Sinne der 2. Alt. sein. Die Bestimmung der Gefährlichkeit im Rahmen der Norm ist umstritten.

a) Subjektive Lehren

Eine Verwendungsabsicht kann E mangels Angaben im Sachverhalt nicht unterstellt werden. Dies selbst dann nicht, wenn man davon ausgeht, dass E mit der Anwesenheit des A gerechnet hat, denn dieser ist für seine Trunksucht bekannt und E konnte die begründete Hoffnung haben, dass A irgendwann unaufmerksam wird. Nach den subjektiven Lehren liegt somit kein gefährliches Werkzeug vor.

b) Objektive Lehren

Anders ist es hier unter Umständen nach den objektiven Lehren. Immerhin ist bei einem Einbruch in ein Museum immer mit einem Wachmann zu rechnen und deshalb auch die Zweckentfremdung eines Stemmeisens nach dem „situativen Kontext" nicht unbedingt untypisch.

Bei „Einbruchwerkzeugen" zeigt sich jedoch, dass die objektiven Ansätze zu unbilligen Ergebnissen führen können. Denn wenn man annimmt, dass auch solche Gegenstände typischerweise zweckentfremdet werden, so würde nahezu jeder Einbruchsdiebstahl zu einem Fall des § 244 StGB. Zudem würde auch derjenige aus der Vorschrift bestraft, der einen solchen Gegenstand schlicht stiehlt.[57] Auch innerhalb der objektiven Ansätze werden deshalb Einbruchswerkzeuge als beim Diebstahl deliktstypisch und deshalb nicht gefährlich für Leib und Leben angesehen.[58] Auch nach diesen Ansätzen liegt somit kein gefährliches Werkzeug vor. Eine Stellungnahme erübrigt sich.

3. Ergebnis

E hat sich durch das Mitführen des Stemmeisens während der Tat nicht nach § 244 StGB strafbar gemacht.

IV. Strafbarkeit nach § 123 I, 1. Alt. StGB

E könnte sich wegen Hausfriedensbruchs strafbar gemacht haben, indem er zu nächtlicher Stunde das Museum betrat.

1. Objektiver Tatbestand

Geschäftsräume sind abgeschlossene Betriebs- und Verkaufsstätten, die gewerblichen, künstlerischen, wissenschaftlichen oder ähnlichen Zwecken dienen.[59] Das Museum ist ein Geschäftsraum im Sinne dieser Definition. Diese Geschäftsräume hat E außerhalb der Öffnungszeiten und somit gegen den Willen des Museumsleiters betreten. Er ist folglich gegen den Willen des Berechtigten in sie eingedrungen.

Beachte: Im Rahmen vom § 123 StGB ist es ganz herrschende Meinung, dass eine Zustimmung des Berechtigten bereits den Tatbestand entfallen lässt. Das Wort „widerrechtlich" hat keine eigenständige Bedeutung. Es betrifft nur die Stufe der allgemeinen Rechtswidrigkeit im Deliktsaufbau bzw. die Feststellung des generellen Unrechts. Gleiches gilt auch für das Wort „rechtswidrig" in § 303 I StGB. Dort liegt nach herrschender Meinung in der Zustimmung des

---

[57]   So *Rengier*, BT I, § 4 Rn. 24d.
[58]   S. die Nachweise bei *Rengier*, Rn. 24c.
[59]   *Tröndle/ Fischer*, § 123, Rn. 7.

Eigentümers jedoch nur eine rechtfertigende Einwilligung. Nach a.A. soll eine „Einwilligung" auch in § 303 StGB bereits den Tatbestand ausschließen.[60] Entscheidend ist für diese Ansicht aber weniger der Wortlaut der Norm als vielmehr, dass sie das Sachbeschädigungsunrecht nicht hauptsächlich in der Substanzverletzung, sondern in der Willensverletzung sieht. Bei einer Einwilligung liegt nach ihr deshalb schon keine (typische) Rechtsgutsverletzung vor.

2. Subjektiver Tatbestand

E handelte vorsätzlich.

3./ 4. Rechtswidrigkeit und Schuld

E's Verhalten war auch rechtswidrig und schuldhaft.

5. Ergebnis

E hat sich nach § 123 I, 1. Alt. StGB strafbar gemacht.

Endergebnis und Konkurrenzen

Im ersten Tatkomplex steht die Sachbeschädigung in Idealkonkurrenz zum versuchten Diebstahl; es liegt eine Handlung im natürlichen Sinne vor. Idealkonkurrenz liegt auch hinsichtlich des Hausfriedensbruchs und des vollendeten Diebstahls im zweiten Tatkomplex vor.[61]

Anmerkung: Hat man im ersten Tatkomplex einen besonders schweren Fall des versuchten Diebstahls bejaht, so stellt sich das **Problem, ob die Sachbeschädigung im Wege der Konsumtion verdrängt wird**. Seit längerem anerkannt war, dass dies jedenfalls dann nicht der Fall ist, wenn das durch die Sachbeschädigung begangene Unrecht das des schweren Diebstahls überschreitet, zum Beispiel weil der Wert der beschädigten Sache den der gestohlenen

---

[60] Vgl. *Tröndle/ Fischer*, § 303, Rn. 16.
[61] *Tröndle/ Fischer*, § 123, Rn. 45; a.A. *BGHSt* 18, 32 f.

54

weit übersteigt. Denn dann fällt § 303 StGB aus dem **regel-mäßigen Verlauf** des §§ 242, 243 StGB heraus und behält seinen eigenständigen Charakter bzw. seinen eigenen Unrechtsgehalt. Die **für eine Konsumtion maßgebliche Typizität** liegt nicht vor. In NStZ 2001, 642 = NJW 2002, 150 machte der BGH dann aber darüber hinaus **grundsätzliche Bedenken an der Konsumtion des § 303 StGB durch §§ 242, 243 StGB** geltend. Zunächst seien Diebstähle nach §§ 242, 243 I S. 2 Nr.1 und 2 StGB aufgrund des „Technisierungsgrades in der Branche" heutzutage auch allgemein nicht mehr typischerweise mit einer Sachbeschädigung verbunden. Auch würden die Rechtsgutinhaber der beschädigten und gestohlenen Sache sich häufig unterscheiden. Überdies – und dies scheint das Hauptargument des Senats zu sein – **könnten nur Tatbestände miteinander konkurrieren**.

Bejahte man im zweiten Tatkomplex den besonders schweren Fall des Diebstahls, so ließe sich zwar an der Typizität des Hausfriedensbruchs, anders als bei der Sachbeschädigung, weiterhin nicht zweifeln.[62] Es blieben jedoch die Bedenken hinsichtlich einer Konsumtion durch eine bloße Strafzumessungsregel.

B ist mithin wegen Sachbeschädigung in Tateinheit mit versuchtem Diebstahl in Tatmehrheit mit Hausfriedensbruch in Tateinheit mit vollendetem Diebstahl zu bestrafen.

Vertiefungshinweise

- Zum „Versuch" des Regelbeispiels siehe *Graul*, JuS 1999, 852 ff.

- Zum Konkurrenzverhältnis zwischen schweren Diebstahlsfällen und §§ 123, 303 StGB (BGH, NJW 2002, 150 = NStZ 2001, 642) siehe *Rengier*, JuS 2002, 850 ff.

---

[62] So auch der *BGH* in NStZ 2001, 642, 644.

Fall 3: „Verloren & gefunden"

▶ **Standort:** Strafrecht BT, Unterschlagung, Diebstahl

Als der Rentner R an einem Vormittag mit seinem Hund auf dem Göttinger Stadtwall unterwegs ist, macht er eine traurige Entdeckung: Vor ihm ausgestreckt auf dem Weg liegt seine Nachbarin N. R beugt sich über sie und stellt zutreffend fest, dass die hoch betagte Witwe auf ihrem letzten Spaziergang das Zeitliche gesegnet hat. Gerade als R sich vom Leichnam abwenden will, fällt sein Blick auf zwei sich am Handgelenk der N befindliche goldene Armbänder. Da R meint, dass die Söhne der N – beides Rechtsanwälte – schon mehr als genug haben, streift er die Armbänder ab, steckt sie in seine Tasche und verlässt hastig den Ort des Geschehens. Schon nach wenigen hundert Metern kommt R aber ins Grübeln; dumm wäre es doch, so meint er, wegen etwas Schmuck auf die alten Tage noch im Gefängnis zu landen. R legt die Armbänder daher auf der nächsten Bank ab und geht nach Hause. Er ist sich dabei aber der nahe liegenden Möglichkeit bewusst, dass der Finder des Schmucks diesen nicht im Fundbüro abliefert, sondern für sich behält.

Wenig später passiert der Z die Bank, entdeckt die Schmuckstücke und nimmt sie mit, um sie bei den demnächst anstehenden Jubiläen in seinem Betrieb an verdiente Mitarbeiterinnen zu verschenken. Zuhause angekommen legt er die Armbänder auf dem Küchentisch ab. Als seine Frau am nächsten Morgen in der Zeitung vom Tod der N und dem mysteriösen Verschwinden von Schmuck liest, erkennt sie sofort den Zusammenhang und zeigt den Fund heimlich dem Fundbüro an. Schon zwei Tage später erhält Z daher ein Schreiben, in dem er aufgefordert wird, alle der Anzeigepflicht unterliegenden Fundsachen abzuliefern. Verärgert zerknüllt er den Brief und wirft ihn weg. Seiner Frau gegenüber leugnet er, jemals Post von der Behörde erhalten zu haben.

Als Z einen Monat später vom Fundbüro erneut und mit Nachdruck zur Abgabe ermahnt wird, will er den Schmuck loswerden: Das eine Armband gibt er tatsächlich ab und kann die Behörde damit beschwichtigen. Die Söhne der N holen das Schmuckstück bald darauf ab. Das andere Armband verschenkt er – wie zuvor geplant – an seine langjährige Sekretärin Juliane W., die von dessen Herkunft nichts ahnt.

Prüfen Sie die Strafbarkeit von R und Z (§ 263 StGB sei außen vor)! Die erforderlichen Strafanträge sind gestellt.

A. Die Strafbarkeit des R
I. Diebstahl, § 242 I StGB
1. Objektiver Tatbestand
      a) Tatobjekt: Der Schmuck ist eine fremde, bewegliche Sache
      b) Tathandlung: Es bestand kein fremder Gewahrsam
2. Ergebnis

II. Unterschlagung der Armbänder, § 246 I StGB
1. Objektiver Tatbestand
      a) Tatobjekt
      b) Tathandlung Zueignung: Nach Manifestationslehren gegeben
      c) Rechtswidrigkeit der Zueignung
2. Subjektiver Tatbestand
3. Rechtswidrigkeit
4. Schuld
5. Tätige Reue: bei § 246 StGB nicht vorgesehen
6. Strafantrag
7. Ergebnis

B. Die Strafbarkeit des Z
I. Unterschlagung durch das Ergreifen des Schmucks, § 246 I StGB
1. Objektiver Tatbestand
      a) Tatobjekt
      b) Tathandlung Zueignung: keine Manifestation der Zueignung
2. Ergebnis

II. Unterschlagung durch das Ablegen in der Küche, § 246 I StGB
Keine Manifestation des Zueignungswillens, vielmehr neutrales Verhalten

III. Unterschlagung durch die Nichtanzeige des Fundes, § 246 I StGB
Bloßem Nichtstun kommt nicht ohne weiteres Manifestationscharakter zu

IV. Unterschlagung durch Vernichtung der Post, § 246 I StGB
1. Objektiver Tatbestand
   a) Tatobjekt
   b) Tathandlung Zueignung: Hier deutliche Manifestation
   c) Rechtswidrigkeit der Zueignung
   d) Qualifikation: Kein Anvertrautsein der Schmuckstücke
2. Subjektiver Tatbestand
3. Rechtswidrigkeit
4. Schuld
5. Strafantrag
6. Ergebnis

V. Unterschlagung durch die Weitergabe von Schmuck, § 246 I StGB
1. Objektiver Tatbestand
   a) Taugliches Tatobjekt
   b) Tathandlung Zueignung: Mglk. der wiederholten Zueignung?
2. Ergebnis

C. Die Strafbarkeit des R (Fortsetzung)
III. Unterschlagung durch Ablegen auf der Bank, § 246 I StGB
1. Objektiver Tatbestand
   a) Tatobjekt
   b) Tathandlung Drittzueignung: Tatherrschaft über Zueignung?
2. Ergebnis

I V. Anstiftung zur Unterschlagung durch Z, §§ 246, 26 StGB
1. Objektiver Tatbestand
   a) Teilnahmefähige Haupttat
   b) Tathandlung Bestimmen: Ist bloße Kausalität ausreichend?
2. Ergebnis

V. Beihilfe zur Unterschlagung durch Z, §§ 246, 27 StGB
1. Objektiver Tatbestand
   a) Teilnahmefähige Haupttat
   b) Tathandlung Hilfeleisten: Kausale Unterstützung durch R
2. Subjektiver Tatbestand: Hinreichend konkreter Haupttatvorsatz bei R
3. Rechtswidrigkeit
4. Schuld
5. Ergebnis

Endergebnis und Konkurrenzen

A. Die Strafbarkeit des R

I. Diebstahl, § 242 I StGB[1]

Indem R die Armbänder abstreifte und in seine Tasche steckte, könnte er sich wegen Diebstahls gemäß § 242 I StGB strafbar gemacht haben.

1. Objektiver Tatbestand

a) Tatobjekt

Bei den Armbändern müsste es sich um **fremde bewegliche Sachen** handeln. Sache im Sinne des Strafrechts ist jeder körperliche Gegenstand.[2] Die Schmuckstücke sind körperliche Gegenstände und damit Sachen nach § 242 StGB. Sie sind auch beweglich. Fremd ist eine Sache, die (auch) im Eigentum eines anderen steht, also weder herrenlos ist noch ausschließlich dem Täter selbst gehört.[3] Mit dem Tod der N erlosch auch ihre Rechtsfähigkeit, § 1 BGB. N war daher nicht mehr Eigentümerin des Schmucks. Durch ihren Tod sind die Armbänder gleichwohl nicht herrenlos geworden; Eigentümer der Schmuckstücke sind vielmehr im Wege der Universalsukzession die beiden Söhne der N geworden, vergleiche § 1922 BGB. Die Armbänder waren mithin für R fremde bewegliche Sachen.

b) Tathandlung: Wegnahme

R müsste den Schmuck weggenommen haben. **Wegnahme** ist die Aufhebung fremden und die Begründung neuen, nicht notwendig tätereigenen Gewahrsams gegen oder ohne den Willen des bisherigen Gewahrsamsinhabers.[4] Gewahrsam ist die von einem natürlichen Herrschaftswillen getragene tatsächliche Sachherrschaft eines Menschen über eine Sache, deren Reichweite von der Verkehrsanschauung

---

[1] Zur ausführlichen Auseinandersetzung mit dem Diebstahl vgl. Fall 2.
[2] *Tröndle/Fischer*, StGB, § 242 Rn. 3.
[3] *Wessels/Hillenkamp*, BT/2, Rn. 68.
[4] *Joecks*, StGB, § 242 Rn. 10.

bestimmt wird.[5] Fraglich ist, ob noch Gewahrsam an den Armbändern bestand, als R sie ergriff. Eine tatsächliche Sachherrschaft der N über die Armbänder war in diesem Zeitpunkt ausgeschlossen. Allenfalls könnte auch der Gewahrsam mit dem Tod der N eo ipso auf ihre Kinder übergegangen sein. Hinsichtlich des Besitzes im Sinne des Zivilrechts geht **§ 857 BGB** tatsächlich von einem gesetzlichen Übergang derjenigen Sachherrschaftsposition an die Erben aus, die der Erblasser zum Todeszeitpunkt innegehabt hatte. Diese **Fiktion des Zivilrechts** kann jedoch nach einhelliger Auffassung nicht auf den strafrechtlichen Gewahrsamsbegriff übertragen werden. Eine gesetzliche Fiktion kann die fehlende Herrschaftszuordnung nicht ersetzen.[6] Vielmehr müssen die Erben durch einen selbständigen Akt eigene Sachherrschaft und damit Gewahrsam an den Gegenständen des Erblassers begründen. Die Armbänder der N waren mithin **gewahrsamslos**.

2. Ergebnis

R hat sich durch das Ergreifen und Einstecken der Armbänder nicht wegen Diebstahls gemäß § 242 I StGB strafbar gemacht.

II. Unterschlagung der Armbänder, § 246 I StGB

Durch denselben Vorgang könnte R sich jedoch wegen Unterschlagung der Armbänder gemäß § 246 I StGB strafbar gemacht haben.

1. Objektiver Tatbestand

a) Tatobjekt

Die Armbänder waren für R fremde bewegliche Sachen (s. o.).

---

[5] *Tröndle/Fischer*, StGB, § 242 Rn. 11.
[6] Vgl. statt vieler *Wessels/Hillenkamp*, BT/2, Rn. 82.

60

b) Tathandlung: Zueignung

aa) Zueignungswille

R müsste mit **Zueignungswillen** gehandelt haben. Der Täter muss dabei im Rahmen von § 246 StGB mit dolus eventualis hinsichtlich einer dauerhaften Enteignung des Opfers sowie mit dolus eventualis hinsichtlich einer wenigstens vorübergehenden Aneignung des Gegenstandes handeln.[7]

Merke: Der Zueignungsbegriff der §§ 242, 246 StGB unterscheidet sich inhaltlich nicht voneinander. Lediglich bezüglich der Aneignung unterscheiden sich nach herrschender Meinung die Delikte, was die Erscheinungsform des Vorsatzes angeht. Während § 242 StGB Absicht in Form von dolus directus 1. Grades verlangt, ist für § 246 StGB bedingter Vorsatz ausreichend, was sich aus der jeweiligen Funktion der Zueignung in beiden Delikten ergibt: Bei § 242 StGB ist sie Gegenstand eines besonderen subjektiven Unrechtsmerkmals, bei § 246 StGB hingegen objektives Tatbestandsmerkmal.[8]

R erkennt die durch die Mitnahme der Armbänder nahe liegende Möglichkeit, dass die Erben den Schmuck nicht zurückerhalten werden. Hinsichtlich der Enteignung handelt er daher mit dolus eventualis. Auch will er den Schmuck seinem Vermögen einverleiben. Bezüglich der Aneignung handelt R mithin sogar mit dolus directus 1. Grades. R handelte also mit Zueignungswillen.

[7] *Arzt/Weber*, BT, § 15 Rn. 19.
[8] *Rengier*, BT I, § 5 Rn. 9; *Tröndle/Fischer*, StGB, § 246 Rn. 20; *Wessels/Hillenkamp*, BT/2, Rn. 280; *Lackner/Kühl*, StGB, § 246 Rn. 8. Eine Minderheitsmeinung geht dagegen auch für § 246 StGB vom Erfordernis der Aneignungsabsicht aus, so z. B. *Kindhäuser*, BT II, § 6 Rn. 38; *Otto*, BT, § 42 Rn. 6.

Hinweis zum Aufbau: Die Zueignung ist ohne Ermittlung dessen, was der Täter will, nur schwer bestimmbar. Deshalb wird vielerorts vorgeschlagen, beim Merkmal „Zueignung" die subjektive vor der objektiven Seite zu prüfen und auf die sonst gängige Reihenfolge jedenfalls insoweit zu verzichten. Dieser Empfehlung folgt dieses Gutachten. Wer jedoch an der strengen Trennung von objektivem und subjektivem Tatbestand und der üblichen Reihenfolge festhalten möchte, kann für die objektive Seite der Zueignung zunächst nur als „Arbeitshypothese" ermitteln, ob sich das Verhalten des Täters aus der Sicht eines Dritten als Manifestation des Zueignungswillens darstellt. Bejahendenfalls muss diese Hypothese dann noch auf der subjektiven Zueignungsseite Bestätigung finden oder verworfen werden, zum Beispiel weil ein Tatbestandsirrtum vorliegt.[9]

bb) Objektives Zueignungselement

Umstritten ist die Frage, wie das objektive Element des Zueignungsbegriffs zu bestimmen ist.

(1) Weite Manifestationstheorie

Nach der vor allem von der Rechtsprechung vertretenen „weiten Manifestationstheorie" genügt jede beliebige Willensbetätigung, die als Betätigung des Zueignungswillens verstanden werden kann: Ausschlaggebend ist, ob ein objektiver Dritter bei Kenntnis des Täterwillens die Handlung als Betätigung des Vorsatzes ansieht, die Sache dem Rechtsgutsinhaber dauerhaft zu entziehen und sie sich oder einem Dritten zuzueignen.[10] Nach dieser Ansicht ist hier eine Manifestation des Zueignungswillens gegeben. Auch ist im Gegensatz zur alten Gesetzeslage (§ 246 StGB a. F. „[...], die er in Besitz oder Gewahrsam hat") ein zeitlicher Abstand

---

[9] Zu den verschiedenen Möglichkeiten des Prüfungsaufbaus von § 246 StGB vgl. *Rengier*, BT I, § 5 Rn. 4 f.

[10] *BGH*St 14, 38 (41); LK-*Ruß*, StGB, § 246 Rn. 13.

zwischen Gewahrsamsbegründung an der Sache und Zueignung eindeutig nicht mehr erforderlich.[11]

(2) Enge Manifestationstheorie

Die „enge Manifestationstheorie" stellt darauf ab, ob ein nach außen erkennbares Verhalten **unzweideutig** zum Ausdruck bringt, dass der Täter die Sache nicht an den Berechtigten zurückführen möchte. Keine Manifestation stellen daher Handlungen dar, die als **ambivalent oder neutral** zu bezeichnen sind, weil sie auch von einer rechtstreuen Person ohne Zueignungswillen zu erwarten sind.[12] Auch ohne Kenntnis des vorher von R gefassten Zueignungswillens muss ein objektiver Beobachter von einem entsprechenden Vorsatz bei R ausgehen, denn die von R betriebene „Leichenfledderei" ist kein äußerlich neutrales Verhalten, welches auch von einem gesetzes-treuen Auffinder der Leiche zu erwarten wäre. Somit waren auch nach ihrer strengen Variante die Voraussetzungen der Manifestationslehre gegeben: R hat sich die Armbänder zugeeignet.

(3) Lehren vom materiellen Zueignungserfolg[13]

In der Wissenschaft begreifen einige Autoren die Zueignung nicht als Manifestation eines Zueignungswillens, sondern als inhaltliche Verwirklichung der Zueignungselemente. So soll die Zueignung erst mit der Schaffung einer Lage von gewisser Endgültigkeit vollendet sein[14], weitergehend wird sogar die tatsächliche Enteignung im zivilrechtlichen Sinne verlangt[15]. Andere wiederum bestimmen die Zueignung im Sinne des § 246 StGB als die vollständige Einverleibung der

---

[11]   *Rengier*, BT I, § 5 Rn. 13 ff.

[12]   *Rengier*, BT I, § 5 Rn. 10a; *Wessels/Hillenkamp*, BT/2, Rn. 280 f.; *Krey*[12], BT II, Rn. 68.

[13]   Formulierung nach *Arzt/Weber*, BT, § 15 Rn. 29.

[14]   *Maiwald*, Der Zueignungsbegriff im System der Eigentumsdelikte (1970), S. 191 ff.; einen solchen Gefahrerfolg verlangen auch *Gropp*, JuS 1999, 1041 (1045) und MüKo-*Hohmann*, StGB, § 246 Rn. 36.

[15]   *Joecks*, StGB, § 246 Rn. 18 f.; SK-*Hoyer*, StGB, § 246 Rn. 22.

Sache oder ihres Sachwertes in das Vermögen des Täters.[16] Wenigstens hinsichtlich des einen Monat nach der Mitnahme zurückgegebenen Armbandes ist **keine endgültige Enteignungslage** geschaffen worden, nach der zivilrechtsakzessorischen Ansicht gilt dies sogar hinsichtlich beider Armbänder, da die Söhne der N gemäß §§ 857, 935 I BGB auch nach der Weitergabe des einen Schmuckstücks an Juliane W. Eigentümer auch dieses Armbandes geblieben sind.

(4) Stellungnahme

Den materiellen Enteignungslehren ist zuzugeben, dass ihr Bemühen, den Charakter von § 246 StGB als Erfolgsdelikt hervorzuheben, sich besser mit dem Wortlaut der Vorschrift harmonisieren lässt als die Auffassung der herrschenden Meinung, Zueignung sei schon die Manifestation eines entsprechenden Willens. Auch wird so dem unbestrittenen Lehrsatz, die Zueignungsbegriffe von § 242 StGB und § 246 StGB seien identisch, konsequent entsprochen.[17] Schließlich erhält die in § 246 III StGB angeordnete Versuchsstrafbarkeit einen sinnvollen Raum zugewiesen.[18] Gleichwohl kann diesem Standpunkt nicht gefolgt werden, denn die materiellen Zueignungslehren führen zu einer Vollendungsverlagerung des § 246 StGB in die weite Zukunft und lassen so die Vorschrift weitgehend leer laufen.[19] Zudem erscheint die einseitige Hervorhebung entweder der Enteignungs- oder der Aneignungskomponente unausgewogen.[20] Schließlich lassen sich auch die Manifestationslehren noch mit dem Wortlaut von § 246 StGB vereinbaren. Ihnen ist daher aus den genannten Gründen der Vorzug zu geben. R hat sich die Armbänder also zugeeignet.

---

[16] *Noak*, Drittzueignung und 6. StrRG (1999), S. 132 f.; *Rönnau*, GA 2000, 410 (424).

[17] Dies gilt insbesondere für die in § 242 StGB vorausgesetzte Enteignung, deren Dauerhaftigkeit der Täter in den Vorsatz aufgenommen haben muss.

[18] *Maiwald*, FS-Schreiber, S. 315 ff. (326 ff.)

[19] *Rengier*, BT I, § 5 Rn. 10.

[20] *Wessels/Hillenkamp*, BT/2, Rn. 279.

> **Hinweis:** In dieser Detailfülle kann eine Darstellung des Streitstandes in der Klausur natürlich nicht verlangt werden. Gleichwohl erfolgte an dieser Stelle eine genaue Wiedergabe, um dem Leser das zentrale Problem des § 246 StGB, den Zueignungsbegriff, näher zu bringen.

c) Rechtswidrigkeit der Zueignung

Die Zueignung müsste rechtswidrig gewesen sein. Dafür darf der Täter keinen fälligen, einredefreien Anspruch auf Übereignung der Sache oder ein gesetzliches Aneignungsrecht haben.[21] Derartige Ansprüche oder Rechte hatte R nicht. Die Zueignung war mithin rechtswidrig.

2. Subjektiver Tatbestand

R müsste vorsätzlich gehandelt haben. Vorsatz ist der Wille zur Verwirklichung eines Straftatbestandes in Kenntnis aller seiner objektiven Tatumstände.[22] R erkannte, dass es sich bei dem Schmuck um eine für ihn fremde, bewegliche Sache handelte. Auch war er sich der Rechtswidrigkeit der Zueignung bewusst. R handelte also **vorsätzlich**.

3./4. Rechtwidrigkeit und Schuld

R handelte rechtswidrig und schuldhaft.

5. Tätige Reue

Eine Erlangung von Straffreiheit durch so genannte tätige Reue ist für die Unterschlagung nicht vorgesehen. Eine Gesamtanalogie mit Bezug auf die Vorschriften über die tätige Reue (zum Beispiel §§ 139 IV 1, 264 V, 264a II, 265b II, 306e II, 314a III StGB) muss ausscheiden, da es an einer planwidrigen Regelungslücke fehlt.

---

[21] *Tröndle/Fischer*, StGB, § 246 Rn. 13 i. V. m. § 242 Rn. 49 f.
[22] *Wessels/Beulke*, AT, Rn. 203.

6. Strafantrag

Ein Strafantrag nach § 248a StGB ist wegen des zu unterstellenden hohen Wertes der Armbänder nicht erforderlich.

7. Ergebnis

R ist strafbar wegen Unterschlagung an den Armbändern gemäß § 246 I StGB.

B. Die Strafbarkeit des Z

I. Unterschlagung durch das Ergreifen des Schmucks, § 246 I StGB

Indem der Z den Schmuck von der Bank nahm, könnte er sich wegen Unterschlagung gemäß § 246 I StGB strafbar gemacht haben.

1. Objektiver Tatbestand

a) Tatobjekt

Ein taugliches Tatobjekt ist gegeben.

b) Tathandlung: Zueignung

aa) Zueignungswille

Nach seinen Vorstellungen rechnet Z damit, dass der Schmuck mit hoher Wahrscheinlichkeit nicht zu dem Berechtigten zurückfinden werde. Er handelte daher mit Enteignungsvorsatz. Z will den Schmuck für sich haben, um ihn in seinem Betrieb verschenken zu können. Fraglich ist daher, ob er wegen der geplanten Weitergabe des Schmucks **Eigen- oder Drittzueignungsvorsatz** aufwies. Wer wie ein Berechtigter über Gegenstände „verfügt", muss sich die Sache vorher in sein Vermögen einverleibt haben. Nicht etwa eine Dritt-, sondern eine Selbstzueignung ist deshalb bei dem unberechtigten Verschenken oder Veräußern von Gegenständen an Dritte gegeben.[23] Z wollte sich also den Schmuck **selbst aneignen**.

---

[23] *Rengier*, BT I, § 2 Rn. 72.

bb) Objektives Zueignungselement

Problematisch erscheint, ob in dem Verhalten des Z bereits eine Manifestation seines Zueignungswillens gesehen werden kann.

(1) Weite Manifestationstheorie

Nach der weiten Manifestationstheorie hat Z bereits durch das Ergreifen der Armbänder seinen Zueignungswillen nach außen hin manifestiert. Die Unterschlagung ist demnach **vollendet**.

(2) Enge Manifestationstheorie

Im Gegensatz dazu kann nach der engen Manifestationstheorie in dem bloßen Ergreifen einer Sache noch keine Fundunterschlagung gesehen werden, da auch der ehrliche Finder den Gegenstand zunächst an sich nehmen muss, um ihn etwa zunächst zu sich nach Hause mitzunehmen, bevor er dem Fundbüro zugeführt wird. Die von der strengen Variante der Manifestationslehre geforderte objektiv eindeutige Handlung des Z ist daher **noch nicht gegeben**.

(3) Stellungnahme

Der engen Manifestationstheorie ist zu folgen, denn über das Vorliegen des objektiven Tatbestandsmerkmals „Enteignung" können nach dem dem StGB zugrunde liegenden Tatprinzip allein objektive Tatumstände entscheiden.[24] Für die Vollendung von § 246 StGB muss also ein Verhalten verlangt werden, dass die Verdrängung des Eigentümers aus seiner Herrschaftsposition eindeutig zum Ausdruck bringt. Diese restriktive Auslegung des Manifestationsbegriffs erscheint auch deshalb geboten, weil § 246 StGB durch den Wegfall der Gewahrsamsklausel in § 246 StGB a. F. anderenfalls Gefahr läuft, zu einem konturenlosen Auffangtatbestand zu werden.[25] Zudem ist es bei der von

---

[24] SK-*Hoyer*, StGB, § 246 Rn. 13.
[25] *Tröndle/Fischer*, StGB, § 246 Rn. 10.

der weiten Manifestationslehre vorgenommenen subjektivierten Betrachtung schwer möglich, deutlich zwischen Vorbereitung, Versuch und Vollendung zu unterscheiden.[26] Das Aufheben der Schmuckstücke stellte daher noch **keine Manifestation des Zueignungswillens** dar.

2. Ergebnis

Durch das Ergreifen des Schmucks hat Z sich nicht wegen Unterschlagung gemäß § 246 I StGB strafbar gemacht.

Merke: Eine versuchte Unterschlagung durch das Ergreifen der Armbänder ist fern liegend, denn nach der hier vertretenen engen Manifestationstheorie kann das unmittelbare Ansetzen (§ 22 StGB) zur Unterschlagung nur in einem Verhalten bestehen, welches Beginn jenes Aktes ist, der unzweideutig den Zueignungswillen zum Ausdruck bringen wird. Angesichts des engen Zeitraums zwischen Versuchsbeginn und Vollendung ist § 246 III StGB wohl ohnehin nur für den **untauglichen Versuch** von größerer Bedeutung.[27]

II. Unterschlagung durch das Ablegen der Armbänder in der Küche, § 246 I StGB

Das Ablegen des Schmucks in der Küche ist nach der hier vertretenen engen Manifestationstheorie nicht geeignet, den Zueignungswillen des Z zweifelsfrei zum Ausdruck zu bringen. Auch ein ehrlicher Finder mag den aufgelesenen Gegenstand zunächst in seiner Wohnung deponieren, bevor er ihn dem Fundamt zuführt.

III. Unterschlagung durch die Nichtanzeige in den zwei Tagen nach dem Fund, § 246 I StGB

Auch die schlichte Nichtanzeige eines Fundes bringt nach den Anforderungen der engen Manifestationstheorie nicht hinreichend deutlich zum Ausdruck, dass der Täter den

---

[26] *Kindhäuser*, BT II, § 6 Rn. 15.
[27] *Kindhäuser*, BT II, § 6 Rn. 49.

Eigentümer aus seiner Position verdrängen möchte, denn das **bloße Unterlassen** der geschuldeten Rückgabe bzw. Abgabe des Gegenstandes kann auch auf Nachlässigkeit oder Pflichtvergessenheit beruhen, muss aber nicht notwendig auf einen Zueignungswillen hindeuten.[28]

IV. Unterschlagung durch die Vernichtung des Briefs vom Fundamt, § 246 I

Jedoch könnte Z sich wegen Unterschlagung des Schmucks gemäß § 246 I StGB strafbar gemacht haben, als er die Post vom Fundamt vernichtete und ihren Zugang gegenüber seiner Ehefrau leugnete.

1. Objektiver Tatbestand

a) Tatobjekt

Ein taugliches Tatobjekt war gegeben (s. o.).

b) Tathandlung: Zueignung

aa) Zueignungswille

Z besaß Zueignungsvorsatz (s. o.).

bb) Objektives Zueignungselement

Das Wegwerfen des Briefs und das Verhalten gegenüber seiner Ehefrau in Bezug darauf bringen nun hinreichend deutlich zum Ausdruck, dass Z an einer Ablieferung der Armbänder nicht interessiert ist und sie – über eine straflose kurzfristige Gebrauchsanmaßung hinaus – für sich behalten will. Der Zueignungswille des Z hat sich somit **manifestiert**.

c) Rechtswidrigkeit der Zueignung

Z hatte keinen fälligen, einredefreien Anspruch auf Übereignung der Armbänder oder ein gesetzliches Aneignungsrecht auf sie. Er ist nach §§ 965 I, II S. 1, 967 BGB ja sogar

---

[28] *BGHSt* 34, 309 (312); *Rengier*, BT I, § 5 Rn. 12.

zur Abgabe des Schmucks aufgefordert! Die Zueignung durch Z war daher rechtswidrig.

d) Qualifikationsmerkmal: Anvertraute Sache

Fraglich ist, ob aus der Verwahrung der Armbänder auch eine veruntreuende Unterschlagung gemäß § 246 II StGB abgeleitet werden kann. Jedoch setzt § 246 II StGB für die Begründung eines Vertrauensverhältnisses eine willentliche Hingabe der Sache an den Täter voraus.[29] Diese ist weder durch das Fundbüro noch durch die Söhne der N erfolgt; das gesetzliche Verwahrungsverhältnis aus § 966 I BGB allein begründet ein Anvertrautsein nicht. Z hat daher **nicht** den objektiven Tatbestand der **veruntreuenden Unterschlagung** erfüllt.

2. Subjektiver Tatbestand

Z müsste Vorsatz gehabt haben. Z wusste, dass es sich bei den Armbändern um eine für ihn fremde, bewegliche Sache handelte. Ebenso wusste er um die Rechtswidrigkeit der Zueignung. Z handelte mithin vorsätzlich.

3./4. Rechtwidrigkeit und Schuld

Das Verhalten des Z war rechtswidrig und schuldhaft.

5. Strafantrag, § 248a StGB

Ein Strafantrag ist nicht erforderlich (s. o.).

6. Ergebnis

Z ist strafbar wegen Unterschlagung an den Armbändern gemäß § 246 I StGB.

---

[29] MüKo-*Hohmann*, StGB, § 246 Rn. 51.

V. Unterschlagung durch die Weitergabe eines Armbandes an Juliane W., § 246 I StGB

Durch die Weitergabe eines Armbandes an seine Sekretärin könnte Z sich wegen Unterschlagung gemäß § 246 I StGB strafbar gemacht haben.

1. Objektiver Tatbestand

a) Tatobjekt

Ein taugliches Tatobjekt war gegeben (s. o.).

b) Tathandlung: Zueignung

Zueignungswille

Z müsste mit Zueignungswillen gehandelt haben. Dies erscheint deshalb zweifelhaft, weil Z sich die Armbänder bereits durch die Verleugnung der Post vom Fundamt zugeeignet hat (s. o.). Es stellt sich also die Frage, ob ein Täter sich eine Sache auch nach ihrer Erstzueignung wiederholt zueignen (wollen) kann.

(1) Tatbestandslösung

Die Rechtsprechung und Teile der Literatur lehnen diese Möglichkeit ab; für sie scheidet § 246 StGB bei wiederholten Zueignungshandlungen bereits tatbestandlich aus. Eine Sache könne für ein- und denselben Täter nur einmalig Gegenstand einer Zueignung sein, sich einen Gegenstand mehrfach zuzueignen ergebe schon nach dem natürlichen Sprachgebrauch keinen Sinn. Jede spätere Nutzung der Sache sei nur Konkretisierung der erstmalig erlangten Verfügungsgewalt.[30] Danach ist die Weitergabe des Armbandes an die Sekretärin keine tatbestandliche Unterschlagungshandlung.

---

[30] *BGH*St 14, 38; *Otto*, BT, § 42 Rn. 23; *Kindhäuser*, BT II, § 6 Rn. 40 f. m. w. N.

(2) Konkurrenzlösung

Nach der Gegenauffassung steht der Wortlaut des § 246 StGB der Annahme wiederholter Zueignungen nicht im Wege. Diese Möglichkeit entspreche auch dem Auffangcharakter der Norm, zumal mit der Tatbestandslösung Strafbarkeitslücken für den Teilnahmebereich entstünden; ebenso für Fälle, in denen Anschlussdelikte aus rechtlichen oder tatsächlichen Gründen nicht angewendet werden können und für Sachverhalte, in denen auch die Zweitzueignungshandlung eine selbständige Rechtsgutsverletzung bedeutet. Indessen trete jede wiederholte Zueignungshandlung als mitbestrafte Nachtat im **Konkurrenzwege** zurück.[31]

(3) Stellungnahme

Die semantische Auslegung des § 246 StGB ergibt keine entscheidenden Anhaltspunkte, zumal schon nicht eindeutig ist, ob überhaupt ein natürlicher Sprachgebrauch für den Begriff der Zueignung existiert. Für die Konkurrenzlösung sprechen vordergründig die besseren Möglichkeiten zur Verhütung von Strafbarkeitslücken, allerdings kann aufgrund des fragmentarischen Charakters des Strafrechts ebenso gut argumentiert werden, dass die Anschlussdelikte gerade abschließend sein sollen. Entscheidend für die Tatbestandslösung spricht allerdings, dass sie einer „ewigen" **Verjährungsfrist** von Vortaten vorbeugt: Mit der Konkurrenzlösung kann die Weitergabe von Sachen, die schon vor langer Zeit Gegenstand etwa eines Diebstahls waren, durch die Annahme „wiederholter Zueignungen" quasi zu einem erneuten In-Gang-Setzen der Verjährungsvorschriften führen. § 246 StGB kann daher im Bereich des Vermögensschutzes die Aufgabe zufallen, subsidiär auch noch alle späteren Manifestationen zu erfassen.[32] Es ist daher davon auszugehen, dass die Weitergabe des Schmucks an Juliane W. **schon tatbestandlich keine Unterschlagung** darstellt.

---

[31] *Joecks*, StGB, § 246 Rn. 29 f.; *Wessels/Hillenkamp*, BT/1, Rn. 301 ff. m. w. N.
[32] *Rengier*, BT I, § 5 Rn. 23.

2. Ergebnis

Durch die Weitergabe des Schmucks an seine Sekretärin hat Z sich nicht wegen Unterschlagung gemäß § 246 I StGB strafbar gemacht.

C. Strafbarkeit des R (Fortsetzung)

III. Unterschlagung an den Armbändern durch das Ablegen auf der Bank, § 246 I StGB

Indem R den Schmuck auf der Bank ablegte, könnte er sich wegen Unterschlagung gemäß § 246 I StGB strafbar gemacht haben.

1. Objektiver Tatbestand

a) Tatobjekt

Ein taugliches Tatobjekt war gegeben (s. o.).

b) Tathandlung: Zueignung

Zunächst müsste R mit Zueignungswillen gehandelt haben. In Betracht kommt hier allein ein Drittzueignungswille in Bezug auf einen späteren Finder des Schmucks. Fraglich ist hier, ob R nach seinen Vorstellungen von dem Geschehen Täter einer Drittzueignung oder bloßer Teilnehmer der Selbstzueignung durch einen Dritten sein wollte. Die Abgrenzung ist nach den allgemeinen Lehren zu Täterschaft und Teilnahme vorzunehmen. Danach ist nach der vorzugswürdigen Tatherrschaftslehre Täter, wer die (Mit-)Tatherrschaft über den Manifestationsakt hat, also über das Geschehen, mit dem die Herstellung der Herrschaftsbeziehung zugunsten des Dritten sichtbar wird.[33]

---

[33] *Rengier*, BT I, § 5 Rn. 19a f.; a. A. *Wessels/Hillenkamp*, BT/2, Rn. 281 Fn. 37, wonach ein Verhalten genügen soll, indem sich der Wille objektiviert, die jeweilige Sache auf Grund eigener Verfügungsmacht dem begünstigten Dritten zuzuwenden. Doch auch nach diesen Maßstäben ist nicht erkennbar, welche Verfügungsmacht R noch über den Schmuck gehabt haben soll, als die Inbesitznahme und damit die Begründung einer sachenrechtlichen Herrschaftsposition durch Z erfolgte.

Zum Zeitpunkt des Ablegens der Schmuckstücke auf der Bank konnte R demnach keinen Drittzueignungswillen haben, da keine Person in der Nähe war, der er eine für die Unterschlagung notwendige **sachenrechtliche Herrschaftsbeziehung**[34] über die Sache vermitteln konnte. Zu dem Zeitpunkt, zu dem ein Dritter den Schmuck ergreift (so geschehen durch Z), wollte R gar nicht mehr in der Nähe sein, so dass es ihm für diesen möglichen Zeitpunkt der Drittzueignung am Vorsatz der **Tatherrschaft** fehlte. Mithin handelte R ohne den erforderlichen Drittzueignungswillen.[35]

2. Ergebnis

Durch das Ablegen des Armbands hat R sich nicht wegen Unterschlagung gemäß § 246 I StGB strafbar gemacht.

IV. Anstiftung zur Unterschlagung durch Z, §§ 246, 26 StGB

Durch das Ablegen der Armbänder auf der Bank könnte R sich wegen Anstiftung zur Unterschlagung durch Z gemäß §§ 246, 26 StGB strafbar gemacht haben.

1. Objektiver Tatbestand

a) Teilnahmefähige Haupttat

Die in § 26 StGB vorausgesetzte vorsätzliche, rechtswidrige Haupttat besteht: Z hat eine Unterschlagung gemäß § 246 I StGB begangen.

b) Tathandlung: Bestimmen

Zu dieser Tat müsste R den Z bestimmt haben. Was unter dem Begriff „bestimmen" zu verstehen ist, ist umstritten.

---

[34] Vgl. zu dieser Voraussetzung *Joecks*, StGB, § 246 Rn. 20 ff.
[35] Ohnehin müsste eine Drittzueignung nach der hier vertretenen Ansicht bereits tatbestandlich als „wiederholte Zueignung" ausscheiden.

aa) Bestimmen als Verursachung des Tatentschlusses

Ein Teil des Schrifttums vertritt die Auffassung, für ein Bestimmen genüge bereits die Verursachung des Tatentschlusses. Es reiche daher aus, dass der Anstifter eine zur Tat reizende Situation schafft.[36] Eine solche Sachlage hat R hier geschaffen. Zudem ist das Ablegen des Schmucks **kausal** für den Tatentschluss des Z geworden. Nach dieser Ansicht hat R den Z somit zur Unterschlagung bestimmt.

bb) Bestimmen als kommunikativer Akt

Nach der herrschenden Meinung bedarf es hingegen einer Willensbeeinflussung im Wege des offenen **geistigen Kontaktes** zwischen Anstifter und Täter. Dabei muss der Anstifter den Haupttäter zur Begehung der Haupttat im Rahmen einer direkten Begegnung auffordern.[37] Danach fehlt es an einer direkten Beeinflussung des Z durch R, so dass es zu keiner Bestimmung im Sinne von § 26 StGB gekommen ist.

cc) Stellungnahme

Nach § 26 StGB wird der Anstifter gleich dem Haupttäter bestraft. Der Gesetzgeber scheint also davon auszugehen, dass das Verhalten von Anstifter und Täter im Unrechtsgehalt einen gewissen Grad an Vergleichbarkeit aufweisen müssen. Damit ist nur schwerlich vereinbar, eine Handlung bloß wegen ihrer rein kausalen Verknüpfung mit der zu einem späteren Zeitpunkt begangenen Haupttat unter die Anstiftung zu subsumieren.[38] Die Voraussetzungen von Anstiftung und Beihilfe würden identisch, ohne dass das unterschiedliche Strafmaß beider Vorschriften und überhaupt die Existenz zweier Teilnahmeformen erklärbar wären.

---

[36] *Lackner/Kühl*, StGB, § 26 Rn. 2 m. w. N.

[37] *Wessels/Beulke*, AT, Rn. 568, *Joecks*, StGB, § 26 Rn. 9; *Roxin*, AT II, § 36 Rn. 74 ff.; nach *Puppe*, GA 1984, 101 (111 ff.) ist sogar der Abschluss eines „Unrechtspaktes" zwischen Anstifter und Haupttäter erforderlich.

[38] *Wessels/Beulke*, aaO.

Es ist deshalb davon auszugehen, dass der Gesetzgeber mit dem „Bestimmen" mehr als die bloße Verursachung des Tatentschlusses im Sinn hat. Demzufolge hat R den Z **nicht** zu der Unterschlagung **bestimmt.**

2. Ergebnis

R ist nicht strafbar wegen Anstiftung zur Unterschlagung durch Z gemäß §§ 246, 26 StGB.

V. Beihilfe zur Unterschlagung durch Z, §§ 246, 27 StGB

Durch den gleichen Sachverhalt könnte R sich jedoch wegen Beihilfe zur Unterschlagung durch Z gemäß §§ 246, 27 StGB strafbar gemacht haben.

1. Objektiver Tatbestand

a) Teilnahmefähige Haupttat

Die nach § 27 StGB erforderliche vorsätzliche, rechtswidrige Haupttat besteht in der Unterschlagung durch Z.

b) Tathandlung: Hilfe leisten

R müsste dem Z Hilfe geleistet haben. Eine Hilfeleistung liegt in jedem Tatbeitrag, der die Haupttat ermöglicht oder erleichtert oder die vom Täter begangene Rechtsguts-verletzung verstärkt hat. Der Haupttäter braucht von der Unterstützung nichts zu wissen.[39] Umstritten ist dabei, welche Beziehung zwischen Gehilfenhandlung und Haupttat bestehen muss. Nach der restriktivsten Auffassung ist stets notwendig, dass sich der Gehilfenbeitrag kausal auf die Haupttat ausgewirkt hat[40], während Rechtsprechung und Teile der Literatur eine „Förderung" ausreichen lassen[41] bzw. die Beihilfe als (konkretes[42] oder abstraktes[43]) Gefähr-

---

[39] *Wessels/Beulke*, AT, Rn. 582.
[40] LK-*Roxin*, StGB, § 27 Rn. ff; SK-*Hoyer*, StGB, § 27 Rn. 6 f.; *Joecks*, StGB, § 27 Rn. 7.
[41] *BGHSt* 42, 135 (136); NStZ 2001, 364 (365); *Wessels/Beulke*, AT, Rn. 582.
[42] *Otto*, JuS 1982, 557 (563) m. w. N.

dungsdelikt verstehen. Hier kann das Hinterlassen des Schmucks auf der Bank nicht hinweggedacht werden, ohne dass der Zueignungserfolg bei Z in seiner konkreten Gestalt entfiele. Die Hilfeleistung des R war mithin **kausal** für die Unterschlagung durch Z, so dass eine Auseinandersetzung mit den verschiedenen Ansichten dahinstehen kann: R hat dem Z **Hilfe geleistet**.

2. Subjektiver Tatbestand

R müsste vorsätzlich hinsichtlich der Haupttat und seines eigenen Beitrags gehandelt haben. Für den subjektiven Tatbestand des § 27 StGB ist dabei zu beachten, dass der Gehilfe im Gegensatz zum Anstifter lediglich den **wesentlichen Unrechtsgehalt** der Haupttat erfasst haben muss.[44] Opfer, Tatzeit und nähere Details der konkreten Begehungsweise müssen dem Gehilfen nicht bekannt sein.[45] R erkannte die nahe liegende Möglichkeit, dass ein Dritter den Schmuck aufnehmen und für sich behalten könnte. Er hatte daher hinreichende Vorstellungen von Z's späterem Vorgehen. Auch wusste R, dass er durch das Ablegen der Armbänder einen Beitrag für die noch zu erfolgende Unterschlagung leistete. R handelte somit vorsätzlich.

3./4. Rechtswidrigkeit und Schuld

R handelte rechtswidrig und schuldhaft.

5. Ergebnis

R hat sich der Beihilfe zur Unterschlagung durch Z gemäß §§ 246, 27 StGB schuldig gemacht.

---

[43] *Herzberg*, GA 1971, 1 (4 ff.).
[44] *Joecks*, StGB, § 27 Rn. 11.
[45] *BGHSt* 42, 135.

> **Hinweis:** Das zunächst seltsam anmutende Ergebnis, dass R zwar keine wiederholte Zueignung, wohl aber eine Beihilfe zur Zueignung durch Z begehen konnte, ergibt sich aus der **Akzessorietät der Teilnahme**. R nimmt lediglich an einer fremden Tat (die Zueignung durch Z) teil, so dass sich das Problem der wiederholten Zueignungshandlung für ihn hier nicht stellte. Zu dem Ausscheiden der Beihilfestrafbarkeit auf Konkurrenzebene sogleich.

Endergebnis und Konkurrenzen

R hat sich der Unterschlagung der Schmuckstücke gemäß § 246 I StGB sowie der Beihilfe zur Unterschlagung durch Z gemäß §§ 246, 27 StGB schuldig gemacht. Beide Delikte stehen in Handlungsmehrheit zueinander. Allerdings tritt die Beihilfe zur Unterschlagung als **mitbestrafte Nachtat**[46] hinter die Unterschlagung zurück. R hat sich somit wegen der Unterschlagung der Armbänder gemäß § 246 I StGB strafbar gemacht.

Z ist strafbar wegen Unterschlagung der Armbänder gemäß § 246 I StGB.

Vertiefungshinweise

 - Einführender Aufsatz: *Jäger*, Unterschlagung nach dem 6. Strafrechtsreformgesetz – Ein Leitfaden für Studium und Praxis, JuS 2000, 1167 ff.

 - Lernbeitrag: *Duttge/Sotelsek*, Die vier Probleme bei der Auslegung des § 246 StGB, Jura 2002, 526 ff.

 - Ausführliche Darstellung des Streitstandes zum Zueignungsbegriff: *Hillenkamp*, 40 Probleme aus dem Strafrecht, Besonderer Teil, 23. Problem, S. 110 ff.

---

[46] Zu diesem Begriff vgl. *Wessels/Beulke*, AT, Rn. 795.

Fall 4: „Wenn die Provision lockt"

▸ **Standort:** Strafrecht BT, Betrug, Diebstahl

Eines Abends sucht der Provisionsvertreter P den Lagerangestellten L zu Hause auf. Nach einer kurzen Begrüßung beginnt er, ohne Unterlass auf L einzureden, wobei er ihm wider besseres Wissen eine Fachzeitschrift über Astrophysik des Verlegers V als für Laien geeignet anpreist. L stimmt einem Vertragsabschluß über ein Abonnement letztlich zu, er interessiere sich ja schließlich wirklich ein bißchen für den Weltraum.

Als L nach einer Woche die erste Zeitschrift geliefert bekommt und sie freudig aufschlägt, bemerkt er schon beim Lesen der ersten Rubrik mit dem Titel „Die neuesten Ableitungen aus der Szene", dass die Zeitschrift für Laien völlig ungeeignet ist und er mit ihr überhaupt nichts anfangen kann. Zornig über P aber froh darüber, dass er noch nichts gezahlt hat, ruft er bei V an, der den Auftrag ohne Weiteres storniert. Für den Fall einer Stornierung innerhalb von zwei Wochen steht P vertraglich keine Provision gegen V zu, weshalb er frustriert von einer Geltendmachung absieht.

P, der seine Frau und ein Neugeborenes zu versorgen hat, beschließt angesichts dieses Reinfalls und der auch sonst geringen Anzahl von Abschlüssen in letzter Zeit, nunmehr beim Einkaufen zu „sparen". Beim nächsten Einkauf im Supermarkt der R-GmbH beschließt er, den seiner Ansicht nach unverschämten Preis für Windeln durch die „kostenlose" Mitnahme des „Kicker" auf ein angemessenes Niveau zu senken. Dazu legt er die Zeitschrift so unter die in seinem Wagen befindliche Getränkekiste, dass sie nicht mehr sichtbar ist.

Auch Zigaretten sind P zu teuer. Leise über die erneute Erhöhung der Tabaksteuer schimpfend, reißt er die Windelpackung vorsichtig auf und stopft eine Schachtel seiner Lieblingsmarke so zwischen zwei Windeln, dass die Packung nicht ausbeult. Nachdem er alles Übrige besorgt hat, geht er zur Kasse. Wie erhofft, bemerkt die Kassiererin K die Zeitschrift nicht. Die Windelpackung rechnet sie ab, ohne die Zigaretten zu bemerken.

Strafbarkeit des P? §§ 123 und 303 StGB sind nicht zu prüfen. Eventuell erforderliche Strafanträge sind gestellt.

Erster Tatkomplex: Astrophysik für Anfänger

Betrug, § 263 I StGB gegenüber und zu Lasten des L
1. Objektiver Tatbestand
    a) Täuschung über Tatsachen
    b) Irrtum
    c) Vermögensverfügung
    d) Vermögensschaden: Individueller Schadenseinschlag und
       konkrete Vermögensgefährdung
2. Subjektiver Tatbestand
    a) Vorsatz
    b) Eigen- oder fremdnützige Absicht stoffgleicher Bereicherung:
       Hier Drittbereicherungsabsicht
    c) Objektive Rechtswidrigkeit der Bereicherung und
       entsprechender Vorsatz: Anfechtbarkeit nach § 123 BGB
3. Rechtswidrigkeit der Tat
4. Schuld
5. Ergebnis

Zweiter Tatkomplex: Sparmaßnahmen im Supermarkt

I. Diebstahl, § 242 I StGB (Legen des „Kicker" unter die Getränkekiste)
1. Objektiver Tatbestand
    a) Gewahrsam des Opfers
    b) Bruch des Gewahrsams durch P: Keine Gewahrsamsenklave
2. Ergebnis

II. Diebstahl, § 242 I StGB (Stopfen der Zigarettenschachtel in die Windelpackung)
1. Objektiver Tatbestand
2. Ergebnis

III. Dreiecksbetrug, § 263 I StGB (Passieren der Kasse, ohne die Zeitschrift zu bezahlen)
1. Objektiver Tatbestand
    a) Täuschung über Tatsachen: Bestimmung des Erklärungswertes nach der Verkehrsauffassung
    b) Irrtum: Sachgedankliches Mitbewusstsein ausreichend
    c) Vermögensverfügung: Verfügungsbewusstsein?
II. Ergebnis

IV. Diebstahl, § 242 I StGB (bezüglich Zigaretten durch Passieren der Kasse)
1. Objektiver Tatbestand
2. Subjektiver Tatbestand
3. Rechtswidrigkeit
4. Schuld
5. Ergebnis

V. Forderungsbetrug, § 263 I StGB
1. Exklusivität zwischen §§ 242 und § 263 StGB beim Sachbetrug
2. Exklusivität zwischen §§ 242 und § 263 StGB beim Forderungsbetrug
3. Ergebnis

VI. Dreiecksbetrug, § 263 I StGB (bezüglich Zigaretten durch Passieren der Kasse)
1. Objektiver Tatbestand
    a) Täuschung und Irrtum
    b) Vermögensverfügung: Abermals: Verfügungsbewusstsein?
2. Ergebnis

VII. Diebstahl in mittelbarer Täterschaft, §§ 242 I, 25 I, 2. Alt. StGB (bezüglich Zigaretten durch Passieren der Kasse)
1. Objektiver Tatbestand: Tatherrschaft kraft überlegenen Wissens
2. Subjektiver Tatbestand
3. Rechtswidrigkeit
4. Schuld
5. Ergebnis

Endergebnis und Konkurrenzen

Erster Tatkomplex: Astrophysik für Anfänger

Strafbarkeit des P nach § 263 I StGB gegenüber und zu Lasten des L

P könnte sich dadurch, dass er L die Fachzeitschrift als für Laien geeignet anpries und dieser daraufhin einen Vertrag über ein Abonnement mit V abschloss, nach § 263 I StGB strafbar gemacht haben.

1. Objektiver Tatbestand

a) Täuschung über Tatsachen

P müsste L über **Tatsachen getäuscht** haben. Eine Täuschung liegt bei der **bewusst irreführenden Einwirkung auf das Vorstellungsbild eines anderen** vor. **Tatsachen sind dem Beweis zugängliche Ereignisse oder Zustände der Gegenwart oder Vergangenheit.**[1]

P erzählt L wider besseres Wissen, die von ihm angebotene Zeitschrift sei auch für Laien geeignet. Dies stellt eine bewusst irreführende Einwirkung auf das Vorstellungsbild des L dar. Die Eignung der Zeitschrift für bestimmte Leserkreise ist auch eine dem Beweis zugängliche Eigenschaft. P hat L mithin ausdrücklich über eine Tatsache getäuscht.

b) Irrtum

P müsste infolge der Täuschung einem Irrtum erlegen gewesen sein. Ein Irrtum ist das **Auseinanderfallen von Vorstellung und Wirklichkeit beim Getäuschten.**[2]

Aufgrund der Ausführungen des P glaubte L, die Zeitschrift sei für jedermann geeignet, was nicht zutrifft. Bei L ist somit ein kausal auf der Täuschung beruhender Irrtum entstanden.

---

[1]   *Rengier,* BT I, § 13 Rn. 2, 5.
[2]   *Rengier,* BT I, § 13 Rn. 16.

c) Vermögensverfügung

Des Weiteren müsste L aufgrund des Irrtums eine Vermögensverfügung vorgenommen haben. Eine solche ist in **jedem Tun, Dulden oder Unterlassen** mit **unmittelbar vermögensmindernder Wirkung** zu sehen.[3]

Beachte: Davon zu trennen ist die Frage, ob die Vermögensminderung durch einen gleichzeitig erfolgten Vermögenszuwachs kompensiert bzw. wirtschaftlich ausgeglichen wurde. Dies ist erst im Rahmen des Vermögensschadens von Belang. Um die Begrifflichkeiten insofern nicht zu verwischen, wird deshalb bei der Verfügung teilweise nur von einer „vermögensrelevanten" Wirkung der Handlung gesprochen.[4]

L hat mit V, nach § 164 I BGB vertreten durch P, einen Vertrag über ein Abonnement der Fachzeitschrift geschlossen. Die mit dem Abschluss des Vertrages einhergehende Verbindlichkeit zur Zahlung begründet (zunächst) eine Minderung des Vermögens des L und stellt damit eine Vermögensverfügung im Sinne des § 263 I StGB dar.[5]

d) Vermögensschaden

Für eine Strafbarkeit wegen Betruges müsste die Vermögensverfügung in Form des Vertragsschlusses darüber hinaus zu einem Vermögensschaden bei L geführt haben.

Ein Vermögensschaden im Sinne des § 263 I StGB liegt vor, wenn zwischen dem Wert des Vermögens **vor und nach der irrtumsbedingten Verfügung** des Getäuschten ein **negativer Saldo** besteht.[6] Zum geschützten Vermögen gehören nach dem heute herrschenden wirtschaftlichen Vermögensbegriff alle geldwerten Güter einer Person.[7]

---

[3] *BGH*St 14, 170 f.
[4] So *Maurach/Schroeder/Maiwald*, BT/1, § 41 II Rn. 72.
[5] Vgl. *BGH*St 21, 112 f.
[6] *Tröndle/Fischer*, StGB, § 263 Rn. 70.
[7] Vgl. Schönke/Schröder-*Cramer*, StGB, § 263 Rn. 78b ff.

> **Anmerkung:** Da die hier in Rede stehende Verfügung weder zu verbotswidrigen Zwecken vorgenommen wurde noch sonstige Anhaltspunkte dafür ersichtlich sind, dass L's Vermögen nach der Rechtsordnung nicht schutzbedürftig sein könnte, kann hier eine Darstellung der **Unterschiede** zwischen dem rein **ökonomischen** und dem **juristisch-ökonomischen Vermögensbegriff** unterbleiben.[8]

Ein Schaden liegt also vor, wenn die Verfügung zu einer nicht durch Zuwachs ausgeglichenen Minderung des wirtschaftlichen Gesamtwertes führt (**Prinzip der Gesamtsaldierung**).[9]

> **Merke:** Bei der Saldierung sind **nur vertraglich erlangte Gegenwerte** zu berücksichtigen, **nicht** hingegen aufgrund der Täuschung erlangte **gesetzliche Ausgleichsansprüche** (z.B. aus §§ 812, 123 BGB). § 263 StGB würde sonst in vielen Fällen leer laufen.

Ob sich vorliegend nach einer Gesamtsaldierung ein Schaden bejahen lässt, ist problematisch. Dass das Abo überteuert wäre, ist nicht ersichtlich. Die Zeitschrift ist lediglich für L individuell nutzlos. Die Minderung, die L's Vermögen durch den Vertrag erfuhr, ist folglich durch eine adäquate Gegenleistung kompensiert worden. Ein wirtschaftlicher Schaden liegt dementsprechend nicht vor. Fraglich ist jedoch, ob hier trotz wirtschaftlicher Ausgeglichenheit der vertraglichen Leistungen aus anderen Gründen ein betrugsrelevanter Schaden vorliegt.

aa) Individueller Schadenseinschlag

Die ganz herrschende Meinung nimmt auch bei wirtschaftlicher Ausgeglichenheit eines Geschäftes in besonderen

---

[8] Ausführliche Auseinandersetzung mit den verschiedenen Vermögensbegriffen, die in § 263 diskutiert werden in Fall 1; Überblick über die Fallgruppen, in denen die Unterscheidung relevant wird bei *Rengier*, BT I, § 13 Rn. 54 ff.; zur Unterscheidung

[9] *Tröndle/Fischer*, StGB, § 263 Rn. 71.

Fallgestaltungen einen Schaden an.[10] In diesen Fallgruppen spielen ausnahmsweise auch die persönlichen Zwecke, Verhältnisse und Bedürfnisse des Getäuschten für den Schaden eine Rolle (so genannter **individueller** oder **persönlicher Schadenseinschlag**).[11]

Anmerkung: Hier müsste in einer Klausur deutlich werden, worum es geht. Die Lehre vom individuellen Schadenseinschlag ist eine Ausnahme vom Prinzip der wirtschaftlichen Gesamtsaldierung. Das sollte in der Lösung zum Ausdruck kommen. Die Gesamtsaldierung ist in § 263 StGB deshalb die Regel, weil die Norm nach herrschender Meinung nur das **Vermögen als Ganzes**, **nicht** aber die **Freiheit** des Getäuschten, über **dessen Zusammensetzung zu entscheiden (Dispositionsfreiheit)**, schützt.[12]

Die **personale Vermögenslehre** sieht das anders. Nach ihr sind die Fallgruppen der herrschenden Meinung „nur ein Anfang". Sie erhebt die Zweckverfehlung, von den Vertretern des wirtschaftlichen und juristisch-ökonomischen Schadensbegriffs lediglich als Ausnahme anerkannt, zum Grundprinzip der Schadensermittlung.[13] Für sie ist bei der Schadensermittlung daher immer eine subjektivierte Sichtweise maßgeblich.

Ein **individueller Schadenseinschlag** wird insbesondere in **Fällen anerkannt**, in denen die Gegenleistung nicht oder **nicht in vollem Umfang zu dem vertraglich vorausgesetzten Zweck verwendet** werden kann. Dabei ist allerdings nicht die persönliche Einschätzung des Betroffenen, sondern die Auffassung eines sachlichen Beurteilers maßgebend.[14]

---

[10] Zu den Fallgruppen siehe *BGH*St 16, 321 („Melkmaschinenfall").
[11] Vgl. *Rengier*, BT I, § 13 Rn. 77 ff.
[12] Vgl. nur *OLG Düsseldorf*, JZ 1996, 913 f.
[13] Vgl. *Geerds*, Jura 1994, 309 (311).
[14] *BGH*St 23, 300 (301).

Der vertragliche Zweck des Abonnements einer Zeitschrift liegt im Lesevergnügen. In diesem Fall war vertraglicher Zweck das Lesevergnügen an einer populärwissenschaftlichen Darstellung der Astrophysik. Ein solches konnte L mit der Fachzeitschrift nicht haben. Er kann also auch nach dem Urteil eines sachlichen Beobachters die Zeitschrift nicht zu dem vertraglich vorausgesetzten Zweck verwenden. Demzufolge liegt hier ein individueller Schadenseinschlag im Sinne der genannten Fallgruppe vor. Trotz wirtschaftlicher Ausgeglichenheit der Leistungen ist somit von der Möglichkeit eines betrugsrelevanten Schadens auszugehen.

Die anderen beiden Fallgestaltungen, in denen seit *BGHSt* **16, 321** ein individueller Schadenseinschlag anerkannt wird, betreffen folgende Konstellationen:

Der Getäuschte wird durch den Vertrag zu **unvorteilhaften Finanzierungen** gezwungen (hoch zu verzinsende Darlehen, Notverkäufe etc.).

Der Getäuschte ist eine Verpflichtung eingegangen, infolge derer die Mittel fehlen, die zur ordnungsgemäßen Erfüllung von Verbindlichkeiten oder für die **angemessene Wirtschafts- und Lebensführung** erforderlich sind.

Diese beiden Fallgruppen sind nicht unproblematisch. Zweifeln könnte man an der Stoffgleichheit, weil der Schaden, auf den letztlich abgestellt wird, sich nicht mit der erstrebten Bereicherung deckt.[15] Zur Stoffgleichheit in der hier vorliegenden ersten Fallgruppe siehe unten.

bb) Konkrete Vermögensgefährdung

Fraglich ist weiter, ob ein Schaden eventuell deshalb entfällt, weil überhaupt keine reale Vermögenseinbuße vorliegt. L hat schließlich noch gar nichts an V gezahlt. Es könnte deshalb nur eine Versuchsstrafbarkeit nach §§ 263 II, 23 I,

---

[15] Vgl. *Wessels/Hillenkamp*, BT/2, Rn. 549, der allerdings von „Unmittelbarkeit" spricht.

12 I StGB in Betracht zu ziehen sein. Nach ganz herrschender Meinung kann jedoch bereits vor Abwicklung des Vertrages ein vollendeter Betrug vorliegen, wenn der Anspruch, den der Getäuschte erlangt hat, in seinem wirtschaftlichen Wert hinter der von ihm übernommenen Verpflichtung zurückbleibt (sog. **Eingehungsbetrug**).[16]

> Die Existenzberechtigung des Eingehungsbetruges ist nicht gänzlich unumstritten.[17] Die Darstellung dieses Meinungsstreites in der Klausur ist eine Grenzfrage. Angesichts der Tatsache, dass der Eingehungsbetrug bzw. Eingehungsschaden in Literatur und Rechtsprechung zu einem festen Begriff geworden ist, scheint eine Auseinandersetzung mit der Mindermeinung wohl nur in einer Hausarbeit angebracht.

Voraussetzung für die Annahme eines solchen Eingehungsschadens ist, dass die Gefahr einer Vermögenseinbuße nach den Umständen des Einzelfalles so groß ist, dass bereits im Bestehen dieser Gefahr unter wirtschaftlichen Aspekten eine reale Vermögensminderung gesehen werden kann (so genannte **konkrete Vermögensgefährdung**).[18]

> **Beachte**: Für die Feststellung der „realen Vermögenseinbuße" ist natürlich infolge der Tatsache, dass hier nur ein individueller Schadenseinschlag vorliegt, für die Geringwertigkeit der Gegenleistung des V gedanklich weiter auf die subjektivierte Sichtweise abzustellen.

Der Wert der von P vermittelten Gegenleistung des V bleibt, wie festgestellt, nach der Lehre vom persönlichen Schadenseinschlag hinter der vertraglich vorgesehenen Leistung des L zurück. Soweit sind die Voraussetzungen für die Annahme eines Eingehungsschadens also gegeben.

---

[16] *BGH* NJW 1991, 2573; *Wessels/Hillenkamp*, BT/2, Rn. 539.
[17] Ablehnend *Meyer*, MDR 1971, 718; *Schröder*, JZ 1965, 513 (516).
[18] *Rengier*, BT I, § 13 Rn. 83.

Klärungsbedürftig ist indessen das Vorliegen einer konkreten Vermögensgefährdung. Zu erwägen ist insbesondere, ob die Gefahr einer realen Vermögenseinbuße deshalb nicht hinreichend konkret bzw. groß ist, weil V gewillt war, den Vertrag ohne Weiteres rückgängig zu machen bzw. L den Vertrag ohne Weiteres rückgängig machen konnte. Es stellt sich die Frage, ob die Gefahr, dass L das Entgelt für das für ihn nutzlose Abonnement zahlt und somit den ungleichen Leistungsaustausch perfekt macht, trotz der offenbar von Anfang an gegebenen Möglichkeit, den Vertrag rückgängig zu machen, schon als konkret angesehen werden kann.

Nach herrschender Meinung steht indes die **Stornierungsbereitschaft** des Vertragspartners der Annahme einer konkreten Vermögensgefährdung nicht entgegen, weil der Getäuschte die Bereitschaft unter Umständen nicht kennt oder aus Geschäftsungewandtheit nicht wahrnimmt.[19] Gleiches gilt für die Möglichkeit einer Anfechtung nach § 123 BGB.

Vorliegend kommt es auf die Bereitschaft des V aber gar nicht an. Dieser musste vielmehr das Geschäft rückgängig machen, weil es sich um ein Haustürgeschäft nach § 312 BGB handelte und die Frist nach § 355 BGB für das gesetzliche Widerrufsrecht noch nicht abgelaufen war. L konnte von dem Vertrag also von Anfang an ohne weitere Schwierigkeiten loskommen, weshalb man an einer konkreten Vermögensgefährdung zweifeln kann.[20]

Für eine solche Sichtweise spricht unter Umständen, dass L nach § 312 II BGB über sein Widerrufsrecht zu belehren ist. Es ist mangels anderer Angaben im Sachverhalt davon auszugehen, dass eine Belehrung auch erfolgte. Angesichts dieser Belehrung und des geringen Aufwandes, mit der ein Widerruf auch für juristische Laien möglich ist, könnte man annehmen, dass eine etwaige vorherige Geschäfts-

---

[19] Vgl. *Rengier*, BT I, § 13 Rn. 85.
[20] Ablehnend z.B. *Rengier*, BT I, § 13 Rn. 86.

ungewandtheit des L keine ausreichende Begründung mehr für eine konkrete Vermögensgefährdung ist.

Andererseits ist nach § 355 I BGB immerhin eine schriftliche Widerrufserklärung abzusenden. Allein dies mag einen juristischen Laien verschrecken. Auch beträgt die Widerrufsfrist des § 355 I BGB nur zwei Wochen. Es kann leicht passieren, dass ein Verbraucher diese Frist versäumt, zum Beispiel weil er als geschäftsunerfahrene Person die Belehrung nicht sofort liest. Nach Ablauf der Frist wäre L als juristischer Laie für ein einfaches Loskommen vom Vertrag aber wieder auf die für ihn nicht erkennbare Kulanz des V angewiesen, weshalb man eine konkrete Vermögensgefährdung ab diesem Zeitpunkt wohl bejahen müsste.[21] Es erscheint aber unsinnig, das Vorliegen der konkreten Gefahr von dem Ablaufen oder Nichtablaufen der Widerrufsfrist abhängig zu machen. Zudem schaffen Schwebezustände stets Rechtsunsicherheit, was besonders im Bereich des Strafrechts vermieden werden sollte. Nach alledem ist eine konkrete Vermögensgefährdung und damit ein Vermögensschaden im Sinne von § 263 StGB hier zu bejahen.

Es ist auch vertretbar, an dieser Stelle eine konkrete Vermögensgefährdung abzulehnen. Klausurtaktisch ist es freilich besser, sich die Folgeprobleme im subjektiven Tatbestand nicht „abzuschneiden".

---

2. Subjektiver Tatbestand

a) Vorsatz

P handelte vorsätzlich hinsichtlich der objektiven Tatbestandsmerkmale und des kausalen Zusammenhangs zwischen ihnen.

---

[21] Vgl. *Rengier*, BT I, § 13 Rn. 86.

b) Eigen- oder fremdnützige Absicht stoffgleicher Bereicherung

P müsste mit **Bereicherungsabsicht** gehandelt haben, also die **Absicht** gehabt haben, **sich** oder einem anderen einen **rechtswidrigen Vermögensvorteil zu verschaffen**.

aa) Eigenbereicherungsabsicht

Als für den subjektiven Tatbestand hinreichende Absicht in Betracht kommt zunächst die Absicht des P, sich die Provision von V als seinem Arbeit- bzw. Auftraggeber zu verschaffen. Insoweit hatte er die Absicht, sich selbst zu bereichern.

Zweifelhaft ist allerdings, ob diese von P erstrebte Bereicherung stoffgleich mit dem bei L entstandenen Schaden ist. Die für § 263 I StGB erforderliche **Stoffgleichheit** liegt vor, wenn Vorteil und Schaden auf **derselben Vermögensverfügung beruhen** und der Vorteil zu Lasten des geschädigten Vermögens geht.[22] Gefragt wird also danach, ob sich der entstandene Schaden mit der angestrebten Bereicherung deckt.

> **Merke**: Die Stoffgleichheit ist ein objektives Merkmal, das wegen des Zusammenhangs mit der Bereicherungsabsicht im subjektiven Tatbestand geprüft wird. Gleiches gilt für die Rechtswidrigkeit der angestrebten Bereicherung. Das Erfordernis der Stoffgleichheit ergibt sich aus dem Wesen des § 263 StGB als (kupiertem) **Vermögensverschiebungsdelikt**.

Durch den Nachweis des Vertragsschlusses wollte P gegenüber V das Recht auf eine Provision erwerben. Die von ihm erstrebte Bereicherung beruhte also nicht auf der in dem Vertragsabschluss bestehenden Verfügung des L.

---

[22] *BGH*St 34, 379 (391).

Diese Verfügung sollte vielmehr nur mittelbar zu P's Bereicherung führen. L's Schaden ist deshalb nicht stoffgleich mit der von P erstrebten Bereicherung.

bb) Bereicherungsabsicht zugunsten des V

P könnte aber **Drittbereicherungsabsicht** zugunsten des V gehabt haben. Nun war eine Bereicherung des V, wie gesehen, nicht sein primäres Ziel. Für die Bereicherungsabsicht im Rahmen des § 263 StGB **reicht es** aber **aus**, dass der Täter den Vermögensvorteil neben anderen wichtigen Zielen oder als **Zwischenziel** für einen anderweitigen Zweck anstrebt.[23]

Um die Provision zu bekommen, musste P den für V günstigen Vertrag abschließen. P verfolgte also dessen Bereicherung als notwendiges Zwischenziel, um sein Endziel, die Provision, zu erreichen. Der Vermögensvorteil des V beruht auch auf derselben Vermögensverfügung wie der individuelle Vermögensnachteil des L. Hinsichtlich der Drittbereicherungsabsicht ist damit Stoffgleichheit gegeben.

Anmerkung: Das Merkmal der **Stoffgleichheit** ist in den Fällen des **individuellen Schadenseinschlags** nur **modifiziert** anwendbar. Denn weil bei rein wirtschaftlicher bzw. objektiver Betrachtungsweise kein Schaden vorliegt, ist fraglich, aus welchem Vermögensverlust beim Opfer der Täuschende sich selbst – oder wie hier den Dritten – bereichern will. Auch hier kann letztlich nur das konsequente „Durchhalten" der beim Schaden ausnahmsweise vorgenommenen Subjektivierung den Sinn herstellen: Wer eine Leistung erstrebt, für die er dem Opfer etwas individuell Minderwertiges liefert, will sich auch auf Kosten des Opfers bereichern.[24]

[23]   *BGH*St 16, 1.
[24]   Vgl. *Rengier*, BT I, § 13 Rn. 109 m. w. N.

c) Objektive Rechtswidrigkeit der Bereicherung und entsprechender Vorsatz

Die von P angestrebte Bereicherung des V müsste auch **rechtswidrig** gewesen sein. Dies ist der Fall, wenn V auf den Vermögensvorteil **keinen rechtlich begründeten Anspruch** hatte.[25] Die **Rechtswidrigkeit entfällt** somit immer dann, wenn dem Begünstigten ein **fälliger und einredefreier Anspruch** auf den Vermögensvorteil zustand.[26]

Achtung: Es ist hier aufgrund der Drittbereicherungsabsicht auf V als Anspruchsinhaber abzustellen. Häufige Fehlerquelle!

L hat mit V, vertreten durch P, zwar einen wirksamen Vertrag über die regelmäßige Lieferung der Zeitschrift geschlossen. Diesen Vertrag konnte L jedoch nach § 123 I BGB anfechten. Die Anfechtung war auch nicht nach § 123 II ausgeschlossen, weil P als Vertreter des V nicht Dritter im Sinne der Vorschrift ist.[27] Auf die Kenntnis des V von der Täuschung kam es somit nicht an. Es ist kein zivilrechtlich zulässiger Erwerbsgrund, einen Vermögensvorteil auf dem Wege der Täuschung zu erlangen. Die Rechtswidrigkeit des Anspruchs ergibt sich daher ipso facto aus der Anfechtbarkeit wegen Täuschung.[28] Da V mithin keinen rechtlich begründeten Anspruch hatte, war die erstrebte Bereicherung objektiv rechtswidrig.

P musste auch klar sein, dass sein Vorgehen einen zivilrechtlichen Anspruch zumindest zweifelhaft werden ließ. Er handelte deshalb auch vorsätzlich hinsichtlich der Rechtswidrigkeit.

---

[25] *BGHSt* 19, 206 (216).
[26] *Tröndle/Fischer*, StGB, § 263 Rn. 111.
[27] Vgl. zu dieser Frage allgemein *Palandt/Heinrichs*, § 123 Rn. 13.
[28] *Palandt/Heinrichs*, § 123 Rn. 10.

3. Rechtswidrigkeit der Tat

Rechtfertigungsgründe sind nicht ersichtlich, P handelte rechtswidrig.

4. Schuld

P handelte schuldhaft.

5. Ergebnis

P hat sich gemäß § 263 I StGB gegenüber und zu Lasten des L strafbar gemacht.

Zweiter Tatkomplex: Sparmaßnahmen im Supermarkt

Aufbauhinweis: Es empfiehlt sich aus Gründen der Übersichtlichkeit nicht, die Strafbarkeit hinsichtlich der verschiedenen Tatobjekte in einer Prüfung zu untersuchen.

I. Strafbarkeit nach § 242 I StGB wegen Legens des „Kicker" unter die Getränkekiste

P könnte sich nach § 242 I StGB strafbar gemacht haben, indem er die Zeitschrift in seinem Einkaufswagen so unter die Getränkekiste legte, dass diese nicht mehr sichtbar war.

1. Objektiver Tatbestand

Dazu P müsste eine fremde bewegliche Sache weggenommen haben. Bei dem „Kicker" handelt es sich um eine fremde bewegliche Sache und somit um ein taugliches Diebstahlsobjekt.

a) Gewahrsam des Opfers

Eine **Wegnahme** liegt beim Bruch fremden und der **Begründung neuen, nicht notwendig tätereigenen Gewahrsams** vor. Gewahrsam ist die **tatsächliche Sachherrschaft** eines Menschen über eine Sache, die **von einem natürlichen Herrschaftswillen** getragen und deren **Reichweite nach der Verkehrsauffassung** bestimmt wird.[29] Neuer Gewahrsam ist nach der Verkehrsanschauung dann begründet, wenn der Täter eine derartige Sachherrschaft erlangt hat, dass er sie ohne Behinderung durch den bisherigen Gewahrsamsinhaber ausüben bzw. die Sache ohne Hindernisse wegschaffen kann.[30]

Die R-GmbH kann als juristische Person keinen Gewahrsamswillen haben. Einen generellen Gewahrsamswillen an der Zeitschrift hatte aber der Geschäftsleiter des Supermarktes.[31]

b) Bruch des Gewahrsams durch P

Zweifelhaft ist indes, ob dieser durch das in Rede stehende Verhalten P's gebrochen wurde. Die Zeitschrift war zwar unter der Getränkekiste versteckt, sie lag aber noch in dem Einkaufswagen. Der Geschäftsleiter konnte zu diesem Zeitpunkt noch ohne Hindernisse auf sie zugreifen. Dass die Zeitschrift nicht mehr sichtbar war, ändert nichts daran, dass ein Zugriff jederzeit möglich gewesen wäre. Der „Kicker" war somit nicht derart in P's „höchstpersönliche Sphäre" gebracht, dass diesem in dem fremden Machtbereich nach der Verkehrsauffassung die alleinige Herrschaft über ihn zuzuerkennen gewesen wäre. Ein Gewahrsamsbruch und damit auch die Wegnahme scheidet danach aus.

2. Ergebnis

P hat sich durch Legen des „Kicker" unter die Getränkekiste nicht nach § 242 I StGB strafbar gemacht.

---

[29] *Wessels/Hillenkamp*, BT/2 Rn. 71 m. w. N.
[30] *OLG Köln* NJW 1984, 810; *Rengier*, BT I, § 2 Rn. 23.
[31] Vgl. *Rengier*, BT I, § 2 Rn. 18.

II. Strafbarkeit nach § 242 I StGB wegen Stopfens der Zigarettenschachtel in die Windelpackung

Den Tatbestand des Diebstahls könnte P des Weiteren dadurch verwirklicht haben, dass er die Zigarettenschachtel in die Windelpackung stopfte.

1. Objektiver Tatbestand

Voraussetzung wäre wiederum die Wegnahme einer fremden beweglichen Sache. Die Windelpackung lag in dem Einkaufswagen und war erkennbar noch an der Kasse zu zahlen. Es lag diesbezüglich eine noch einfachere Zugriffsmöglichkeit vor als hinsichtlich der Zeitschrift. Die Windelpackung und die darin versteckten Zigaretten befanden sich deshalb nach der Verkehrsanschauung jedenfalls vor dem Passieren der Kasse in dem ausschließlichen Gewahrsam des Geschäftsleiters.[32] Auch eine Wegnahme der Zigaretten scheidet im Laden demnach aus.

2. Ergebnis

P hat sich auch nicht durch das Verbringen der Zigaretten in die Windelpackung wegen Diebstahls strafbar gemacht.

III. Strafbarkeit nach § 263 I StGB gegenüber K zu Lasten der R-GmbH durch Passieren der Kasse, ohne die Zeitschrift zu bezahlen

Aufbauhinweis: In Fällen, in denen es um die Abgrenzung von Betrug und Diebstahl geht, empfiehlt es sich, jeweils mit dem Delikt zu beginnen, das im Ergebnis abgelehnt werden soll. So lässt sich der Fall besser „ausschöpfen".

P könnte sich durch das Passieren der Kasse, ohne den „Kicker" zu bezahlen, nach § 263 I StGB strafbar gemacht haben.

---

[32] Vgl. *OLG Düsseldorf* NJW 1988, 922 (923).

1. Objektiver Tatbestand

a) Täuschung über Tatsachen

P müsste K getäuscht haben. Welchen **Erklärungswert ein Verhalten** hat, muss durch eine an der **Verkehrsauffassung orientierte Auslegung** ermittelt werden.[33]

Indem P als Kunde des Supermarktes an der Kasse die übrigen Waren vorlegt, erklärt er nach der Verkehrsauffassung konkludent, dass dies alle von ihm aus den Regalen des Supermarktes entnommenen Waren sind. Über die Tatsache, dass dem nicht so ist, hat er die K hier getäuscht.[34]

b) Irrtum

Aufgrund der Täuschung müsste K einem Irrtum erlegen sein. Dessen Vorliegen ist deshalb fragwürdig, weil die im Widerspruch zur Wirklichkeit stehende Fehlvorstellung positiver Art sein muss. Es ist angesichts der Massenabfertigung an der Kasse nicht anzunehmen, dass K sich eine konkrete Vorstellung darüber macht, dass P auch alle Waren auf das Band gelegt hat. Man könnte deshalb an einer positiven Fehlvorstellung bei K zweifeln.

Für eine positive Fehlvorstellung reicht jedoch nach herrschender Meinung ein **sachgedankliches Mitbewusstsein** aus, das heißt, dass auch das **ständige Begleitwissen, das bestimmte Umstände als selbstverständlich voraussetzt**, einen Irrtum begründen kann, sofern nach den Gepflogenheiten des Rechtsverkehrs von diesen Umständen ausgegangen werden darf.[35]

K darf nach der Verkehrsauffassung davon ausgehen, dass jeder Kunde alle Waren, die er an der Kasse vorbei führt, zur Bezahlung vorlegt. Sie hat daher eine positive Fehlvorstellung in Form eines sachgedanklichen Mitbewusstseins. Ein kausaler Irrtum liegt damit vor.

---

[33] *Rengier*, BT I, § 13, Rn. 5.
[34] Vgl. *OLG Düsseldorf*, NJW 1993, 1407; a.A. *Hillenkamp*, JuS 1997, 217 (221).
[35] *Rengier*, BT I, § 13 Rn. 18.

c) Vermögensverfügung

Weiter müsste eine Vermögensverfügung vorliegen. K hat die Zeitschrift nicht abgerechnet und P so an der Kasse vorbei gelassen. Dadurch wurde das Vermögen der R-GmbH unmittelbar gemindert. Je nach dem, ob man den Schwerpunkt dieses Verhaltens eher im „Durchwinken[36]" oder in der Nichtgeltendmachung des Anspruchs der R-GmbH sieht, liegt hier folglich eine Verfügung durch Tun oder Unterlassen vor. Eine Verfügung wäre danach jedenfalls gegeben.

Beim Sachbetrug wird von der ganz herrschenden Meinung für die Annahme einer Vermögensverfügung das Vorliegen eines **Verfügungsbewusstseins** verlangt.[37]

> **Hinweis**: Das Erfordernis eines Verfügungsbewusstseins beim Sachbetrug existiert, um die Abgrenzung zur Wegnahme in § 242 zu ermöglichen. Hat der Handelnde Verfügungsbewusstsein, so stellt dies zugleich ein tatbestandsausschließendes Einverständnis in den Gewahrsamsübergang im Rahmen des § 242 StGB dar. Der verfügende („weggebende") Charakter des Handelns des Getäuschten schließt also eine Wegnahme aus. Beim Forderungsbetrug wird für die Verfügung dagegen kein Verfügungsbewusstsein gefordert, weil sich die Abgrenzungsfrage hier nicht stellt.

Problematisch ist, ob ein Kassierer auch über diejenigen Gegenstände bewusst verfügt, die er nicht bemerkt, weil der Kunde sie versteckt und nicht zu Abrechnung vorlegt. Die Beantwortung dieser Frage ist umstritten.

aa) Generelles Verfügungsbewusstsein

Eine Ansicht nimmt Verfügungsbewusstsein hinsichtlich aller im Einkaufswagen befindlichen Sachen an. Der Kassierer

---

[36]   So wohl *OLG Düsseldorf* NJW 1993, 1407 (1408).
[37]   Vgl. *Tröndle/Fischer*, StGB, § 263, Rn. 44 m. w. N.

handele „nicht in Unkenntnis über die vermögensbeein-
flussende Wirkung seiner Erlaubnis, den Kassenbereich zu
passieren".[38] Diese Ansicht geht von einem **generellen
Verfügungsbewusstsein** hinsichtlich aller Waren aus, die
den Kassenbereich passieren. Nach dieser Ansicht liegt hier
Verfügungsbewusstsein bei K vor.

bb) Kein Verfügungsbewusstsein

Die **herrschende Meinung** lehnt die Annahme eines generellen Verfügungsbewusstseins ab. Wenn der Kassierer
nicht erkenne, dass noch weitere Waren im Wagen sind,
scheide ein Verfügungsbewusstsein schon gedanklich aus.
Die Annahme eines Verfügungsbewusstseins in einem solchen Fall sei reine Fiktion.[39]

Nach dieser Ansicht scheidet ein Betrug vorliegend aus.

cc) Stellungnahme

Die Abgrenzung zwischen Wegnahme und Verfügung richtet
sich nach der inneren Willensrichtung des Getäuschten.[40]
Wenn K nichts von dem „Kicker" wusste, konnte sie sich
aber auch keinen Willen hinsichtlich eines Gewahrsamswechsels bilden. Das Argument der herrschenden Meinung,
dass die Annahme eines Verfügungsbewusstseins reine
Fiktion sei, überzeugt deshalb. Der fiktive Charakter eines
derart bejahten Verfügungsbewusstseins wird zudem dadurch deutlich, dass man K bei einer solch „bewussten
Verfügung" jedes Mal einen Vertragsbruch gegenüber ihrem
Arbeitgeber unterstellte.[41]

Es sprechen somit die besseren Argumente für die
herrschende Meinung. Mit ihr ist hier also nicht von einem
Verfügungsbewusstsein bei K auszugehen.

---

[38] *OLG Düsseldorf* NJW 1993, 1407 (1408); *Fahl*, JA 1996, 40 (42).
[39] *BGH*St 41, 198 (202 f.); *Rengier*, BT I, § 13 Rn. 38 m.w.N.
[40] Unstr., vgl. *Rengier*, BT I, § 13 Rn. 31.
[41] Vgl. *OLG Zweibrücken*, NStZ 1995, 448 (449).

Anmerkung: Es handelte sich hier konstruktiv um einen **Dreiecksbetrug**, weil zwischen K als **Verfügender** und der R-GmbH als **Vermögensinhaberin keine Personenidentität** bestünde. Die Frage, ob die Verfügung der K der GmbH zuzurechnen ist, stellt sich aber nur, wenn man den verfügenden Charakter von K's Verhalten überhaupt bejaht. Es war hier deshalb nicht auf die Voraussetzungen für eine Zurechnung ihres Verhaltens gegenüber dem Vermögensinhaber einzugehen.

2. Ergebnis

P hat sich nicht nach § 263 I StGB strafbar gemacht.

IV. Strafbarkeit nach § 242 I StGB bezüglich der Zeitschrift durch Passieren der Kasse

P könnte sich durch das Passieren der Kasse mit dem unbezahlten „Kicker" aber nach § 242 I StGB strafbar gemacht haben.

1. Objektiver Tatbestand

K hat nicht über die Zeitschrift verfügt und sie somit auch nicht übereignet. Sie war als fremde bewegliche Sache daher taugliches Tatobjekt.

Da **keine Verfügung** vorlag, kann auch keinesfalls ein **tatbestandsausschließendes Einverständnis** vorliegen. P hat die Zeitschrift durch das Passieren der Kasse daher im Sinne von § 242 StGB weggenommen, der objektive Tatbestand ist gegeben.

In welchem Zeitpunkt genau in Selbstbedienungsläden die Wegnahme vollendet ist, ist umstritten.[42] Teilweise wird der Gewahrsamsbruch schon nach dem Passieren der Kasse angenommen, nach anderer Auffassung erst mit dem Einpacken der Waren. Die Wegnahme kann im Einzelfall

---

[42] Vgl. *Roßmüller/ Rohrer*, Jura 1994, 469 (471).

auch erst nach dem Verlassen des Geschäftes vollendet sein, wenn der Täter die Ware die ganze Zeit über in der Hand hält.[43]

2. Subjektiver Tatbestand

P handelte vorsätzlich und in der Absicht rechtswidriger Zueignung.

3./4. Rechtswidrigkeit und Schuld

P's Verhalten war rechtswidrig und schuldhaft. Insbesondere liegt **kein Verbotsirrtum nach § 17 StGB** vor, weil P klar sein musste, dass er den seiner Meinung nach gegebenen Wucher nicht durch die Mitnahme der Zeitschrift „ausgleichen" darf.

5. Ergebnis

P hat sich, indem mit der unbezahlten Zeitschrift den Kassenbereich passierte, nach § 242 I StGB strafbar gemacht. Der **Strafantrag nach § 248 a** ist nach dem Sachverhalt gestellt.

V. Strafbarkeit nach § 263 I StGB bezüglich der Zeitschrift durch Passieren der Kasse in Form des Forderungsbetruges

P könnte sich dadurch, dass er K nach der Wegnahme nicht erzählte, dass er die Zeitschrift an der Kasse vorbeigeschmuggelt hat und diese ihn daraufhin passieren ließ, wegen Betruges strafbar gemacht haben.

1. Exklusivität zwischen §§ 242 und § 263 StGB beim Sachbetrug

Unumstritten nicht möglich ist das gleichzeitige Vorliegen von Diebstahl und Sachbetrug. Nach der **Exklusivitätsthese** schließt die Annahme einer Wegnahme im Rahmen

---

[43] Vgl. *BayObLG* NJW 1997, 3326.

von § 242 I StGB das Vorliegen einer mit Verfügungsbewusstsein vorgenommenen Verfügung aus. **Fraglich** ist indes, **ob** diese **Exklusivität auch für** den **Forderungsbetrug gilt.**[44] Für diesen wird ein Verfügungsbewusstsein ja gerade nicht gefordert.

2. Exklusivität zwischen §§ 242 und § 263 StGB beim Forderungsbetrug

Nach ganz überwiegender Ansicht wird die Exklusivität jedoch auch hinsichtlich eines Forderungsbetruges als abschließend empfunden. Bis zur **Beendigung** des Diebstahls sei auf das einheitliche Geschehen abzustellen,[45] welches hier eben im Nehmen besteht. Eine ausreichende „Beutesicherung" und damit die Beendigung des Diebstahls kann hier erst angenommen werden, nachdem P den Laden verlassen hatte. Demnach scheidet ein Forderungsbetrug aus, weil P ab dann nicht mehr auf K einwirken konnte.

3. Ergebnis

P hat sich nicht zusätzlich wegen eines Forderungsbetruges strafbar gemacht.

Anmerkung: Es ist auch möglich, dieses Problem erst bei den Konkurrenzen anzusprechen, weil selbst diejenigen, die einen Betrug hier bejahen, ihn als **mitbestrafte Nachtat** im Wege (unechter) Gesetzeskonkurrenz zurücktreten lassen.[46]

VI. Strafbarkeit nach § 263 I StGB gegenüber K zu Lasten der R-GmbH bezüglich der Zigarettenschachtel durch Passieren der Kasse

P könnte sich dadurch, dass er die Zigarettenschachtel in der Windelpackung an K vorbeischleuste, nach § 263 I StGB strafbar gemacht haben.

---

[44] Vgl. *Hillenkamp*, JuS 1997, 217 (222).

[45] *BGH*St 17, 205 (208 f.); *Rengier*, BT I, § 13 Rn. 115; andere lassen den Betrug erst am Fehlen eines Schadens scheitern, vgl. *Hillenkamp*, JuS 1997, 217 (222).

[46] Vgl. Schönke/Schröder-*Cramer*, StGB, § 263, Rn. 58.

1. Objektiver Tatbestand

a) Täuschung und Irrtum

P hat K konkludent darüber getäuscht, dass in der Packung, die er zur Abrechnung vorlegt, nur Windeln enthalten sind. Diesbezüglich hatte K auch sachgedankliches Mitbewusstsein. Es ergeben sich hier keine Unterschiede zu dem Verhalten des P bezüglich des „Kicker". Täuschung und Irrtum liegen folglich vor.

b) Vermögensverfügung

Das Vorliegen einer Vermögensverfügung ist abermals problematisch. Hier hat K jedoch immerhin die Windelpackung, in der sich die Zigaretten befanden, abgerechnet und somit zumindest über die Windeln verfügt. Sie könnte damit zugleich hinsichtlich der Zigarettenschachtel einen Gewahrsamswechsel vorgenommen haben. Zu klären ist also, ob sich im Hinblick auf das Verfügungsbewusstsein zu der Konstellation den „Kicker" betreffend ein Unterschied ergibt. Diese Frage ist wiederum umstritten.

aa) Keine „Aufspaltung" des Verfügungsbewusstseins

Nach einer Ansicht schließt das bewusste Verfügen über die Packung das Bewusstsein, über deren gesamten Inhalt zu verfügen, automatisch mit ein. Dass K von den Zigaretten keine Kenntnis habe, beseitige nicht ihr Bewusstsein, über die Packung samt Inhalt zu verfügen. Es sei doch gerade betrugstypisch, dass der Getäuschte den schädigenden Charakter seiner Verfügung nicht bemerke.[47] Im Übrigen wirke es künstlich, das **Verfügungsbewusstsein** derart **„aufzuspalten"**, dass man es für Teile des Inhalts der Packung ablehnt.[48] Nach dieser Ansicht liegt eine Vermögensverfügung vor.

---

[47] *OLG Köln* NJW 1988, 922 (924).
[48] *Rengier*, BT I, § 13 Rn. 39.

bb) Kein Verfügungsbewusstsein bei in Packungen versteckten Waren

Die überwiegende Ansicht nimmt auch in diesem Fall ein Verfügungsbewusstsein nur hinsichtlich der äußeren Packung samt vermutetem Inhalt an, nicht aber hinsichtlich der in ihr versteckten Ware. Solange das Opfer die Auswirkungen seines Tuns nicht begreife, könne es auch keinen willentlichen Gewahrsamswechsel begründen.[49] Ein **Verfügungsbewusstsein** könne sich immer **nur** auf **sichtbare Waren** beziehen. Es mache deshalb keinen Unterschied, ob die Ware nun im Einkaufswagen oder in einer Packung versteckt sei.[50] Eine Vermögensverfügung ist nach dieser Ansicht ausgeschlossen.

cc) Stellungnahme

Zwar K hat den Gewahrsam an dem Windelpaket bewusst auf P übertragen. Daraus eine „Mitverfügung" über die ihr nicht sichtbaren Zigaretten zu begründen, erscheint jedoch zweifelhaft. Der Kassierer konkretisiert seinen Verfügungswillen doch dadurch, dass er eine vorgelegte Ware abrechnet und nicht durch das bloße Verbringen in den Bereich hinter der Kasse.[51] Sein Verfügungsbewusstsein kann sich deshalb nur auf abgerechnete Waren beziehen. Alles andere würde letztlich wiederum auf die Annahme eines generellen Verfügungsbewusstseins hinauslaufen, was, wie gesehen, nicht überzeugen kann. Für eine Verfügung spricht hier auch nicht die Natur des Betruges als irrtumsbedingte Selbstschädigung. Denn auch die aktive Förderung eines Gewahrsamswechsels begründet keine Verfügung, solange das Opfer die Auswirkung seines Tuns überhaupt nicht begreift. Ein solches Verhalten stellt kein für den Betrug typisches selbstschädigendes Verhalten, sondern die Mit-

---

[49] *Vitt*, NStZ 1994, 133 (134); *Brocker*, JuS 1994, 919 (921).
[50] *Wessels/Hillenkamp*, BT/2, Rn. 635; auch der *BGH* scheint in der Entscheidung St 41, 198 (203) eine differenzierte Betrachtung nicht zu befürworten.
[51] *BGH*St 41, 201 (203).

wirkung an einer Fremdschädigung dar.[52] Das Argument der Betrugstypizität der ersten Ansicht greift daher nicht durch. Mit der zuletzt genannten Ansicht ist nach alledem eine Vermögensverfügung durch K abzulehnen. Es kann deshalb offen bleiben, ob sie zu einer derartigen Verfügung überhaupt befugt gewesen bzw. nach welchen anderen Maßstäben ihr Verhalten der R-GmbH zuzurechnen wäre.

> **Anmerkung: Teilweise** wird eine **weitere Differenzierung** danach vorgenommen wird, ob zu einer Packung nur etwas hinzugetan oder der gesamte Inhalt ausgetauscht wird. Im letztgenannten Fall nehmen auch diejenigen, die in der oben diskutierten Konstellation eine Verfügung ablehnen, einen Betrug an.[53]

2. Ergebnis

P hat sich durch das Vorbeischleusen der Zigaretten an K in der Windelpackung nicht wegen Betruges strafbar gemacht.

VII. Strafbarkeit nach §§ 242 I, 25 I, 2. Alt. StGB bezüglich der Zigarettenschachtel durch Passieren der Kasse

P könnte sich hinsichtlich der Zigarettenschachtel aber nach § 242 I StGB strafbar gemacht haben.

1. Objektiver Tatbestand

Die Zigarettenschachtel ist eine fremde bewegliche Sache. Es bedürfte weiter einer Wegnahme. Dass K über die Schachtel Zigaretten nicht verfügt hat, wurde bereits festgestellt. Mit dem **Ausschluss der Annahme eines Weggebens** seitens der K **entfällt zugleich die Möglichkeit, ihr Verhalten als tatbestandsausschließendes Einverständnis zu qualifizieren.** Angesichts der Tatsache, dass K hier die Zigaretten hinter den Kassenbereich verbringt, fragt sich, ob überhaupt eine Wegnahme durch P vorliegt. Denn wenn man den äußeren Ablauf des Geschehens betrachtet, könnte man an einer Tatherrschaft des P zweifeln. In Frage

---

[52] *Vitt*, NStZ 1994, 133 (134).
[53] *Wessels/Hillenkamp*, BT/2, Rn. 635; *Roßmüller/Rohrer*, Jura 1994, 469 (475).

kommt hier das Vorliegen einer **mittelbaren Täterschaft nach § 25 I, 2. Alt. StGB**. Nach der in der Literatur herrschenden **Tatherrschaftslehre** ist derjenige Täter, der das tatbestandsmäßige Geschehen planvoll lenkend in den Händen hält bzw. den tatbestandsmäßigen Geschehensablauf so im Griff hat, dass er ihn jederzeit hemmen und ablaufen lassen kann. Tatherrschaft ist demnach das **vom Vorsatz umfasste In-den-Händen-Halten des tatbestandsmäßigen Geschehensablaufs**.[54] Die **neuere Rechtsprechung** bestimmt die Tatherrschaft nach dem Täterwillen unter Hinzuziehung **weiterer** – zum Teil objektiver – **Kriterien**, namentlich der Tatherrschaft, dem Willen zur Tatherrschaft, dem Grad des Interesses des Handelnden am Tatbestandserfolg und des Umfangs der Tatbeteiligung.[55]

In dem Moment, in dem K die Zigaretten in der Windelpackung in den hinteren Kassenbereich bzw. an der Kasse vorbei bringt, weiß sie von diesen nichts. Den Bruch des Gewahrsams und damit den tatbestandsmäßigen Geschehensablauf hat damit in diesem Zeitpunkt P in der Hand. K hat hinsichtlich der Zigaretten auch gar keinen Täterwillen. Es ist insofern also nach beiden Ansichten von einer **Tatherrschaft** des P **kraft überlegenen Wissens** auszugehen. Es lag hier folglich eine Wegnahme in mittelbarer Täterschaft vor, § 25 I, 2. Alt. StGB.

Hinweis: Die Frage der mittelbaren Täterschaft ist hier unproblematisch. Es empfiehlt sich nicht, längere Ausführungen dazu zu machen, als hier geschehen. Mehr Beachtung verdient hier aber eine andere Frage: Grundsätzlich liegt in Selbstbedienungsläden bei Waren, die nicht eng am Körper versteckt werden, der Gewahrsamsbruch dann vor, wenn das Kassenpersonal die Abfertigung als abgeschlossen angesehen hat bzw. der „Kunde" den Kassenbereich verlassen hat.[56] Im Einzelfall kann dieser Zeitpunkt aber auch einmal später liegen, so zum Beispiel, wenn der Täter

---

[54] Vgl. die Nachweise bei Schönke/Schröder-*Cramer/Heine*, StGB, Vorb. zu §§ 25 ff., Rn. 62.

[55] Zuerst in *BGH*St 28, 346 (348 f.); aus jüngerer Zeit s. *BGH* NStZ 2003, 253 (254);NStZ 2002, 200 (201).

[56] *OLG Köln* NJW 1984, 810.

von einem eingriffsbereiten Hausdetektiv bei seinen Handlungen im Laden beobachtet worden war.[57] Liegt aber der Zeitpunkt der Wegnahme später als in der Verbringung der Ware in den hinteren Kassenbereich durch das Personal, so kann dies auch für die Bewertung der Tatherrschaft von Bedeutung sein. Denn die tatbestandsmäßige Handlung der Wegnahme nähme dann unter Umständen allein der Täter vor, so dass sich ein Abstellen auf § 25 I, 2 Alt. StGB verböte.

Zu fragen bleibt schließlich, wem die Zigaretten weggenommen wurden. K hat als Angestellte nur einen untergeordneten Gewahrsam.[58] Den übergeordneten Gewahrsam übt der Geschäftsleiter für die R-GmbH aus. Diesem hat P folglich die Sache weggenommen. Der objektive Tatbestand ist gegeben.

Anmerkung: Hätte man im Rahmen der Betrugsprüfung ein Verfügungsbewusstsein bei K bejaht, so wäre hier beim Diebstahl ein **tatbestandsausschließendes Einverständnis** zu erörtern gewesen, wobei die „gestuften" Gewahrsamsverhältnisse insoweit ein Problem dargestellt hätten, als K's Einverständnis dem Geschäftsleiter als Gewahrsamsinhaber zurechenbar sein müsste. Teilweise wird die Möglichkeit eines Einverständnisses des Kassierers schlicht mit dessen Vollmacht nach § 164 I BGB begründet.[59] Das ist deswegen nicht ganz unproblematisch, weil diese Vollmacht sich nur auf abgerechnete Waren beziehen wird. Falsch wäre es jedenfalls, für eine Zurechnung von K's Verhalten auf die R-GmbH als Eigentümerin abzustellen. Das Eigentum ist in § 242 StGB zwar ebenfalls geschütztes Rechtsgut, ein **Einverständnis bezieht sich aber ausschließlich auf den Gewahrsam**. Das ändert natürlich nichts daran, dass die R-GmbH als Eigentümerin der Zigaretten die Geschädigte wäre. Sie wird letztlich „beklaut". Die Differenzierung zwischen Gewahrsam und Eigentum wird auch bei einem Antrag nach § 77 StGB wichtig, den kann nämlich nur der Verletzte stellen. Und Verletzter im Sinne von § 77 StGB ist nur der Eigentümer, nicht der Gewahrsamsinhaber.[60]

---

[57] *OLG Düsseldorf* NJW 1986, 2266.
[58] Vgl. *Rengier*, BT I, § 2, Rn. 18.
[59] Vgl. *Roßmüller/ Rohrer*, Jura 1994, 469 (472).
[60] *Tröndle/ Fischer*, StGB, § 77 Rn. 2 i.V.m. § 247 Rn. 4.

2. Subjektiver Tatbestand

P handelte vorsätzlich und in der Absicht rechtswidriger Zueignung.

3./4. Rechtswidrigkeit und Schuld

P's Verhalten war rechtswidrig und schuldhaft.

5. Ergebnis

P hat sich durch das Vorbeischleusen der Zigaretten an K in der Windelpackung nach § 242 I StGB strafbar gemacht.

Endergebnis und Konkurrenzen

Der Diebstahl an der Zeitschrift und der Diebstahl hinsichtlich der Zigaretten stehen in Idealkonkurrenz, § 52 I StGB. Zu dem Betrug im ersten Tatkomplex stehen beide Taten in Tatmehrheit nach § 53 I StGB.

P ist wegen zweifachen Diebstahls in Tatmehrheit mit Betrug zu bestrafen.

Vertiefungshinweise

- Zu Betrug und Diebstahl in Selbstbedienungsläden: *Roßmüller/ Rohrer*, Jura 1994, S. 469 ff.

- Speziell zum Verstecken von Ware im Einkaufswagen: *Vitt*, NStZ 1994, S. 134

Fall 5: „Monique in der Boutique"

▸ **Standort:** Strafrecht BT, Raub, räuberische Erpressung, Freiheitsberaubung, Körperverletzung, Nötigung

M möchte sich für den bevorstehenden Studentenball mit
der neusten Mode versorgen. Sie betritt deshalb mit einem
ungeladenen Revolver eine Boutique. Da M sieht, dass die
allein anwesende Ladeninhaberin L kurz in den Lagerraum
gegangen ist, verkeilt sie die Tür zum Lager, um ungestört
an die ausgestellten Kleidungsstücke zu kommen. Nachdem
sie ein teures Abendkleid und ein Paar Tanzschuhe im
Gesamtwert von 830,- in ihrer Handtasche verstaut hat,
bemerkt sie, dass die Kasse offen steht und entnimmt zwei
50 Euroscheine, die sie ebenfalls einsteckt. M verlässt nun
die Boutique, ohne die L, die um sich zu befreien hektisch
an der Tür rüttelt, freizulassen.

M, die sich mittlerweile in ihren Neuerwerbungen vor dem
heimischen Spiegel bewundert, ist mit ihrem Outfit immer
noch nicht ganz glücklich. Da erinnert sie sich an das Kollier
ihrer Freundin F und beschließt, diese spontan zu be-
suchen. Als F sich jedoch weigert ihr das Schmuckstück zu
überlassen, schlägt M die F, die ein Hämatom unter dem
linken Auge und eine leichte Gehirnerschütterung erleidet,
mit der Faust nieder. M, die sich das Kollier nur für den
heutigen Abend ausleihen möchte, nutzt nun die Gelegenheit und entreißt es F. Bereits am nächsten Nachmittag
bringt M das Kollier zurück und entschuldigt sich für ihre
Entgleisung.

**Prüfen Sie die Strafbarkeit der M! Die erforderlichen
Strafanträge sind gestellt.**

Erster Tatkomplex: In der Boutique
I. Raub, §§ 249 I StGB, 250 I Nr. 1a, b StGB
1. Objektiver Tatbestand: qualifiziertes Nötigungsmittel Gewalt,
   Wegnahme, Scheinwaffe
2. Subjektiver Tatbestand
3. Rechtswidrigkeit
4. Schuld
5. Ergebnis

II. Raub, § 249 I StGB
1. Objektiver Tatbestand
2. Subjektiver Tatbestand: Finalzusammenhang
3. Ergebnis

III. Raub durch Unterlassen, §§ 249 I, 13 I StGB
1. Objektiver Tatbestand: Raub durch Unterlassen
2. Ergebnis

IV. Besonders schwerer Fall des Diebstahls, §§ 242 I, 243 I Nr. 6 StGB
1. Objektiver Tatbestand: Gewahrsamslockerung
2. Subjektiver Tatbestand
3. Rechtswidrigkeit
4. Schuld
5. Strafzumessungsregel: Hilflosigkeit
6. Ergebnis

V. Diebstahl mit Waffen, §§ 242 I, 244 I Nr. 1b StGB
1. Objektiver Tatbestand: Scheinwaffe
2. Subjektiver Tatbestand
3. Rechtswidrigkeit
4. Schuld
5. Ergebnis

VI. Freiheitsberaubung, § 239 I StGB
1. Objektiver Tatbestand: Einsperren
2. Subjektiver Tatbestand
3. Rechtswidrigkeit
4. Schuld
5. Ergebnis

VII. Hausfriedensbruch, § 123 I 1. Alt. StGB
1. Tatbestand: Eintrittserlaubnis
2. Ergebnis

Zweiter Tatkomplex: Bei der Freundin

I. Raub, § 249 I StGB
1. Objektiver Tatbestand
2. Subjektiver Tatbestand: Zueignungsabsicht
3. Ergebnis

II. Räuberische Erpressung, §§ 253, 255 I StGB
1. Objektiver Tatbestand: Abgrenzung Raub und räuberische Erpressung
2. Ergebnis

III. Körperverletzung, § 223 I StGB
1. Objektiver Tatbestand
2. Subjektiver Tatbestand
3. Rechtswidrigkeit
4. Schuld
5. Strafantrag
6. Ergebnis

IV. Nötigung, § 240 StGB
1. Objektiver Tatbestand: Nötigungsmittel Gewalt und Nötigungserfolg
2. Subjektiver Tatbestand
3. Rechtswidrigkeit: Verwerflichkeit
4. Schuld
5. Ergebnis

Endergebnis und Konkurrenzen

Erster Tatkomplex: In der Boutique

I. Schwerer Raub[1], §§ 249 I, 250 I Nr. 1a, b StGB

Indem M, einen ungeladenen Revolver mit sich führend, L durch Verkeilen der Tür im Lagerraum einsperrte und anschließend ein Kleid und ein Paar Schuhe mitnahm, könnte sie sich wegen schweren Raubes gemäß §§ 249 I, 250 I Nr. 1a, b StGB strafbar gemacht haben.

1. Objektiver Tatbestand

M müsste eine **fremde bewegliche Sache** mit **Gewalt** oder unter Anwendung von **Drohungen mit gegenwärtiger Gefahr für Leib oder Leben weggenommen** haben.

---

[1] Zum Verhältnis von Raub und räuberischer Erpressung in der Fallbearbeitung siehe die hilfreichen Hinweise von *Rengier*, BT I, § 11 Rn. 12 ff.

a) Gewalt oder Drohung mit gegenwärtiger Gefahr für Leib und Leben

Für eine Drohung gibt es keine Anhaltspunkte, so dass lediglich die Anwendung von Gewalt in Betracht kommt. **Gewalt** setzt einen durch **Körperkraft** verursachten **körperlich wirkenden Zwang** zur **Überwindung** eines geleisteten oder erwarteten **Widerstands** voraus.[2] Vorliegend hat M nur die Tür verkeilt, so dass sich die Zwangseinwirkung nur auf eine Sache bezog. Eine Einwirkung auf Sachen soll grundsätzlich jedoch nicht ausreichen.[3] Dies gilt allerdings nicht, soweit sich die unmittelbar gegen eine Sache gerichtete Gewalt mittelbar gegen eine Person richtet.[4] Hier hat M mittels Körperkraft die Tür verkeilt, dadurch die L eingesperrt und somit diese durch Zwang in ihrer körperlichen Bewegungsfreiheit eingeschränkt. Die Anwendung von Gewalt ist daher zu bejahen.

b) Wegnahme einer fremden beweglichen Sache

Unter **Sachen** im Sinne von § 242 StGB versteht man grundsätzlich jeden körperlichen Gegenstand im Sinne des § 90 BGB.[5] Da sowohl das Paar Schuhe als auch das Kleid körperliche Gegenstände sind, ist die Sacheigenschaft hier zu bejahen. **Beweglich** sind Sachen, die tatsächlich bewegt werden können.[6] M hat die Tatobjekte in ihre Handtasche gesteckt und damit sogar tatsächlich fortbewegt. Die Sachen sind damit beweglich. **Fremd** sind Sachen, die im Allein-, Mit- oder Gesamthandeigentum eines Anderen stehen und nicht herrenlos sind.[7] M war weder alleinige Eigentümerin der Sachen noch waren diese herrenlos. Die Schuhe und das Kleid waren somit für M fremd.

---

[2]   *Tröndle/Fischer*, StGB, § 249 Rn. 4.
[3]   *Wessels/Hillenkamp*, BT/2, Rn. 321.
[4]   *RG*St 73, 343 (345); *BGH*St 20, 194 (195).
[5]   Zum eigenständigen strafrechtlichen Sachbegriff siehe *Rengier*, BT I, § 2 Rn. 4.
[6]   *Lackner/Kühl*, StGB, § 242, Rn. 3.
[7]   LK-*Ruß*, StGB, § 242, Rn. 16.

Diese fremden beweglichen Sachen müsste M nun weggenommen haben. **Wegnahme** ist der Bruch fremden und die Begründung neuen, nicht notwendigerweise tätereigenen Gewahrsams.[8] Gewahrsam ist die von einem natürlichen Herrschaftswillen getragene tatsächliche Sachherrschaft, deren Reichweite von der Verkehrsauffassung bestimmt wird.[9] Als Ladeninhaberin hat L grundsätzlich Gewahrsam an den im Geschäft befindlichen Sachen. Da sie jedoch zum Zeitpunkt des Einsteckens im Lagerraum eingesperrt war, bestand keine tatsächliche Einwirkungsmöglichkeit auf die im Laden befindlichen Kleidungstücke, so dass der Gewahrsam hier problematisch erscheint. Die Wegnahme im Rahmen von § 249 StGB soll jedoch bereits mit der Gewaltanwendung beginnen, soweit diese im engen zeitlichen Zusammenhang steht, mithin die qualifizierte Nötigung unmittelbar in die Wegnahmehandlung mündet.[10]

M hat unmittelbar nach dem Einsperren die Kleidungsstücke in ihre Handtasche gesteckt. Ein enger zeitlicher Zusammenhang ist somit gegeben. Vorliegend ist daher auf den Zeitpunkt der Gewaltanwendung abzustellen, so dass die Auswirkung des Einsperrens auf den Gewahrsam hier noch offen bleiben kann.

> Eine andere Wertung würde auch dazu führen, dass der Täter, der einen anderen Menschen tötet, um diesen berauben zu können, nicht wegen Raubes bestraft werden kann. Hier würde dann neben dem Mord, da Tote keinen Gewahrsam haben[11], nur eine Strafbarkeit wegen Unterschlagung in Betracht kommen.

Diesen Gewahrsam müsste M gebrochen haben. Fremder **Gewahrsam** wird dadurch **gebrochen**, dass die tatsächliche Sachherrschaft gegen den Willen oder zumindest ohne das

---

[8]   *Joecks*, StGB, § 242 Rn. 10.
[9]   *Tröndle/Fischer*, StGB, § 242 Rn. 11.
[10] MK-*Sander*, StGB, § 249 Rn. 8; SK-*Günther*, StGB, § 249 Rn. 32.
[11] *BGH* NJW 1985, 1911; siehe hierzu auch Fall 3.

Einverständnis des bisherigen Gewahrsaminhabers aufgehoben wird.[12] M hat L eingesperrt und anschließend das
Kleid und die Schuhe mit nach Hause genommen, wodurch
es dieser unmöglich geworden ist, über die Kleidungsstücke
zu bestimmen. Da sich L mit der Tathandlung nicht einverstanden erklärt hatte, hat M folglich den Gewahrsam
gebrochen.

M müsste auch neuen Gewahrsam begründet haben. **Neuer
Gewahrsam** ist **begründet**, wenn der Täter (oder ein
Dritter) die Herrschaft über die Sache derart erlangt, dass er
sie unbehindert durch den alten Gewahrsamsinhaber
ausüben und dieser seinerseits über die Sache nicht mehr
verfügen kann.[13] M hat die Sachherrschaft der L gebrochen,
die Sachen durch das Einstecken und die Mitnahme in ihren
Einflussbereich überführt und folglich neuen Gewahrsam am
Kleid und den Schuhen begründet. Da bei **vis absoluta**
sowohl Lehre als auch Rechtsprechung eine Wegnahme
annehmen, ist an dieser Stelle auf die Abgrenzung zwischen
Raub und räuberischer Erpressung nicht einzugehen.

Liegt hingegen eine erzwungene Weggabe vor, so sind
bereits im Rahmen der Wegnahme die unterschiedlichen
Ansichten zu problematisieren.[14] Anknüpfungspunkt bildet
dabei der Gewahrsamsbruch, also die Aufhebung der Sachherrschaft gegen den Willen des Gewahrsamsinhabers.
Dabei ist im Rahmen des Einverständnisses zu problematisieren, ob das äußere Erscheinungsbild[15] oder die innere
Willensrichtung[16] ausschlaggebend ist.

---

[12] SK-*Hoyer*, StGB, § 242 Rn. 46.
[13] Schönke/Schröder-*Eser*, StGB, § 242, Rn. 37.
[14] Zum Streitgegenstand siehe *Joecks*, StGB, § 249 Rn. 8 ff.
[15] *BGHSt* 25, 224 (228); 41, 123 (126); MK-*Sander*, StGB, § 253 Rn. 13;
      Tröndle/Fischer, StGB, § 255 Rn. 3 m. w. N.
[16] *Lackner/Kühl*, StGB, § 255 Rn. 2; Schönke/Schröder-*Eser*, StGB, § 253 Rn.
      8m; dabei betrachtet *Wessels/Hillenkamp*, BT/2, Rn. 731 das äußere Er-
      scheinungsbild als Indiz für den inneren Willen.

Da bei handlichen Gegenständen bereits mit dem Einpacken in mitgebrachte Taschen neuer Gewahrsam begründet werden soll[17], ist vorliegend die Wegnahme bereits mit dem Einstecken in die Handtasche vollendet. Zwar hat M mit den Schuhen und dem Kleid mehrere Sachen eingesteckt, aufgrund der natürlichen Handlungseinheit handelt es sich dabei jedoch nur um eine Wegnahmehandlung.

c) Qualifikationsmerkmale

M könnte über § 249 StGB hinaus auch den objektiven Tatbestand eines schweren Raubes verwirklicht haben.

aa) Waffe, § 250 I Nr. 1a 1. Alt. StGB

Der ungeladene Revolver könnte eine Waffe sein. **Waffe** ist jeder Gegenstand, der nach der Art seiner Anfertigung oder nach allgemeiner Verkehrsauffassung dazu **geeignet und bestimmt** ist, durch seinen üblichen Gebrauch **Menschen** körperlich **zu verletzen**.[18] Ein Revolver ist grundsätzlich dazu geeignet und auch dazu bestimmt, Menschen zu verletzen und daher eine Waffe. Vorliegend ist der Revolver jedoch ungeladen und somit nicht als Schusswaffe einsetzbar, so dass die Waffeneigenschaft fraglich erscheint. Ungeladene Schusswaffen sollen den Qualifikationstatbestand nur erfüllen, soweit sie ohne zeitliche und räumliche Zäsur geladen werden können.[19] Da M den Revolver nicht mit mitgeführter Munition rasch laden kann, ist dieser mangels Einsatzbereitschaft somit keine Waffe.

bb) Gefährliches Werkzeug, § 250 I Nr. 1a 2. Alt. StGB

Der ungeladene Revolver könnte jedoch ein gefährliches Werkzeug sein. Den ausdrücklichen Willen des Gesetzgebers berücksichtigend, soll die Auslegung dieses Merk-

---

[17] *BGH*St 26, 24 (26); *BGH* NJW 1981, 997.
[18] *BGH* NStZ 1981, 301.
[19] *Wesels/Hillenkamp*, BT/2, Rn. 350a.

mals in Übereinstimmung mit den zu § 224 I Nr. 2 StGB (§ 223 StGB a. F.) entwickelten Grundsätzen erfolgen.[20] Ein anderes **gefährliches Werkzeug** im Sinne von § 250 I Nr. 1a 2. Alt. ist demnach jeder Gegenstand, der nach seiner **objektiven Beschaffenheit** und der **konkreten** Art seiner **Verwendung geeignet** ist, erhebliche **körperliche Verletzungen** herbeizuführen.[21] Die Verwendung dieser Definition scheint problematisch, da die Regelung des § 250 I Nr. 1a StGB schon das Beisichführen sanktioniert und es damit einer konkreten Verwendung nicht bedarf. Da jedoch dem ungeladenen Revolver keine sachspezifische Gefährlichkeit innewohnt, ist er grundsätzlich nicht geeignet, schwere Verletzungen herbeizuführen, soweit der Täter ihn nicht als Schlagwerkzeug einsetzen will.[22] Da ein Revolver kein typisches Schlagwerkzeug ist und vorliegend von M auch nicht als Schlagwerkzeug mitgeführt wurde, ist an dieser Stelle – ohne intensivere Auseinandersetzung[23] – das Tatbestandsmerkmal des gefährlichen Werkzeuges zu verneinen.

cc) Sonstiges Werkzeug, § 250 I Nr. 1b StGB

Der ungeladene Revolver könnte jedoch ein **sonstiges Werkzeug** sein, das M, um den **Widerstand** einer anderen Person **durch Gewalt oder Drohung** mit Gewalt **zu verhindern** oder **zu überwinden**, mit sich geführt hat.

Da der Revolver ungeladen war, war dieser objektiv nicht geeignet, als Schusswaffe eingesetzt zu werden. Es handelt sich dabei um eine so genannte **Scheinwaffe**.

Lange war umstritten, ob eine Scheinwaffe die Anforderungen des § 250 I Nr. 1 b StGB (bzw. des § 250 I Nr. 2 StGB a. F.) erfüllt. Während die überwiegende Lehre die

---

[20] BT-Drs. 13/9064, S. 17,18; *Wessels/Hettinger*, BT/1, Rn. 342.

[21] *Tröndle/Fischer*, StGB, § 244 Rn. 6a m. w. N.

[22] *Krey/Hellmann*, BT/2 Rn. 135.

[23] Eine detaillierte Schilderung der Problemlage liefert: *Hillenkamp,* 40 Probleme aus dem Strafrecht, Besonderen Teil, 25. Problem BT; zur identischen Problemlage beim § 244 StGB siehe auch Fall 2.

objektive Gefährlichkeit für maßgeblich hielt (so genannte **Gefährlichkeitstheorie**), vertraten Rechtsprechung und Teile der Literatur die Auffassung, dass es ausreicht, wenn das Opfer die Scheinwaffe für echt hält und besonders beeindruckt werde (so genannte **Eindruckstheorie**).

Mit dem 6. StRG hat der Gesetzgeber jedoch eindeutig Stellung bezogen und diesem Streit ausdrücklich den Boden entzogen.[24] So wurden durch die Streichung des Begriffs „Waffe" als mögliches Tatmittel (siehe § 250 I Nr. 1 StGB a. F.) und durch die Differenzierung zwischen „gefährlichem Werkzeug" und „Werkzeug oder Mittel" der Gefährlichkeitstheorie die Argumente genommen. Durch die Reduzierung der Mindeststrafe des § 250 I StGB von fünf auf drei Jahre hat sich zudem auch die Notwendigkeit einer restriktiven Auslegung im Sinne einer objektiven Gefährlichkeit[25] erledigt. Dem gesteigerten Tatunwert kann insoweit auch die nunmehr überwiegend vertretene Eindruckstheorie ausreichend Rechnung tragen. Abweichend von § 250 I Nr. 1a StGB bestimmt sich die sonstige Werkzeugeigenschaft damit nicht nach der objektiven Gefährlichkeit, sondern nach der Art des konkret beabsichtigten Einsatzes.[26] M wollte mit dem echten aber ungeladenen Revolver den möglichen Widerstand des Verkaufspersonals durch Vorhalten der Pistole überwinden und hat somit ein sonstiges Werkzeug im Sinne des § 250 I Nr. 1 b StGB mit sich geführt.

---

[24] *BT*-DRs. 13/9064, S. 18.
[25] Die objektive Gefährlichkeit des Tatmittels verliert jedoch nicht vollends an Bedeutung. So sollen nach dem ausdrücklichen Willen des Gesetzgebers offensichtlich ungefährliche Gegenstände den Tatbestand des § 250 I Nr. 1 b StGB nicht erfüllen; beispielhaft (allerdings noch zur alten Rechtslage): Lippen-pflegestift (*BGH* NStZ 1997, 184) und Holzstück (*BGH* NStZ-RR 1996, 356).
[26] *BGH* NStZ-RR 2002, 9.

2. Subjektiver Tatbestand

a) Vorsatz hinsichtlich § 249 I StGB

M müsste vorsätzlich gehandelt haben. Vorsatz ist der Wille zur Verwirklichung eines Straftatbestandes in Kenntnis aller seiner objektiven Tatumstände.[27]

aa) Nötigungs- und Wegnahmevorsatz

M wollte L einsperren und hat so bewusst körperlichen Zwang ausgeübt. Auch war ihr bewusst, dass es sich bei dem Kleid und den Schuhen um für sie fremde bewegliche Sachen handelt, die sie durch das Einsperren und das Einstecken in ihre Handtasche wegnimmt. Sie handelte somit sowohl hinsichtlich des Nötigungs- als auch hinsichtlich des Wegnahmeelements vorsätzlich.

bb) Beziehung zwischen Nötigung und Wegnahme

Die konkreten Anforderungen an das Verhältnis zwischen Nötigung und Wegnahme sind umstritten.

(1) Kausalitätserfordernis

Teile der Lehre fordern zwischen dem Nötigungs- und Wegnahmeelement eine objektive Kausalbeziehung im Sinne einer conditio sine qua non.[28] Da M erst durch das Einsperren der L die Gelegenheit zum Einstecken der Ware hatte, mithin die Nötigung nicht hinweggedacht werden kann ohne dass die Wegnahme entfiele, ist eine Verbindung im Sinne dieser Ansicht zu bejahen.

(2) Finale Verknüpfung (Finalzusammenhang)

Die Rechtsprechung und der überwiegende Teil der Literatur verlangen hingegen einen Zusammenhang im Sinne einer finalen Verknüpfung. Erheblich soll dabei sein, dass das

---

[27] *Wessels/Beulke*, AT, Rn. 203.
[28] SK-*Günther*, StGB, § 249 Rn. 36; *Arzt/Weber*, BT, § 17 Rn. 11.

Nötigungsmittel nach der Vorstellung des Täters mit der vom Willen getragenen Wegnahme ursächlich verknüpft ist.[29] M wollte die L einsperren, um die daraus resultierende Wegnahmegelegenheit zur eigenmächtigen Gewahrsamsübertragung ausnutzen zu können. Eine auf der Vorstellung des Täters basierende, finale Verknüpfung ist daher zu bejahen.

> Da der Finalzusammenhang teils auch im objektiven Tatbestand[30] geprüft wird, ist der hier gewählte Prüfungsstandort nicht zwingend. Die Platzierung im subjektiven Tatbestand[31] scheint aber manchen vorzugswürdig, weil nur durch den Rückgriff auf die Tätervorstellung die auf dem Tatplan basierende Frage, ob die Gewalt bzw. die Drohung zur Wegnahme eingesetzt wurde, beantwortet werden könne.

(3) Stellungnahme

Beide Ansichten führen hier zum gleichen Ergebnis, so dass eine ausführliche Stellungnahme nicht vonnöten ist.

b) Zueignungsabsicht

Weiterhin müsste M mit der Absicht gehandelt haben, sich die Sachen rechtswidrig zuzueignen. Dies setzt die **Absicht** zumindest vorübergehender Aneignung sowie Vorsatz hinsichtlich der dauerhaften Enteignung des Eigentümers voraus.[32] **Aneignungsabsicht** ist der zielgerichtete Erfolgswille, die weggenommene Sache dem eigenen Vermögen einzuverleiben.[33] Ziel der M war es, der L die Kleidungsstücke zu entziehen, um sie anschließend zumindest vorübergehend in ihr Vermögen übergehen zu lassen. Die Aneignungsabsicht ist somit zu bejahen. Diese müsste nun mit dem Enteignungs-

---

[29] *BGHSt* 18, 329 (331); *Lackner/Kühl*, StGB, § 249 Rn. 4; Schönke/Schröder-*Eser*, StGB, § 249 Rn. 76 m. w. N.
[30] *Wessels/Hillenkamp*, BT/2, Rn. 337; *Rengier*, BT I, § 7 Rn. 14, 2a; siehe auch Fall 6.
[31] *Bertmann*, Klausuraufbauschemen Strafrecht, S. 111; *Kindhäuser*, BT II, § 13 Rn. 20; SK-*Günther*, StGB, § 249 Rn. 43.
[32] *Rengier*, BT I, § 2 Rn. 40.
[33] *Wessels/Hillenkamp*, BT/2, § 2 Rn. 137.

vorsatz verbunden sein. Der **Enteignungsvorsatz** verlangt den Willen, den Eigentümer dauerhaft aus seiner wirtschaftlichen Position zu verdrängen, indem ihm die Sachsubstanz als solche oder ihr Sachwert gänzlich oder im wesentlichen Umfang endgültig entzogen wird.[34] Hinsichtlich der Enteignungskomponente reicht dabei die Vorsatzform des Eventualvorsatzes aus.[35]

Da M die L dauerhaft von jeglicher Einflussmöglichkeit ausschließen wollte, handelte sie auch mit Enteignungsvorsatz. Insgesamt ist somit die Zueignungsabsicht zu bejahen. Diese müsste nun auch rechtswidrig sein. **Rechtswidrig** ist die **Zueignung**, wenn kein fälliger und einredefreier Anspruch auf die Sache bestand.[36] M hatte keinen fälligen und einredefreien Anspruch auf die weggenommenen Sachen, so dass die Zueignung rechtswidrig war. Da sich M darüber hinaus der Rechtswidrigkeit bewusst war, mithin ein darauf gerichteter Vorsatz zu bejahen ist, handelte sie mit der Absicht, sich das Kleid und die Schuhe rechtswidrig zuzueignen.

c) Vorsatz bezüglich § 250 I Nr. 1b StGB

Da M bewusst und gewollt einen ungeladenen Revolver mit sich geführt hat und diesen falls nötig auch als Drohmittel verwenden wollte, ist auch der Vorsatz bezüglich § 250 I Nr. 1b StGB zu bejahen.

3./4. Rechtswidrigkeit und Schuld

Rechtfertigungs- und Entschuldigungsgründe sind nicht ersichtlich. M handelte rechtswidrig und schuldhaft.

5. Ergebnis

M ist strafbar wegen schweren Raubes gemäß §§ 249 I, 250 I Nr. 1b StGB.

---

[34] *Tröndle/Fischer*, StGB, § 242 Rn. 33a, 35.
[35] Schönke/Schröder-*Eser*, StGB, § 242 Rn. 64.
[36] *Wessels/Hillenkamp*, BT/2, Rn. 187.

II. Raub, § 249 I StGB

Indem M die L durch Verkeilen der Tür im Lagerraum einsperrte und vor Verlassen der Boutique zwei 50 Euroscheine aus der Kasse nahm, könnte sie sich wegen Raubes gemäß § 249 I StGB strafbar gemacht haben.

1. Objektiver Tatbestand

M hat durch das Einsperren das Tatbestandsmerkmal der **Gewalt** erfüllt (s. o.). Darüber hinaus müsste sie eine **fremde bewegliche Sache weggenommen** haben. Die zwei Geldscheine waren für die M fremde und bewegliche Sachen. Diese könnte sie durch die Entnahme aus der Kasse weggenommen haben. Da L eingesperrt war, konnte sie auf den Kasseninhalt nicht einwirken und damit die tatsächliche Sachherrschaft nicht ausüben. In Anbetracht der räumlichen Nähe und des noch überschaubaren zeitlichen Ablaufs ist jedoch auch hier in der Gewaltanwendung der Anknüpfungspunkt für den Gewahrsamsbruch zu sehen, so dass L zum Zeitpunkt der Wegnahme Gewahrsam am Kasseninhalt hatte. M hat durch das Einsperren und das anschließende Einstecken der Scheine die L von jeglicher Einflussmöglichkeit ausgeschlossen und so, da dies gegen den Willen der ursprünglichen Gewahrsamsinhaberin geschah, das Geld weggenommen.

2. Subjektiver Tatbestand

a) Vorsatz

M wollte die L einsperren und wusste auch, dass es sich bei den zwei Geldscheinen um für sie fremde bewegliche Sachen handelt, die sie durch das Einstecken wegnimmt.

b) Beziehung zwischen Nötigung und Wegnahme

aa) Kausalitätserfordernis

Da M erst durch das Einsperren der L die Gelegenheit zum Einstecken der Geldscheine hatte, mithin die Nötigung nicht hinweggedacht werden kann, ohne dass die Wegnahme entfiele, ist eine Verbindung im Sinne dieser Ansicht zu bejahen.

bb) Finale Verknüpfung (Finalzusammenhang)

M wollte die L zwar einsperren, um die daraus resultierende Gelegenheit zur Wegnahme ausnutzen zu können, jedoch bezog sich der Wille zur Zueignung nur auf ein Kleid und ein Schuhpaar; die Geldscheine waren hingegen von der Vorstellung der M nicht erfasst. Eine finale Verknüpfung von Nötigung und Wegnahme bezüglich des Geldes ist somit nicht gegeben.

cc) Stellungnahme

Den Wortlaut des Nötigungs- („durch") und des Raubtatbestandes („unter Anwendung") betrachtend wird deutlich, dass bei § 249 StGB die Tat nicht zwingend durch die Nötigungshandlung objektiv gefördert werden muss. Da die Nötigung unabhängig von der Erforderlichkeit für die Wegnahme ein gesteigertes Gefahrenpotential mit sich bringt, wird das Erfordernis der Kausalität der Raubstruktur nicht gerecht. Neben auftretenden (aber nicht über zu bewertenden) Beweisschwierigkeiten, ist es nach der erstgenannten Ansicht möglich, dass ein besonders brutales, im Hinblick auf die Wegnahme jedoch nicht erforderliches Vorgehen den Raubtatbestand nicht erfüllt, während eine „harmlose" Gewaltanwendung zur Strafbarkeit nach § 249 StGB führt. Um dieser nicht nachvollziehbaren Privilegierung entgegenzuwirken und dem gesteigerten Gefährdungspotential gerecht zu werden, ist eine kausale Verknüpfung abzulehnen und der Finalzusammenhang zu befürworten. Die notwendigen Anforderungen an das Verhältnis von Nötigung und Wegnahme sind damit nicht erfüllt. Eine Strafbarkeit wegen Raubes ist deshalb hier ausgeschlossen.

3. Ergebnis

M ist nicht strafbar wegen Raubes gemäß § 249 I StGB.

III. Raub durch Unterlassen, §§ 249 I, 13 StGB

M könnte sich durch selbiges Vorgehen wegen Raubes durch Unterlassen gemäß §§ 249 I, 13 StGB strafbar gemacht haben.

1. Objektiver Tatbestand

Da eine auf aktivem Tun basierende Raubstrafbarkeit aufgrund der fehlenden finalen Verknüpfung von Nötigung und Wegnahme ausscheidet (s. o.) und M die qualifizierte Nötigung nicht durch Gewalt oder Drohung erneuert hat[37], stellt sich die Frage, ob das Ausnutzen der durch Gewalt geschaffenen Wegnahmegelegenheit (hier: Einsperren) eine Strafbarkeit gemäß §§ 249, 13 StGB begründen kann. Die Möglichkeit der Unterlassungsstrafbarkeit wird in diesem Zusammenhang nicht einheitlich beurteilt.

a) Möglichkeit der Unterlassungsstrafbarkeit

Der aktuellen Rechtsprechung und Teilen der Lehre zu Folge, setzt der Täter die andauernde Freiheitsberaubung zur Verwirklichung der Wegnahmeabsicht ein, wenn die Gewaltanwendung durch aktives Tun und deren Ausnutzung im engen zeitlichen und räumlichen Zusammenhang stehen.[38] M hat kurz nach dem Einsperren die geöffnete Kasse entdeckt und mit dem Einstecken der Geldscheine die so geweckte Wegnahmeabsicht zeitnah vor Ort realisiert. Die Möglichkeit der Unterlassungsstrafbarkeit[39] ist somit nach dieser Ansicht grundsätzlich gegeben.

b) Ausnutzen erlaubt keine Unterlassungsstrafbarkeit

Die ältere Rechtsprechung und der überwiegende Teil der Lehre lehnen hingegen eine Unterlassungsstrafbarkeit beim

---

[37] Dies ist zum Beispiel der Fall, wenn der Täter androht den Eingesperrten, sollte dieser versuchen herauszukommen, zu verletzen.

[38] *BGH*St 48, 365 (370); *Jakobs*, JR 1984, 385 (386), *Schünemann*, JA 1980, 349 (353).

[39] Zu den weiteren Vorraussetzungen der Unterlassungsstrafbarkeit siehe Fall 12 des Skripts *„Standardfälle Strafrecht für Anfänger Band 1".*

ausschließlichen Ausnutzen einer geschaffenen Zwangslage mit unterschiedlicher Begründung ab.[40] Neben begrifflichen werden überwiegend systematische Bedenken erhoben. Eine Strafbarkeit der M gem. §§ 249 I, 13 StGB ist nach diesen Auffassungen somit nicht möglich.

c) Stellungnahme

Die erst genannte Ansicht erkennt zutreffend, dass Gewalt nicht zwangsläufig positives Tun voraussetzt und kann durch Verweis auf den Nötigungstatbestand – bei dem die Gewaltbegehung durch Unterlassen unstreitig möglich ist[41] – darauf fußende Bedenken ausräumen. Insgesamt kann sie jedoch nicht überzeugen. So wird nicht nur die Trennung zwischen finalem Gewalteinsatz und bloßer Ausnutzung der Zwangslage verwischt, auch führt diese Ansicht[42] zu einer Privilegierung von besonders brutalen Tätern, die wegen der großen Angst beim Opfer die geschaffene Zwangslage nicht aufheben können. Der Hinweis auf den Charakter der Freiheitsberaubung als Dauerdelikt kann in diesem Zusammenhang ebenfalls nicht durchdringen, wird hierdurch doch deutlich, dass eine erforderliche Differenzierung zwischen Gewaltanwendung und Gewaltwirkung nicht vorgenommen wird. Darüber hinaus würde die Strafbarkeit in solchen Konstellationen zu einer nicht sachgerechten Verdoppelung des Unrechts führen, da dem Täter sowohl die aktive Gewaltanwendung als auch die Nichtbeendigung als eigenständiges Fehlverhalten vorgeworfen wird. Die erstgenannte Ansicht wird damit der finalen Raubstruktur nicht gerecht und ist somit abzulehnen.

---

[40] BGHSt 32, 88 (92); LK-*Herdegen*, StGB, § 249 Rn. 16; *Wessels/Hillenkamp*, BT/2, Rn. 336.

[41] Schönke/Schröder-*Eser*, StGB, § 240 Rn. 10; *Tröndle/Fischer*, StGB, § 240 Rn. 29 m. w. N.

[42] So *Mitsch*, BT 2, § 3 Rn. 28, der eine Gewaltanwendung durch Unterlassen bei verursachter Bewusstlosigkeit ausschließt.

2. Ergebnis

M ist nicht strafbar wegen schweren Raubes gemäß §§ 249 I, 13 StGB.

IV. Besonders schwerer Fall des Diebstahls, §§ 242 I, 243 I S. 2 Nr. 6 StGB

Indem M die L durch Verkeilen der Tür im Lagerraum einsperrte und vor Verlassen der Boutique zwei 50 Euroscheine aus der Kasse nahm, könnte sie sich wegen Diebstahls in einem besonders schweren Fall gemäß §§ 242 I, 243 I S. 2 Nr. 6 StGB strafbar gemacht haben.

1. Objektiver Tatbestand

Die Geldscheine sind **fremde bewegliche Sachen** (s. o.). Diese müsste M **weggenommen** haben. Da die Gewaltanwendung als möglicher Anknüpfungspunkt für die Wegnahmehandlung ausscheidet, ist nun endgültig zu klären, wie sich das Einsperren der L auf ihren Gewahrsam an den Gegenständen im Verkaufsraum auswirkt. Dies hängt davon ab, ob nach der Verkehrsauffassung eine eingesperrte Person Gewahrsam an Gegenständen hat, von denen sie durch eine geschlossene Tür getrennt ist.

Berücksichtigt man, dass ein Geschäftsinhaber an Sachen, die von Dieben vor einem zertrümmerten Schaufester zurücklassen werden, Gewahrsam behält[43] oder an Sachen, die vor dem geschlossenen Laden abgelegt werden, begründet[44], scheint es plausibel auch in vorliegender Konstellation den Gewahrsam der eingesperrten L zu bejahen. Dass die vorgenannten Fälle durch die grundsätzliche Möglichkeit der Herrschaftsausübung gekennzeichnet sind, die L gerade fehlt, kann hierbei am Ergebnis nichts ändern. Dies würde nämlich bedeuten, dass eine Person, die tatsächlich verhindert ist (zum Beispiel bei einem

---

[43] *BGH* GA 1962, 77.
[44] *BGH* JZ 1968, 307.

Krankenhausaufenthalt), nie ihren Gewahrsam ausüben und somit nicht den Schutz von § 242 StGB beanspruchen kann. Vorliegend kommt hinzu, dass sich die Gegenstände in L´s Boutique und damit in einer generell beherrschten **Gewahrsamssphäre** befanden.

Durch das Einsperren ist somit lediglich eine **Gewahrsamslockerung** eingetreten und damit der Gewahrsam der L zum Zeitpunkt der Wegnahmehandlung noch vorhanden.[45] M hat damit erst durch das Einstecken der Scheine die L von jeglicher Einflussmöglichkeit ausgeschlossen und so, da dies gegen den Willen der ursprünglichen Gewahrsamsinhaberin geschah, das Geld weggenommen.

M hat somit eine fremde, bewegliche Sache weggenommen.

2. Subjektiver Tatbestand

a) Vorsatz

M wusste, dass es sich bei den zwei 50-Euroscheinen um für sie fremde bewegliche Sachen handelt und wollte diese der L durch das Einstecken auch wegnehmen (s. o.).

b) Zueignungsabsicht

Ziel der Tathandlung der M war es, der L die Geldscheine zu entziehen, um sie anschließend in ihr Vermögen übergehen zu lassen. Dabei wollte sie die L dauerhaft von jeglicher Einflussmöglichkeit ausschließen, so dass Aneignungsabsicht und Enteignungsvorsatz gegeben sind. Da M keinen fälligen und einredefreien Anspruch hatte, war die Zueignung rechtswidrig. Diesbezüglich hatte M auch Vorsatz.

---

[45] An dieser Stelle ist wohl auch eine a. A. vertretbar. Wird der Gewahrsam zum Zeitpunkt der Wegnahme verneint, ist Diebstahl auszuschließen und eine Strafbarkeit wegen Unterschlagung anzunehmen.

3./4. Rechtswidrigkeit und Schuld

Rechtfertigungs- und Entschuldigungsgründe sind nicht ersichtlich. M handelte rechtswidrig und schuldhaft.

5. Strafzumessungsregelung, § 243 I Nr. 6 StGB

M könnte die Hilflosigkeit einer anderen Person ausgenutzt haben. Hilflos ist eine Person, die sich aus eigener Kraft nicht gegen die dem Rechtsgut drohende konkrete Gefahr schützen kann.[46] Da L eingesperrt war, konnte sie keine Abwehrmaßnahmen ergreifen, um den Kasseninhalt zu schützen und war folglich hilflos. Diese Situation hat M dadurch, dass sie die infolge der Hilflosigkeit entstandene Lockerung des Eigentumsschutzes als Gelegenheit zur Erleichterung des Diebstahls wahrgenommen hat, ausgenutzt.

6. Ergebnis

M ist strafbar wegen Diebstahls in einem besonders schweren Fall gemäß §§ 242, 243 I S. 2 Nr. 6 StGB.

V. Diebstahl mit Waffen, §§ 242 I, 244 I Nr. 1b StGB

Indem M, einen ungeladenen Revolver mit sich führend, L durch Verkeilen der Tür im Lagerraum einsperrte und vor Verlassen der Boutique zwei 50 Euroscheine aus der Kasse nahm, könnte sie sich wegen Diebstahls mit einer Waffe gemäß §§ 242 I, 244 I Nr. 1b StGB strafbar gemacht haben.

Hinweis zum Aufbau: Zu den Zweckmäßigkeitserwägungen einer „gemeinsamen" oder „getrennten" Prüfung von Grundtatbestand (hier: § 242 StGB) und Qualifikation (hier: § 244 StGB) siehe die ausführlichen Anmerkungen in Fall 1 des Skripts. Vorliegend stellt sich diese grundsätzliche Frage allerdings nicht, da § 242 StGB bereits im Zusammen-

---

[46] Schönke/Schröder-*Eser*, StGB, § 243 Rn. 39; *Lackner/Kühl*, StGB, § 243 Rn. 21.

hang mit der Strafbarkeit wegen Diebstahls in einem besonders schweren Fall ausführlich erörtert wurde. Es ist jedoch darauf hinzuweisen, dass die §§ 242, 243 StGB stets vor dem Qualifikationstatbestand des § 244 StGB zu prüfen sind. Durch dieses Vorgehen können die Probleme von § 243 StGB angesprochen werden, dessen Prüfung bei Vorliegen von § 244 StGB hinfällig wäre.

1. Objektiver Tatbestand

Der objektive Tatbestand des § 242 StGB wurde durch M verwirklicht. Im Hinblick auf das Beisichführen eines Werkzeugs im Sinne von § 244 I Nr. 1b StGB kann auf die Ausführungen zu § 250 I Nr. 1b StGB verwiesen werden, da die mit der **Scheinwaffen**problematik einhergehende Argumentation bei diesen gleich lautenden Vorschriften identisch ist. Da M den ungeladenen Revolver weiterhin in der Absicht mit sich führte, diesen nötigenfalls zu verwenden, ist der objektive Tatbestand erfüllt.

2. Subjektiver Tatbestand

M handelte hinsichtlich der Wegnahme der Geldscheine vorsätzlich und in der Absicht, sich diese rechtswidrig zuzueignen. Ihr war darüber hinaus auch bewusst, dass sie einen ungeladenen Revolver mit sich führte.

3./4. Rechtswidrigkeit und Schuld

Rechtfertigungsgründe sind nicht ersichtlich, auch liegen alle Schuldmerkmale vor. M handelte rechtswidrig und schuldhaft.

5. Ergebnis

M ist strafbar wegen Diebstahls mit Waffen gemäß §§ 242, 244 I Nr. 1b StGB.

VI. Freiheitsberaubung, § 239 I StGB

Indem M die L durch Verkeilen der Tür im Lagerraum einsperrte, könnte sie sich wegen Freiheitsberaubung gemäß § 239 I StGB strafbar gemacht haben.

1. Objektiver Tatbestand

M könnte eine andere Person im Sinne von § 239 StGB eingesperrt haben. Einsperren ist das Verhindern des Verlassens eines Raumes durch äußere Vorrichtungen.[47] M hat durch das Verkeilen der Tür verhindert, dass L den Raum verlassen kann. Da sich die L zu befreien versuchte, hat das Einsperren auch tatsächlich die Bewegungsfreiheit eingeschränkt, so dass ein Einsperren vorliegt.

2. Subjektiver Tatbestand

Da M bewusst den Lagerraum versperrte und dabei wusste, dass sich L im Lagerraum befand, handelte sie vorsätzlich.

3./4. Rechtswidrigkeit und Schuld

M handelte rechtswidrig und schuldhaft.

5. Ergebnis

M ist strafbar wegen Freiheitsberaubung nach § 239 I StGB.

VII. Hausfriedensbruch, § 123 I 1. Alt. StGB

M könnte sich dadurch, dass sie die Boutique mit der Absicht, Kleidungsstücke zu entwenden betreten hat, wegen Hausfriedensbruchs gemäß § 123 I 1. Alt. StGB strafbar gemacht haben.

1. Objektiver Tatbestand

Dazu müsste M in eine Räumlichkeit im Sinne von § 123 StGB eingedrungen sein. Hier kommt das Eindringen in

---

[47] *BGH* NStZ 2002, 317 (318); Schönke/Schröder-*Eser*, StGB, § 239 Rn. 6.

einen Geschäftsraum in Betracht. Ein **Geschäftsraum** ist eine abgeschlossene Verkaufsstätte, die für eine gewisse Zeit oder dauernd gewerblichen, künstlerischen, wissenschaftlichen oder ähnlichen Zwecken dient.[48] Bei einer Boutique handelt es sich um ein Gebäude, das dauerhaft für gewerbliche Zwecke genutzt wird und somit um einen Geschäftsraum. In diesen müsste M nun eingedrungen sein. **Eindringen** meint das Betreten gegen den Willen des Berechtigten.[49] Grundsätzlich wird bei einem öffentlichen Geschäftsraum mit der Eröffnung konkludent eine **generelle Eintrittserlaubnis** erteilt, so dass ein Einverständnis die Tatbestandsverwirklichung ausschließt.[50] Dies scheint hier jedoch problematisch, da M bereits mit Diebstahlsabsicht das Modegeschäft betreten hat. Das Betreten eines Geschäfts während der Öffnungszeiten soll nach herrschender Meinung den Tatbestand des Eindringens jedoch nur erfüllen, wenn nach dem **äußeren Erscheinungsbild** das geplante Verhalten offensichtlich nicht mit der Reichweite der Eintrittserlaubnis übereinstimmt.[51] Da M nicht als spätere Straftäterin erkennbar war, bestand die generelle Eintrittserlaubnis unabhängig von ihrem Tatplan weiter. Ein dem Betreten entgegenstehender Wille lag daher nicht vor, so dass ein Eindringen zu verneinen ist.

2. Ergebnis

M ist nicht strafbar wegen Hausfriedensbruchs gemäß § 123 I 1. Alt. StGB.

---

[48] *Tröndle/Fischer*, StGB, § 123 Rn. 4.
[49] *Lackner/Kühl*, StGB, § 123 Rn. 5.
[50] Schönke/Schröder-*Lenckner/Sternberg-Lieben*, StGB, § 123, Rn. 23; a. A. SK-*Rudolphi*, StGB, § 123 Rn, 18; zum Streitgegenstand siehe Fall 8.
[51] Vgl. statt vieler *Wessels/Hettinger*, BT/1, Rn. 590; a. A. *OLG München* NJW 1972, 2275, SK-*Rudolphi*, StGB, § 123 Rn. 18; zur ausführlichen Darstellung dieses Problems siehe Fall 8.

Zweiter Tatkomplex: Bei der Freundin

I. Raub, § 249 I StGB

Indem M die F niederschlug und dieser anschließend das Kollier entriss, könnte sie sich wegen Raubes gemäß § 249 I StGB strafbar gemacht haben.

1. Objektiver Tatbestand

a) Gewalt oder Drohung mit gegenwärtiger Gefahr für Leib und Leben

M hat die F niedergeschlagen und so einen durch Körperkraft verursachten körperlich wirkenden Zwang ausgeübt. Gewalt im Sinne des § 249 I StGB ist somit gegeben.

b) Wegnahme einer fremden beweglichen Sache

Das Kollier ist unzweifelhaft eine bewegliche Sache. Da M kein Alleineigentum an der Sache innehatte und diese auch nicht herrenlos war, war sie für M auch fremd. Diese fremde bewegliche Sache müsste M nun weggenommen haben. M hat durch das Einstecken der Kette die F von jeglicher Einflussmöglichkeit ausgeschlossen und diese dadurch, da der Vorgang gegen den Willen der ursprünglichen Gewahrsamsinhaberin geschah, weggenommen.

2. Subjektiver Tatbestand

a) Nötigungs- und Wegnahmevorsatz

M wollte F niederschlagen und hat so bewusst körperlichen Zwang gegenüber dieser ausgeübt. Auch war ihr bewusst, dass es sich bei dem Kollier um eine für sie fremde bewegliche Sache handelt, die sie durch das Einstecken wegnimmt. Sie handelte somit hinsichtlich des Nötigungs- und des Wegnahmeelements vorsätzlich.

b) Beziehung zwischen Nötigung und Wegnahme

Da M nur durch das Niederschlagen der F die Kette wegnehmen konnte und dies auch ihrem Plan entsprach, ist die notwendige Beziehung zwischen Nötigung und Wegnahme sowohl für die Vertreter der Lehre vom Kausalzusammenhang als auch für die Befürworter der Finalitätstheorie gegeben.

c) Zueignungsabsicht

Da M das Kollier nur für den Ball mitgenommen und es anschließend wie geplant zurückgebracht hat, sollte F nicht dauerhaft aus ihrer Eigentümerposition verdrängt werden. Der Vorsatz hinsichtlich der dauerhaften Enteignung ist daher zu verneinen, es liegt hier somit eine so genannte **Gebrauchsanmaßung** vor, die jedenfalls nicht gemäß §§ 242 und 249 StGB strafbar ist.

3. Ergebnis

M ist nicht strafbar wegen Raubes gemäß § 249 I StGB.

II. Räuberische Erpressung, §§ 253, 255 StGB

Indem M die F niederschlug und dieser anschließend das Kollier entriss, könnte sie sich wegen räuberischer Erpressung gemäß §§ 253, 255 StGB strafbar gemacht haben.

1. Objektiver Tatbestand

a) Nötigungsmittel

M hat F niedergeschlagen und damit das Nötigungsmittel der Gewalt eingesetzt.

b) Abgenötigte Opferreaktion

Basierend auf dem unterschiedlichen Verständnis des Verhältnisses zwischen Raub und räuberischer Erpressung wird die Anforderung an die Opferreaktion nicht einheitlich beurteilt.

aa) Jedes Handeln, Dulden oder Unterlassen

Den Wortlaut des § 253 StGB berücksichtigend (die Verfügung sei kein geschriebenes Tatbestandsmerkmal), kommt nach der Rechtsprechung und Teilen der Lehre als nötigungsbedingte Opferreaktion **jedes** Handeln, Dulden oder Unterlassen in Betracht. Auf diese Weise würden auch die erheblichen Strafbarkeitslücken geschlossen, die sich sonst für Fälle ergäben, in denen eine Gebrauchsanmaßung mit **vis absoluta** durchgesetzt wird.[52] F hat vorliegend die Wegnahme des Kolliers geduldet, so dass die Anforderungen an die Opferreaktion erfüllt sind und eine Strafbarkeit gemäß §§ 253, 255 StGB möglich ist.

bb) Vermögensverfügung

Der weit überwiegende Teil der Lehre verlangt hingegen eine Vermögensverfügung und macht so deutlich, dass Raub und räuberische Erpressung sich ihrer Ansicht nach gegenseitig ausschließen. Beide Vorschriften seien parallel zu den §§ 242, 263 StGB aufgebaut, deren **Exklusivität** ja unstrittig sei.[53] Da vorliegend bereits die Wegnahme bejaht wurde, scheidet nach den Grundsätzen der Literatur eine Vermögensverfügung und somit auch eine räuberische Erpressung aus.

cc) Stellungnahme

Zwar kann das Wortlautargument der erstgenannten Ansicht nicht vollends widerlegt werden, jedoch steht der Wortlaut der zweiten Auffassung auch nicht entgegen. Die systematische Konstruktion der Rechtsprechung vermag allerdings nicht zu überzeugen. Betrachtet man die räuberische Er-

---

[52] *BGHSt* 7, 252 (254); 25, 225 (228); 42, 196 (199); LK-*Herdegen*; StGB, § 253 Rn. 6; SK-*Günther*, StGB, § 253 Rn. 17.
[53] MK-*Sander*, StGB, § 253 Rn. 13; Schönke/Schröder-*Eser*, StGB, § 253 Rn. 8; *Lackner/Kühl*, StGB, § 253 Rn. 3.

pressung einerseits und den Betrug andererseits, so scheint die Grundüberlegung der Literatur überzeugend die räuberische Erpressung den **Selbstschädigungsdelikten** zuzuordnen. Im Sinne einer einheitlichen Gesetzessystematik muss dann aber auch eine gleichartige Abgrenzung der Fremdschädigungs- (§§ 242, 249 StGB) und der Selbstschädigungsdelikte erfolgen.

Das Argument der Verhinderung von Strafbarkeitslücken in Fällen der Gebrauchsanmaßung kann ebenfalls nicht durchdringen. Gerade im Strafrecht sollte das Ausfüllen von vermeintlichen Strafbarkeitsdefiziten nicht die Argumentation prägen, ist es doch vorrangig Aufgabe des Gesetzgebers auftretende Lücken – im Rahmen der verfassungsrechtlichen Vorgaben – zu füllen; zumal die Möglichkeit der Strafbarkeit nach § 240 StGB unberührt bleibt. Darüber hinaus ist es wenig überzeugend trotz der ausdrücklichen Wertung als lex specialis[54] bei eröffnetem Anwendungsbereich, der üblicherweise eine Sperrwirkung hinsichtlich des allgemeineren Gesetzes zur Folge hat, die Anwendung der Vorschriften der räuberischen Erpressung zu ermöglichen.

Beachtet man weiter, dass nach Ansicht der Rechtsprechung grundsätzlich jeder Raub eine räuberische Erpressung beinhaltet, würde der Raub faktisch **funktionslos** sein. Schließlich ist festzuhalten, dass die von der Rechtsprechung herausgestellte Auffangfunktion des §§ 253, 255 StGB die milde Bestrafung der Gebrauchsanmaßung (vergleiche **§ 248b StGB!**) umgehen würde. Insgesamt ist der zweiten Ansicht daher zu folgen und eine Strafbarkeit nach §§ 253, 255 StGB damit abzulehnen.

2. Ergebnis

M ist nicht wegen räuberischer Erpressung gemäß §§ 253, 255 StGB strafbar.

---

[54] *BGH*St 14, 386 (390).

III. Körperverletzung, § 223 I StGB

Indem M die F niederschlug und diese durch den Schlag eine leichte Gehirnerschütterung und ein Hämatom erlitt, könnte sie sich wegen Körperverletzung gemäß §§ 223 I StGB strafbar gemacht haben.

1. Objektiver Tatbestand

M müsste eine andere Person **körperlich misshandelt** oder an der **Gesundheit geschädigt** haben.

Als **körperliche Misshandlung** wird jede üble, unangemessene Behandlung verstanden, durch die das körperliche Wohlbefinden oder die körperliche Unversehrtheit mehr als nur unerheblich beeinträchtigt wird.[55] Der Schlag hat eine Gehirnerschütterung und ein Hämatom verursacht. Die Gehirnerschütterung ist stets mit einem starken Schwindelgefühl und Übelkeit verbunden, ein Bluterguss mit einigen Schmerzen. Eine erhebliche Einschränkung des körperlichen Wohlbefindens liegt mithin vor. M hat die F somit körperlich misshandelt.

Eine **Schädigung der Gesundheit** liegt vor, wenn ein von der Norm der körperlichen Funktionen nachteilig abweichender Zustand geschaffen oder gesteigert wird.[56] Das Zufügen eines Hämatoms und einer Gehirnerschütterung ist aufgrund der veränderten Zellstruktur das Hervorrufen eines pathologischen Zustandes, so dass auch eine Gesundheitsschädigung vorliegt.

2. Subjektiver Tatbestand

M wollte durch den Schlag erreichen, dass F die Wegnahme nicht behindert und erkannte dabei auch die nahe liegende Möglichkeit eintretender Verletzungen. M handelte daher

---

[55] *Tröndle/Fischer*, StGB, § 223 Rn. 3a.
[56] *Joecks*, StGB, § 223 Rn. 9.

134

sowohl hinsichtlich der körperlichen Misshandlung als auch der Gesundheitsschädigung vorsätzlich.

3./4. Rechtswidrigkeit und Schuld

Das Verhalten von M war rechtswidrig, sie handelte auch schuldhaft.

5. Strafantrag

Der gemäß § 230 I S. 1 StGB erforderliche Strafantrag wurde gestellt.

6. Ergebnis

M ist strafbar wegen Körperverletzung gemäß § 223 I StGB.

IV. Nötigung, § 240 I und II StGB

Durch den Schlag ins Gesicht und das anschließende Entreißen des Kolliers könnte sich M auch wegen Nötigung gemäß § 240 I und II StGB strafbar gemacht haben.

1. Objektiver Tatbestand

a) Nötigungsmittel

M müsste mit Gewalt oder durch Drohung mit einem empfindlichen Übel auf F eingewirkt haben. **Gewalt** ist der physisch vermittelte Zwang zur Überwindung eines geleisteten oder erwarteten Widerstandes.[57] Mit dem Schlag ins Gesicht und die dadurch herbeigeführten Verletzungen wirkte M direkt auf den Körper der F ein. Durch diese physische Zwangswirkung sollte auch der erwartete Widerstand gebrochen werden. M hat somit Gewalt im Sinne des § 240 StGB angewendet.

---

[57] *Tröndle/Fischer*, StGB, § 240 Rn. 8.

Zu den verfassungsrechtlichen Problemen des Gewaltbegriffs der Nötigung siehe die ausführliche Darstellung bei *Arzt/Weber*, BT, § 9 Rn. 55 ff.

b) Nötigungserfolg

Folge der Nötigungshandlung muss ein **Handeln**, **Dulden** oder **Unterlassen** sein. Hier hat M die F daran gehindert, sich der Wegnahme zu erwehren und hat ihr damit ein Dulden abgenötigt. Ein Nötigungserfolg ist damit gegeben.

2. Subjektiver Tatbestand

M müsste vorsätzlich gehandelt haben. Umstritten ist dabei, ob hinsichtlich des Nötigungszwecks dolus eventualis ausreicht[58], oder ob, jedenfalls bei Gewalt[59], bei Gewalt gegen Sachen[60] oder sogar ganz allgemein bei jeder Nötigung[61] Absicht im Sinne zielgerichteten Handelns erforderlich ist. M kam es auf die Überwindung des Widerstandes der F als Ziel ihres Handelns an. Daher handelte sie hinsichtlich des Nötigungserfolges mit Absicht, so dass ein Streit über die Vorsatzform beim Nötigungszweck dahinstehen kann. Auch erkannte M, dass sie Gewalt anwendete.

3. Rechtswidrigkeit

a) Rechtfertigungsgründe

Rechtfertigungsgründe sind nicht ersichtlich.

b) Verwerflichkeitsklausel, § 240 II StGB

M müsste ferner **verwerflich** im Sinne von § 240 II StGB gehandelt haben. Verwerflichkeit meint einen erhöhten Grad sittlicher Missbilligung.[62] Die Verwerflichkeit entweder des angestrebten Zwecks oder des angewendeten Mittels

---

[58] *BGHSt* 5, 245.
[59] *Rengier*, BT II, § 23 Rn. 70 m. w. N.
[60] *Wessels/Hettinger*, BT/1, Rn. 419 m. w. N.
[61] Schönke/Schröder-*Eser*, StGB, § 240 Rn. 34 m. w. N.
[62] *BGHSt* 17, 331.

können dabei Anhaltspunkte für die Verwerflichkeit der Nötigung liefern oder, und das ist häufig nicht unproblematisch, die Zweck-Mittel-Relation.[63] Da M durch die Gewaltanwendung eine Körperverletzung und damit eine strafbare Handlung verwirklicht hat, ist hier die Verwerflichkeit des Mittels anzunehmen. Weil durch die Nötigung die Voraussetzungen zu verbotener Eigenmacht geschaffen werden sollten, war auch der Zweck der Nötigung verwerflich. **Die Tat war** somit insgesamt **verwerflich** und daher auch im Ganzen **rechtswidrig**.

4. Schuld

M handelte rechtswidrig und schuldhaft.

5. Ergebnis

M ist strafbar wegen Nötigung gemäß § 240 I und II StGB.

Endergebnis und Konkurrenzen

M hat sich des schweren Raubes, des Diebstahls mit Waffen, des Diebstahls in einem besonders schweren Fall, der Freiheitsberaubung, der Körperverletzung und der Nötigung schuldig gemacht.

Der schwere Raub, der Diebstahl mit Waffen und die Freiheitsberaubung stehen im Verhältnis der Idealkonkurrenz zueinander, § 52 StGB. Eine Idealkonkurrenz mit dem Diebstahl in einem besonders schweren Fall ist ausgeschlossen, da § 243 StGB als Strafzumessungsregel zu § 242 StGB neben § 244 StGB keinen Bestand haben kann.[64]

Die Körperverletzung und die Nötigung stehen ebenfalls im Verhältnis der Idealkonkurrenz zueinander, § 52 StGB.

Die Tatkomplexe stehen in Realkonkurrenz zueinander, § 53 StGB.

---

[63] *Joecks*, StGB, § 240 Rn. 31.
[64] Vgl. BGH NJW 1970, 1279.

Vertiefungshinweise

- Zur Problematik der Anerkennung der bloßen Aufrechterhaltung der Gewaltwirkung als Nötigungsmittel: *Gössel*, JR 2004, 254; *Walter*, NStZ 2004, 623 ff.

- Der Zusammenhang zwischen Nötigung und Wegnahme beim Raub: *Biletzki*, JA 1997, 101 ff.

- Zu den Voraussetzungen der räuberischen Erpressung: *Hillenkamp*, 40 Probleme aus dem Strafrecht, Besonderen Teil, 33. Problem, S. 170 ff.

Fall 6: „Späte Reue"[1]

▶ **Standort:** Raub, Rücktritt vom erfolgsqualifizierten Versuch

Jurastudent T hat Schulden. Jedoch möchte er den seinem Studiengang angemessenen Lebensstandard weiterhin pflegen können, ohne dafür niedere Arbeiten annehmen zu müssen. Er beschließt daher, für ein paar Tage kriminell zu werden. Vor der elegantesten Seniorenresidenz des Ortes bezieht er Posten und wartet auf seine vermeintlich „leichten Opfer", denen er die Handtasche entreißen möchte. Um seinem Willen gegebenenfalls Nachdruck verleihen zu können, hat T die Pistole seines Vaters „ausgeliehen", der Oberleutnant der Reserve ist. Als die Rentnerin Erna P. die Residenz verlässt, schleicht T sich von hinten an sie heran und greift nach deren Tasche. Wider Erwarten verfügt die Pensionärin über erhebliche Kräfte, so dass sich eine hitzige Rangelei um die Handtasche entwickelt. Dabei hält T die Pistole weiterhin in der Hand, ist sich dessen im Eifer des Gefechts aber kaum bewusst. Nach wenigen Augenblicken löst sich versehentlich ein Schuss aus der entsicherten Waffe, der Erna P. am Kopf trifft. Die Rentnerin sinkt tödlich getroffen zu Boden. T ist entsetzt über diesen Vorfall, mit dem er nicht gerechnet hatte. Er verzichtet daher auf die Mitnahme der Tasche und flüchtet.

Prüfen Sie die Strafbarkeit von T nach dem StGB!

I. Totschlag an P, § 212 I StGB
1. Objektiver Tatbestand
2. Subjektiver Tatbestand: T handelte ohne Vorsatz
3. Ergebnis

II. Versuchter Raub mit Todesfolge, §§ 249, 250 I, 251, 22, 23 I StGB
1. Vorprüfung
    a) Ausbleiben des tatbestandlichen Erfolgs
    b) Strafbarkeit des Versuchs: Keine dogmatischen Einwände
       gegen eine Versuchsstrafbarkeit

---

[1]   Vereinfachte Fassung des *BGH*St 42, 158 zugrunde liegenden Sachverhalts.

2. Tatentschluss
   a) Tatentschluss hinsichtlich § 249 StGB: T wollte Raub begehen
   b) Tatentschluss bezüglich § 250 I Nr. 1a StGB
   c) Tatentschluss hinsichtlich § 250 II StGB: Kein Vorsatz bei T
3. Objektiver Tatbestand
   a) Unmittelbares Ansetzen zu §§ 249, 250 I StGB
   b) Eintritt und Verursachung der schweren Folge
   c) Spezifischer Gefahrenverwirklichungszusammenhang
4. Rechtswidrigkeit
5. Schuld: T handelte leichtfertig im Sinne von § 251 StGB
6. Rücktritt vom Versuch, § 24 I S. 1, 1. Alt. StGB
   a) Rechtsprechung und herrschende Lehre: Rücktritt möglich
   b) Die Minderheitsansicht: Rücktritt ausgeschlossen
   c) Stellungnahme
7. Ergebnis

III. Fahrlässige Tötung, § 222 StGB
1. Tatbestand
   a) Erfolgseintritt und Kausalität
   b) Objektive Sorgfaltspflichtverletzung bei objektiver Vorherseh
      barkeit des Erfolges
   c) Objektive Zurechenbarkeit
2. Rechtswidrigkeit
3. Schuld
4. Ergebnis

IV. Nötigung, § 240 I und II StGB
1. Objektiver Tatbestand
   a) Nötigungsmittel: Gewaltanwendung durch T
   b) Nötigungserfolg: Dulden und Unterlassen durch P
2. Subjektiver Tatbestand: Absicht bezüglich des Nötigungszwecks?
3. Rechtswidrigkeit
   a) Rechtfertigungsgründe: Für T sind keine ersichtlich
   b) Verwerflichkeitsklausel, § 240 II StGB
4. Schuld
5. Ergebnis

Endergebnis und Konkurrenzen

I. Totschlag an P, § 212 I StGB

Indem T die P beim Kampf um deren Handtasche tödlich verletzte, könnte er sich wegen Totschlags gemäß § 212 I StGB strafbar gemacht haben.

1. Objektiver Tatbestand

Der tatbestandliche Erfolg des § 212 StGB ist eingetreten, P ist tot. T war kausal für das zum Erfolg führende Geschehen. Die Auslösung eines Schusses in einem Kampf bei Vorhandensein einer entsicherten Waffe liegt im Rahmen des **nach allgemeiner Lebenserfahrung Vorhersehbaren.** Damit war der Erfolg T auch objektiv zurechenbar.

2. Subjektiver Tatbestand

T müsste vorsätzlich gehandelt haben. In Betracht kommt ein Vorsatz des T allenfalls in Form des dolus eventualis. Zwar sind die Kriterien für die Abscheidung des bedingten Vorsatzes von der bewussten Fahrlässigkeit heftig umstritten, doch besteht insoweit Einigkeit, dass der Täter wenigstens eine **Möglichkeitsvorstellung** bezüglich des eingetretenen Erfolgs gehabt haben muss, da ansonsten weder dolus eventualis noch bewusste Fahrlässigkeit in Betracht kommen.[2] T war sich während der Auseinandersetzung nicht bewusst darüber, wie riskant das Hantieren mit der Pistole in der konkreten Situation war. Trotz der allgemein bekannten Gefährlichkeit von Schusswaffen kann auch nicht von einem **sachgedanklichen Mitbewusstsein** des T ausgegangen werden, da zum Tötungsvorsatz mehr gehört als das Begleitwissen um die allgemeine Gefährlichkeit des Tatmittels.[3] Er hatte daher keine Möglichkeitsvorstellung hinsichtlich einer Tötung von P und mithin nicht dolus eventualis.[4]

3. Ergebnis

T hat sich nicht wegen Totschlags gemäß § 212 I StGB an P strafbar gemacht.

---

[2] *Joecks*, StGB, § 15 Rn. 11 ff. (29).
[3] Zum sachgedanklichen Mitbewusstsein vgl. *Wessels/Beulke*, AT, Rn. 240.
[4] Zur ausführlichen Behandlung der Abgrenzung des dolus eventualis von der bewussten Fahrlässigkeit siehe auch Fall 2 des Skriptes *„Standardfälle Strafrecht für Anfänger Band 1"*.

II. Versuchter Raub mit Todesfolge, §§ 249, 250 I, 251, 22, 23 I StGB[5]

Durch den gleichen Sachverhalt könnte T sich jedoch wegen versuchten Raubes mit Todesfolge gemäß §§ 249, 250 I, 251, 22, 23 I StGB strafbar gemacht haben.

1. Vorprüfung

a) Ausbleiben des tatbestandlichen Erfolgs

Es ist nicht zu einer Wegnahme der Handtasche gekommen. Somit ist der tatbestandliche Erfolg von §§ 249, 250 I, 251 StGB ausgeblieben.

b) Strafbarkeit des Versuchs

Der Versuch von §§ 249, 251 StGB müsste strafbar sein. Nach den allgemeinen Regeln über die Grenzen der Versuchsstrafbarkeit ergeben sich dabei keine Bedenken. Der Raub mit Todesfolge ist als Verbrechen gemäß § 23 I, 12 I grundsätzlich auch in Form des Versuchs strafbar.

Einwände gegen die Strafbarkeit des Versuchs könnten sich jedoch aus der Struktur des erfolgsqualifizierten Delikts heraus ergeben. Nach der Rechtsprechung und der herrschenden Meinung im Schrifttum ist der Raub mit Todesfolge auch dann strafbar, wenn beim Versuch des Raubes bereits der Tod des Opfers eintritt (sogenannter erfolgsqualifizierter Versuch).[6]

Hinweis: Der Versuch kann im Zusammenhang mit dem erfolgsqualifizierten Delikt in zwei Konstellationen relevant werden: Zum einen kann die leichtfertig oder fahrlässig verursachte besondere Folge schon beim Versuch des Grunddelikts eintreten. In diesem Fall spricht man vom „erfolgsqualifizierten Versuch". Zum anderen kann der

---

[5] Zur ausführlichen Auseinandersetzung mit §§ 249, 255 StGB vgl. auch Fall 5.

[6] *BGH* NJW 2001, 2187; NStZ 2001, 534; *Joecks*, StGB, § 251 Rn. 11; *Rengier*, BT I, § 9 Rn. 14; *Wessels/Hillenkamp*, BT/2, Rn. 358.

Täter beim Versuch oder bei Vollendung des Grunddelikts auch den Vorsatz fassen, die schwere Folge herbeizuführen, ohne dass er letzteres erreicht. Dann ist eine **„versuchte Erfolgsqualifikation"** gegeben.[7]

Gegen diese These der Strafbarkeit des Versuchs bestehen jedoch Bedenken in der Literatur: So wird vorgebracht, dass der Täter bei fahrlässiger Herbeiführung der besonderen Folge gar nicht die vorsätzliche „Vorstellung von der Tat" haben könne, wie sie in § 22 StGB vorausgesetzt sei.[8] Ein ähnliches Argument geht dahin, dass die erfolgsqualifizierten Delikte aus vorsätzlichen und fahrlässigen Bestandteilen zusammengesetzt und daher einer Versuchsstrafbarkeit gegenüber verschlossen seien; schließlich sei eine versuchte Fahrlässigkeitsstrafbarkeit gar nicht denkbar.[9]

Diese Einwände können nicht überzeugen, denn der Gesetzgeber hat für diese Kategorie von Straftaten eine eindeutige Regelung getroffen: **§ 11 II StGB** ordnet an, dass Delikte, die hinsichtlich einer durch eine vorsätzliche Handlung herbeigeführten besonderen Folge Fahrlässigkeit ausreichen lassen, insgesamt als vorsätzliche Straftaten im Sinne des StGB gelten. Wenn der Gesetzgeber also mit § 11 II StGB die **Vollendung** von § 251 StGB *als Vorsatztat* anordnet, auch wenn die besondere Folge bloß leichtfertig herbeigeführt werden muss, so kann für einen **Versuch** dieses Delikts nichts anderes gelten.[10]

Schließlich ist zu beachten, dass ein erfolgsqualifizierter Versuch ausscheiden muss, wenn die entsprechende Erfolgsqualifikation gerade den Gefahrenzusammenhang zwischen dem **Erfolg** des Grunddelikts und der besonderen Folge unter Strafe stellen soll. Wo die Vollendung des

---

[7] Die Einzelheiten sind sehr umstritten und von der Struktur des jeweiligen Delikts abhängig. So sind die Unterschiede zwischen den §§ 227, 251 ganz erheblich. Instruktiv zum Thema: *Kühl*, Jura 2001, 19 ff.; *Wessels/Beulke*, AT, Rn. 617.

[8] *Hardtung*, Versuch und Rücktritt bei den Teilvorsatzdelikten des § 11 Abs. 2 StGB, S. 198 ff.

[9] *Maurach/Gössel/Zipf*, AT II, § 43 Rn. 114 ff.

[10] *Kühl*, Jura 2001, 19 (21).

Grunddelikts das entscheidende Gefährlichkeitscharakteristikum bilden soll, ist dem erfolgsqualifizierten Versuch konsequenterweise die Grundlage entzogen.

> **Ein Beispiel** („Pistolenfall", *BGH*St 14, 110): Wachtmeister W schlägt dem am Boden liegenden S mit seiner Pistole auf den Hinterkopf. Noch in der Bewegung löst sich Schuss aus der Waffe und trifft den S tödlich. Eine verbreitete Meinung in der Literatur geht für den hier zu prüfenden § 227 StGB davon aus, dass der tatbestandsspezifische Gefahrenzusammenhang gerade zwischen dem **Körperverletzungserfolg** und dem Todeseintritt besteht. Die Rechtsprechung hingegen hält § 227 StGB auch dann für anwendbar, wenn lediglich die Körperverletzungs**handlung** den Tod des Opfers herbeiführt. Daher hat der BGH den W auch wegen § 227 StGB verurteilt, während die genannte Literaturmeinung W nur wegen §§ 223, 224 StGB in Tateinheit mit § 222 StGB bestrafen würde.[11]

Für den Raub mit Todesfolge ist im Gegensatz etwa zu § 227 StGB allgemein anerkannt, dass gerade der **Nötigungshandlung** eine besondere Gefährlichkeit anhaftet[12], während der Wegnahmeerfolg typischerweise ungefährlich für das Leben des Opfers ist[13]. Deshalb genügt es für den erfolgsqualifizierten Versuch, dass die Versuchshandlung die schwere Folge verursacht. Auch in dieser Hinsicht bestehen daher keine Bedenken gegen die Strafbarkeit des erfolgsqualifizierten Raubversuchs.

---

[11] Zum Streitstand vgl. *Joecks*, StGB, § 227 Rn. 7 ff.

[12] *Kindhäuser*, BT II, § 15 Rn. 5; *Wessels/Hillenkamp*, BT/2, Rn. 355; *Kühl*, Jura 2001, 19 (22).

[13] In dem denkbaren Fall, in dem die Wegnahme eines wichtigen Medikaments zum Tod des Opfers führt, kommt gerade die unspezifische Gefahr des Raubes zum Tragen.

2. Tatentschluss

a) Tatentschluss hinsichtlich § 249 StGB

aa) Diebstahl

T müsste den Tatentschluss gefasst haben, einen Diebstahl zu begehen.[14]

(1) Tatobjekt

Der Tatentschluss des T müsste auf ein taugliches Tatobjekt – hier also eine fremde, bewegliche Sache – gerichtet gewesen sein. Sache im Sinne des Strafrechts ist jeder körperliche Gegenstand.[15] Die Tasche ist ein körperlicher und auch beweglicher Gegenstand, was auch T weiß. Fremd ist eine Sache, die im (Mit-)Eigentum eines anderen steht, also weder herrenlos ist noch ausschließlich dem Täter selbst gehört.[16] Die Tasche befand sich im Alleineigentum der P, wovon auch T ausging. T hatte mithin Kenntnis von einem tauglichen Tatobjekt.

(2) Tathandlung: Wegnahme

T müsste den Tatentschluss zur Wegnahme der Tasche gefasst haben. **Wegnahme** ist die Aufhebung fremden und die Begründung neuen, nicht notwendig tätereigenen Gewahrsams gegen oder ohne den Willen des bisherigen Gewahrsamsinhabers.[17] Gewahrsam ist die von einem natürlichen Herrschaftswillen getragene tatsächliche Sachherrschaft eines Menschen über eine Sache, deren Reichweite von der Verkehrsanschauung bestimmt wird.[18] P übte die tatsächliche Sachherrschaft über ihre Tasche aus, zudem besaß sie einen natürlichen Herrschaftswillen über

---

[14] In jedem Raub ist der Diebstahlstatbestand vollständig enthalten. Besonderheiten können sich lediglich bezüglich der Grenzen des tatbestandsausschließenden Einverständnisses ergeben, vgl. *Rengier*, BT I, § 7 Rn. 1.

[15] *Tröndle/Fischer*, StGB, § 242 Rn. 3.

[16] *Wessels/Hillenkamp*, BT/2, Rn. 68.

[17] *Joecks*, StGB, § 242 Rn. 10.

[18] *Tröndle/Fischer*, StGB, § 242 Rn. 11.

sie. Ursprüngliche Gewahrsamsinhaberin an der Tasche war somit die Rentnerin. Diesen Gewahrsam wollte T durch das Entreißen der Handtasche aufheben und durch die Mitnahme der Tasche inklusive deren Inhalt neuen, eigenen Gewahrsam begründen. Dieser Vorgang sollte gegen den Willen der P erfolgen, so dass T auch den Bruch des fremden Gewahrsams in seinen Tatplan aufgenommen hatte.

Da nach dem Tatplan des T eine **Verfügung** der P über ihre Tasche somit ausgeschlossen sein sollte, war der Tatentschluss des T nach der herrschenden Lehre[19] nicht auf eine räuberische Erpressung ausgerichtet. Die Rechtsprechung, die § 249 StGB und §§ 253, 255 StGB dagegen nach dem **äußeren Erscheinungsbild** abgrenzt[20], kommt hier zum gleichen Ergebnis, denn P sollte die Tasche entrissen werden. Ein Streit über die Anwendbarkeit der jeweiligen Vorschriften kann somit dahinstehen.[21] T hat den Tatentschluss hinsichtlich der Wegnahme einer fremden, beweglichen Sache gefasst.

(3) Absicht rechtswidriger Zueignung

Bei T müsste Zueignungsabsicht bestanden haben. Dafür muss der Täter die **Absicht der** zumindest vorübergehenden **Aneignung** der Sache (dolus directus 1. Grades) haben sowie mit **dolus eventualis hinsichtlich** einer **dauerhaften Enteignung** vorgehen.[22] Da davon auszugehen ist, dass T nach der Durchsuchung der Handtasche diese wegwerfen wollte, sollten weder die Handtasche noch deren Inhalt zu P zurückfinden. T handelte daher mit Tatentschluss bezüglich einer dauerhaften Enteignung der P.

Ziel von T's Handeln war es, die in der Handtasche befindlichen Wertgegenstände seinem Vermögen einzuverleiben. Er handelte also diesbezüglich mit Aneignungsabsicht. Fraglich ist hingegen, ob T auch hinsichtlich der

---

[19] Vgl. statt vieler *Joecks*, StGB, § 255 Rn. 3 ff.
[20] *BGHSt* 41, 123 (126).
[21] Zu dieser **sehr klausurrelevanten Streitfrage** siehe Fall 5.
[22] *Joecks*, StGB, § 242 Rn. 46.

Handtasche selbst Aneignungsabsicht besaß, schließlich wollte er sie nicht für sich haben. Die Mitnahme der Tasche könnte sich daher als **straflose Sachentziehung** darstellen.[23] Die Aneignungsabsicht des Täters bezieht sich allerdings auch auf Gegenstände, die trotz ihrer raschen Entsorgung zunächst der Fortschaffung der Beute dienen sollen.[24]

Es ist daher davon auszugehen, dass T die Handtasche wenigstens kurzfristig dem Eigengebrauch widmen wollte, da er sie nach seinem Tatplan zur Nutzung als **notwendiges Transportbehältnis** vorgesehen hatte. Von einer Aneignungsabsicht des T auch bezüglich der Handtasche selbst kann also an und für sich ausgegangen werden.

Indessen soll nach einer Minderheitsauffassung der Lehre für die Zueignungsabsicht zusätzlich erforderlich sein, dass der Täter die **Enteignung gerade durch die Aneignung** stattfinden lassen will.[25] T will die Enteignung der P hinsichtlich der Tasche jedoch durch das Wegwerfen herbeiführen, nicht hingegen durch das Für-Sich-Behalten. Nach dieser Ansicht ist die subjektive Tatseite des Diebstahls jedenfalls in Bezug auf die Handtasche nicht erfüllt. Dieser Ansicht wird vorgehalten, dass sie durch diese Verengung des Zueignungsbegriffs empfindliche Strafbarkeitslücken öffnet und dadurch den Eigentumsschutz vernachlässigt.[26] Dem ist entgegenzuhalten, dass gerade im Vermögensstrafrecht Strafbarkeitslücken Ausdruck des fragmentarischen Charakters des StGB sind. Daher dient die hier dis-

---

[23] Im Zeitpunkt des Wegwerfens der Tasche nach Entnahme der Wertgegenstände ist freilich an § 303 I StGB zu denken, doch soweit kam T nicht.

[24] *Kindhäuser*, BT II, § 2 Rn. 110 m. w. N., *Otto*, BT, § 40 Rn. 70; *Rengier*, BT I, § 2 Rn. 80; andererseits aber gehen *BGH* NStZ 2000, 531 und auch *Rengier*, BT I, § 7 Rn. 7 für den klassischen Handtaschenraub nicht von Aneignungsabsicht aus. Hier erscheinen beide Ergebnisse vertretbar.

[25] MüKo-*Schmitz*, StGB, § 242 Rn. 133; SK-*Hoyer*, StGB, Vor § 242 Rn. 7; *Joecks*, StGB, Vor § 242 Rn. 44.

[26] *Wessels/Hillenkamp*, BT/2, Rn. 146.

kutierte restriktive Auslegung des Zueignungsmerkmals dem Bestreben, die Zueignungsdelikte sowohl von der Sachbeschädigung als auch von der bloßen Gebrauchsanmaßung abzugrenzen und damit die einzelnen Schutzrichtungen der Vermögensdelikte deutlich hervorzuheben. Es ist nicht nachvollziehbar, warum sich ein Diebstahl schon aus einer Gebrauchsanmaßung mit nachfolgender Sachbeschädigung ergeben soll.[27] Mithin besteht eine Zueignungsabsicht des T nur hinsichtlich des Inhalts der Handtasche.

Merke: Schon beim Diebstahl etwa einer Brieftasche stellen sich also stets zwei Probleme, von denen jedenfalls bezüglich des ersten erwartet werden kann, dass es vom Bearbeiter einer Klausur erörtert wird:

1. Besteht Aneignungsabsicht auch hinsichtlich des Behältnisses?

Wird dies bejaht, dann ergibt sich als Folgeproblem:

2. Muss die Enteignung gerade durch die angestrebte Aneignung erfolgen?

Die beabsichtigte Zueignung müsste **rechtswidrig** sein. Dafür darf der Täter keinen fälligen, einredefreien Anspruch auf Übereignung der Sache oder ein gesetzliches Aneignungsrecht haben.[28] Derartige Rechte standen T nicht zu. Die beabsichtigte Zueignung war somit rechtswidrig, was dem T auch bewusst war.

bb) Qualifizierte Nötigungsmittel

T müsste den Tatentschluss hinsichtlich des Einsatzes qualifizierter Nötigungsmittel gefasst haben. In Betracht kommt die Anwendung von Gewalt. Nach der herrschenden Lehre ist **Gewalt** der (zumindest auch) physisch vermittelte Zwang zur Überwindung eines geleisteten oder erwarteten

---

[27] *Joecks*, aaO.

[28] *Tröndle/Fischer*, StGB, § 242 Rn. 49 f.

148

Widerstandes.[29] Als P sich gegen die Wegnahme ihrer Handtasche wehrte, wirkte T durch das eigene Zerren unmittelbar auf den Körper der Rentnerin ein, um ihren Widerstand zu überwinden. Er hat daher Gewalt angewendet. Selbst wenn zu Gunsten des T unterstellt wird, dass er nach seinem ursprünglichen Tatplan die Gewaltanwendung durch die Ausnutzung eines Überraschungseffektes gerade vermeiden wollte, so hat er seinen Tatentschluss mit Beginn der Gegenwehr modifiziert. Er beschloss nun, Gewalt anzuwenden und hat dies auch in die Tat umgesetzt.

Achtung: Die rechtlichen Schwierigkeiten des Handtaschenraubs (Subsumtion unter den Gewaltbegriff / Abgrenzung der §§ 242, 249 StGB voneinander[30]) stellten sich damit in diesem Fall gerade nicht. Breite Ausführungen zu dieser Problematik hätten daher zum Punktabzug geführt.

cc) Finalität

Nach herrschender Meinung ist es ausreichend, aber auch erforderlich, dass der Täter das Nötigungsmittel als Mittel zur Wegnahme einsetzt. Der Raub setzt demnach eine subjektive Verknüpfung von Nötigung und Wegnahme voraus.[31] T hat die Gewalt gegen P zur Wegnahme der Handtasche eingesetzt; der finale Zusammenhang ist mithin gegeben. Die Minderheitsansicht, die für das **vollendete** Delikt eine objektive Verknüpfung in Form von Kausalität verlangt[32], kann für den **Versuch** des Raubes natürlich zu keinen anderen Ergebnissen gelangen.

---

[29] *Tröndle/Fischer*, StGB, § 240 Rn. 8; sehr großzügig ging z. T. der *BGH* vor, wenn etwa bereits die „seelische Erregung" des Opfers durch eine vorgehaltene Pistole als unmittelbarer körperlicher Zwang gewertet wurde, BGHSt 23, 126 (127).

[30] Vgl. *BGH*St 18, 329 (331) einerseits (Raub), *BGH* StV 1990, 205 (206) andererseits (bloß Diebstahl); *Joecks*, StGB, § 249 Rn. 25 ff.; *Rengier*, BT I, § 7 Rn. 7; *Arzt/Weber*, BT, § 17 Rn. 7.

[31] *BGH*St 18, 329 (331); *Wessels/Hillenkamp*, BT/2, Rn. 322; *Tröndle/Fischer*, StGB, § 249 Rn. 6.

[32] SK-*Günther*, StGB, § 249 Rn. 36; *Arzt/Weber*, BT, § 17 Rn. 11.

b) Tatentschluss hinsichtlich § 250 I Nr. 1a StGB

T könnte zudem den Tatentschluss gefasst haben, ein Qualifikationsmerkmal zu verwirklichen. In Betracht kommt § 250 I Nr. 1a. T müsste also eine **Waffe bei sich geführt** haben. Waffen sind bewegliche Sachen, die ihrer Art nach zur Verursachung erheblicher Verletzungen von Personen generell geeignet und bestimmt sind.[33] Pistolen sind zur Verletzung anderer Menschen geeignet und bestimmt und damit Waffen im Sinne von § 250 StGB. Der Täter führt die Waffe bei sich, wenn er sich ihrer während des Tathergangs ohne Zeitaufwand und ohne besondere Schwierigkeiten bedienen kann.[34] T hielt die Waffe entsprechend seinem Tatplan in der Hand und konnte sie daher jederzeit bedienen. T hatte somit den Tatentschluss zum Beisichführen einer Waffe gemäß § 250 I Nr. 1a StGB.

c) Tatentschluss hinsichtlich § 250 II StGB

Für eine Verwirklichung eines Qualifikationsmerkmals nach § 250 II StGB fehlte es T am **Tatentschluss**, da er die Waffe weder einsetzen noch P verletzen wollte.

3. Objektiver Tatbestand

a) Unmittelbares Ansetzen zu §§ 249, 250 I StGB

Durch das Gerangel mit P hat T sowohl zum Nötigungs- als auch zum Diebstahlselement des Raubes unmittelbar angesetzt. Es kann daher davon ausgegangen werden, dass T auch zum Raub selbst gemäß § 22 StGB unmittelbar angesetzt hat.

b) Eintritt und Verursachung der schweren Folge

Der Tod eines anderen Menschen ist eingetreten. Auch kann das Verhalten des T nicht hinweggedacht werden, ohne dass der Tod der P durch die Schussverletzung

---

[33] *Tröndle/Fischer*, StGB, § 250 Rn. 4.
[34] *Rengier*, BT I, § 4 Rn. 13.

150

entfiele. T war daher auch **kausal** für den Erfolg. Dieser war ihm auch **objektiv zurechenbar** (s. o.).

c) Spezifischer Gefahrenverwirklichungszusammenhang

In dem tödlichen Erfolg müsste sich gerade die dem Raub anhaftende eigentümliche Gefahr niedergeschlagen haben. Die tatbestandsspezifische Gefahr des Raubes ist die Gefährlichkeit des Nötigungsmittels, die sich auch bereits aus dem Versuch des Raubes ergeben kann (s. o.). Diese typische Gefährlichkeit hat sich auch in diesem Fall bestätigt. Dem Hantieren mit einer entsicherten Waffe während der Gewaltausübung gegenüber dem Tatopfer ist die Lebensgefährlichkeit immanent. Mit der Auslösung eines tödlichen Schusses hat sich daher die **tatbestandsspezifische Gefahr** des versuchten Raubes realisiert, der spezifische Gefahrenverwirklichungszusammenhang war mithin gegeben.

4. Rechtswidrigkeit

Es sind keine Rechtfertigungsgründe für T ersichtlich. Er handelte mithin rechtswidrig.

5. Schuld

T müsste in Bezug auf die Tötung der P **leichtfertig** gehandelt haben, § 251 StGB.[35] Leichtfertigkeit ist eine Form der groben, nicht notwendig bewussten Fahrlässigkeit, bei der sich dem Täter die Möglichkeit des Erfolgseintritts geradezu aufdrängt. Sie ist anzunehmen, wenn schon ein geringes Maß an Sorgfalt zur Vermeidung des Erfolges ausgereicht hätte.[36] T musste sich die Gefahr, die von der Waffe für sein und das Leben der Rentnerin ausging, erschließen. Er verhielt sich außerordentlich leichtsinnig und hätte wenigstens den Waffenarm von P weg halten oder die

---

[35] § 251 StGB ist gegenüber § 18 StGB lex specialis, da mit der Leichtfertigkeit mehr als bloße Fahrlässigkeit verlangt wird; vgl. *Wessels/Hillenkamp*, BT/2, Rn. 356.

[36] *Kindhäuser*, BT II, § 15 Rn. 7.

Waffe vorher sichern müssen. Stattdessen ließ T sich auf eine Situation ein, die mit einem jedermann erkennbaren hohen Risiko verbunden war. T handelte daher leichtfertig. Auch die übrigen **allgemeinen Schuldvoraussetzungen** sind gegeben.

6. Rücktritt vom Versuch, § 24 I S. 1, 1. Alt. StGB

T könnte mit strafbefreiender Wirkung nach § 24 I S. 1, 1. Alt. StGB vom Versuch des Raubes mit Todesfolge zurückgetreten sein. Gegen diese Möglichkeit könnte allerdings sprechen, dass T zwar nicht das **Grunddelikt**, wohl aber den **besonderen Erfolg** des § 251 StGB herbeigeführt hat. Ob T aus diesen Gründen ein Rücktritt versagt bleiben muss, ist umstritten.

a) Rechtsprechung und herrschende Lehre

Die herrschende Meinung bejaht eine Rücktrittsmöglichkeit vom erfolgsqualifizierten Versuch.[37] Der Wortlaut von § 24 I StGB (§ 24 StGB spreche vom Aufgeben oder Verhindern der „Tat" und meine damit § 249 StGB) lasse es nicht zu, dem Täter die Möglichkeit eines Rücktritts vom Versuch zu versagen, denn die **Wortlautgrenze** nach Art. 103 II GG müsse auch im Allgemeinen Teil beachtet werden.[38] Zudem sei § 251 StGB **von der Existenz eines Grunddelikts abhängig**, mit dem Rücktritt vom versuchten Raub entfalle das Fundament für die Anwendung der „vollendeten" Erfolgsqualifikation für diesen Versuch.[39] Schließlich werde der Raub bei Absage an die Möglichkeit eines Rücktritts vom erfolgsqualifizierten Versuch contra legem in ein Unternehmensdelikt umgewandelt.[40] T kann danach – die anderen Voraussetzungen von § 24 I S. 1, 1. Alt. unterstellt – vom erfolgsqualifizierten Versuch des Raubes zurücktreten.

---

[37] *BGHSt* 42, 158; *Otto*, BT, § 46 Rn. 46; *Wessels/Hillenkamp*, BT/2, Rn. 358, *Joecks*, StGB, § 251 Rn. 14; *Rengier*, BT I, § 9 Rn. 17; *Kindhäuser*, BT II, § 15 Rn. 9; *Küper*, JZ 1997, 229 (232 f.).
[38] *BGHSt* 42, 158 (160).
[39] *Küper*, JZ 1997, 229 (232); *Kindhäuser*, aaO.
[40] *BGH*, aaO.

b) Die Minderheitsansicht

Ein Teil der Lehre hält einen Rücktritt vom erfolgsqualifizierten Versuch hingegen für ausgeschlossen.[41] Der
straferhöhende Umstand sei als spezifische Folge der
tatbestandsmäßigen Gefahr **bereits eingetreten** und die
Strafschärfung damit perfekt.[42] Zwar bestehe wegen der
fehlenden Raubvollendung formell noch keine Vollendung,
doch müsse materiell unter dem Gesichtspunkt der
Gefahrverwirklichung und in Hinblick auf das Telos der Norm
der erfolgsqualifizierte Versuch der Vollendung gleichgesetzt
werden.[43] Nach dieser Auffassung konnte T nicht mehr vom
erfolgsqualifizierten Raubversuch zurücktreten.

c) Stellungnahme

Die Minderheitsauffassung erscheint aus Gerechtigkeits-
gründen einleuchtender, da es dem vom Täter verwirklichten
Unrecht nicht entspricht, wenn es lediglich zu einer
Bestrafung aus § 222 StGB und gegebenenfalls aus § 240 I
StGB kommt. Dies wird auch vom BGH eingestanden.[44] Es
ist daher zu klären, inwieweit die Einwände der herrschenden Meinung gegen die Minderheitsmeinung überzeugen können. Zunächst ist das **Wortlautargument**
keineswegs schlagend. Die Erledigung strafrechtsdog-
matischer Fragen mit der „Guillotine" des Analogieverbots ist
ein unbefriedigendes Verfahren, wenn der Wortlaut keineswegs eindeutig ist.[45] So liegt es auch hier: Aus dem
Gesetzestext des § 24 StGB ergibt sich nicht, dass bei
einem erfolgsqualifizierten Delikt mit der „Tat" allein der
Grundtatbestand gemeint ist. Zwar ist § 24 StGB grundsätzlich allein auf Vorsatztaten zugeschnitten[46], doch ist es
jedenfalls sprachlich durchaus möglich, unter „Tat" das

---

[41] *Jäger*, NStZ 1998, 161 ff.; *Ulsenheimer*, FS-Bockelmann, S. 405 ff.; *Roxin*, AT II, § 30 Rn. 289 ff.; LK-*Herdegen*, StGB, § 251 Rn. 16.

[42] *Ulsenheimer*, FS-Bockelmann, S. 405 ff. (415).

[43] *Jäger*, NStZ 1998, 161 (162 ff.).

[44] *BGH*St 42, 158 (160).

[45] *Küper*, JZ 1997, 229 (231).

[46] *Kudlich*, JuS 1999, 349 (355).

gesamte Delikt, also das versuchte Grunddelikt ein-
schließlich des qualifizierenden Erfolges, zu verstehen.
Damit kann jedoch eine Tat nicht mehr aufgegeben werden,
wenn deren qualifizierender Erfolg bereits eingetreten ist.[47]

Gegen das Argument, § 24 StGB beziehe sich allein auf
Vorsatztaten, kann zudem **§ 11 II StGB** angeführt werden.
Auch der Einwand, durch die Versagung eines Rücktritts
werde der Raub sachwidrig zum **Unternehmensdelikt**
umgewandelt, ist nicht einleuchtend, schließlich wird der
Täter nicht wegen vollendeten, sondern wegen versuchten
erfolgsqualifizierten Raubes bestraft.

Schließlich kann auch das Argument der „**Grunddelikts-
akzessorietät**" nicht überzeugen, denn es beruht auf einer
petitio principii. Wird nämlich – wie hier – vertreten, dass
Grundtatbestand und Qualifikation eine einheitliche Tat
bilden, von der nach dem Eintritt des besonderen Erfolgs
nicht mehr zurückgetreten werden kann, so bleibt der
strafbare Versuch des Grunddelikts als Fundament für die
Erfolgsqualifikation durchaus bestehen. Dazu kommt, dass
der Rücktritt vom Grunddelikt lediglich **strafbefreiend** wirkt;
das **Versuchsunrecht** des Raubes bleibt indessen bestehen und kann nach wie vor als **Anknüpfungspunkt** für
die schwere Folge dienen.[48] Deren Eintritt lässt dann
umgekehrt das Fundament für einen strafbefreienden Rücktritt insgesamt weg brechen.

Damit hat sich gezeigt, dass die Einwände der herrschenden
Meinung gegen einen Ablehnung des Rücktritts nicht
durchschlagend sind. Es ist daher mit der Minderheitsmeinung davon auszugehen, dass ein **Rücktritt** vom erfolgsqualifizierten Versuch nicht möglich ist. T konnte daher
keine Strafbefreiung nach § 24 StGB erlangen.

---

[47] Hier und im Folgenden: *Roxin*, AT II, § 30 Rn. 290 ff.
[48] *Jäger*, NStZ 1998, 161 (164).

7. Ergebnis

T hat sich wegen versuchten Raubes mit Todesfolge gemäß §§ 249, 250 I, 251, 22, 23 I StGB strafbar gemacht.

III. Fahrlässige Tötung, § 222 StGB

Durch den Eintritt der besonderen Folge könnte T sich auch wegen fahrlässiger Tötung gemäß § 222 StGB strafbar gemacht.

1. Tatbestand

a) Erfolgseintritt und Kausalität

T hat den Tod der P verursacht (s. o.).

b) Objektive Sorgfaltspflichtverletzung bei objektiver Voraussehbarkeit des Erfolges

T müsste hinsichtlich des objektiv vorhersehbaren Erfolgs eine **objektive Sorgfaltspflicht** verletzt haben. Inhalt der Sorgfaltspflicht ist es, die aus dem konkreten Verhalten erwachsenden Gefahren für das geschützte Rechtsgut zu erkennen und sich darauf richtig einzustellen. Art und Maß der anzuwendenden Sorgfalt ergeben dabei sich aus den Anforderungen, die bei Betrachtung der Gefahrenlage an einen besonnenen und gewissenhaften Menschen in der konkreten Lage und der sozialen Rolle des Handelnden zu stellen sind.[49] Unabhängig von einem Verstoß gegen § 2 WaffG hätte eine besonnene und gewissenhafte Person in der Lage des T keinen derartig gefährlichen Umgang mit der Pistole gepflegt, weil sie das Risiko erkannt und danach gehandelt hätte. Der Sorgfaltspflicht im Umgang mit Schusswaffen hat T daher nicht genügt. Er handelte **sorgfaltspflichtwidrig**. Auch waren die Folgen dieser Fehlverhaltens vorhersehbar.

---

[49] *Wessels/Beulke*, AT, Rn. 668 f.

c) Objektive Zurechenbarkeit

Der Erfolgseintritt war T auch objektiv zurechenbar (s. o.).

2. Rechtswidrigkeit

Es sind keine Rechtfertigungsgründe ersichtlich. T handelte somit auch **rechtswidrig**.

3. Schuld

Für das Bestehen eines Fahrlässigkeitsschuldvorwurfs müsste eine **subjektive Sorgfaltspflichtverletzung** bei subjektiver Voraussehbarkeit des Erfolges bestehen. Dies ist der Fall, wenn der Täter nach seinen persönlichen Fähigkeiten und dem Maß seines individuellen Könnens im Stande war, die objektive Sorgfaltspflicht zu erkennen und die sich daraus ergebenden Sorgfaltspflichten zu erfüllen.[50]

Es bestehen keine Anhaltspunkte dafür, dass T diese Fähigkeiten generell oder für die konkrete Situation fehlten; er hat daher subjektiv sorgfaltspflichtwidrig gehandelt. Schließlich waren für T der Erfolg und der darauf hinführende Kausalverlauf voraussehbar, so dass auch die subjektive Vorhersehbarkeit gegeben war. Auch die allgemeinen Schuldmerkmale sind gegeben. T handelte somit schuldhaft.

4. Ergebnis

T hat sich wegen fahrlässiger Tötung gemäß § 222 StGB strafbar gemacht.

IV. Nötigung, § 240 I und II StGB

Durch die Rangelei mit P könnte T sich ferner wegen Nötigung gemäß § 240 I und II StGB strafbar gemacht haben.

---

[50] *Wessels/Beulke*, AT, Rn. 692.

1. Objektiver Tatbestand

a) Nötigungsmittel

T hat Gewalt im Sinne des § 240 StGB angewendet (s. o.).

b) Nötigungserfolg

Folge der Nötigungshandlung muss ein erzwungenes Verhalten, genauer: eine **Handlung**, **Duldung** oder **Unterlassung** sein. Hier musste P den ständigen Zug an ihrer Handtasche dulden. Zudem konnte sie durch die Auseinandersetzung mit T nicht ihren geplanten Weg fortsetzen, so dass auch ein Unterlassen abgenötigt wurde. Ein Nötigungserfolg liegt damit vor.

2. Subjektiver Tatbestand

T müsste vorsätzlich gehandelt haben. Strittig ist, ob bezüglich des Nötigungszwecks dolus eventualis ausreicht[51], oder ob, jedenfalls bei Gewalt[52], bei Gewalt gegen Sachen[53] oder sogar ganz allgemein bei jeder Nötigung[54] Absicht im Sinne zielgerichteten Handelns erforderlich ist. T kam es auf die Unterbrechung des Weges der P als notwendiges Zwischenziel seines Handelns an, da er ansonsten nicht zum versuchten Raub an der Tasche hätte ansetzen können. Daher handelte er hinsichtlich des Nötigungserfolges mit dolus directus 1. Grades, so dass ein Streit über die Vorsatzform beim Nötigungszweck dahinstehen kann. Auch erkannte T, dass er Gewalt anwendete. T handelte also **vorsätzlich**.

3. Rechtswidrigkeit

T müsste rechtswidrig gehandelt haben.

---

[51]   *BGHSt* 5, 245.
[52]   *Rengier*, BT II, § 23 Rn. 70 m. w. N.
[53]   *Wessels/Hettinger*, BT/1, Rn. 419 m. w. N.
[54]   Schönke/Schröder-*Eser*, StGB, § 240 Rn. 34 m. w. N.

a) Rechtfertigungsgründe

Rechtfertigungsgründe sind nicht gegeben (s. o.).

b) Verwerflichkeitsklausel, § 240 II StGB

T müsste ferner **verwerflich** im Sinne von § 240 II StGB gehandelt haben. Verwerflichkeit meint einen erhöhten Grad sittlicher Missbilligung.[55] Sie ergibt sich dabei erst aus der **Beziehung von Mittel und Zweck**, wozu eine **umfassende Abwägung** und Berücksichtigung sämtlicher Umstände des Einzelfalls notwendig ist. Die Verwerflichkeit entweder des angestrebten Zwecks oder des angewendeten Mittels können dabei ein gewichtiges Indiz für die Verwerflichkeit der Nötigung insgesamt bilden.[56] Hier waren sowohl der **Zweck** der Nötigung (die Wegnahme der Handtasche) als auch das angewendete **Mittel** (Gewaltanwendung) für sich genommen bereits als sittlich missbilligenswert und damit verwerflich anzusehen. Eine Abwägung der Gesamtumstände ergibt dabei kein anderes Bild. Das Verhalten des T war daher verwerflich im Sinne von § 240 II StGB.

4. Schuld

T handelte auch schuldhaft.

5. Ergebnis

T hat sich wegen Nötigung gemäß § 240 I und II StGB strafbar gemacht.

Endergebnis und Konkurrenzen

T hat sich des versuchten Raubes mit Todesfolge gemäß §§ 249, 250 I, 251, 22, 23 I StGB, der fahrlässigen Tötung gemäß § 222 sowie der Nötigung gemäß § 240 I und II StGB schuldig gemacht. Der versuchte Raub mit Todesfolge, die fahrlässige Tötung und die Nötigung bilden eine Handlung

---

[55] *BGH*St 17, 331.
[56] *Joecks*, StGB, § 240 Rn. 31.

im natürlichen Sinne.[57] § 222 StGB tritt nicht im Wege der **Spezialität** hinter den erfolgsqualifizierten Versuch zurück, weil es die **Klarstellungsfunktion** der Idealkonkurrenz gebietet, den beim §§ 249, 251, 22 StGB eingetretenen Tod des Opfers deutlich zu machen.[58]

T hat sich daher wegen versuchten Raubes mit Todesfolge, fahrlässiger Tötung sowie wegen Nötigung strafbar gemacht, §§ 249, 250 I, 251, 22, 23 I, 222, 240 I und II; 52 StGB.

Vertiefungshinweise

- Besprechungsaufsatz zu BGHSt 42, 158: *Küper*, JZ 1997, 229 ff.

- Lernbeitrag zu Versuch und Rücktritt bei den erfolgsqualifizierten Delikten: *Kühl*, Jura 2003, 19 ff.

- Aufsatz zum Rücktritt vom erfolgsqualifizierten Versuch: *Jäger*, NStZ 1998, 161 ff.

- Grundfälle zum Rücktritt vom Versuch, auch zum Rücktritt vom erfolgsqualifizierten Delikt: *Kudlich*, JuS 1999, 240 ff., 349 ff.

---

[57] Es ist auch vertretbar, aufgrund der Vielzahl der einzelnen Willensbetätigungen während des Kampfes um die Tasche eine natürliche Handlungseinheit anzunehmen.

[58] Zum Begriff der Spezialität vgl. *Wessels/Beulke*, AT, Rn. 788, zur Klarstellungsfunktion der Idealkonkurrenz Rn. 787.

Fall 7: „Zu früh gefreut"

▸ **Standort:** Strafrecht BT, Falsche Verdächtigung, Meineid, Strafvereitelung, Verleiten zur Falschaussage, Begünstigung

R, der einen Juwelier überfallen hat, befürchtet, dass die Polizei ihn bald überführen wird. Um den Verdacht von sich abzulenken, besucht er unter einem Vorwand den mehrfach vorbestraften Nachbarn N und versteckt dabei unbemerkt die Maske, die er während des Überfalls getragen hat. Die Polizei, die auch N verdächtigt, findet während einer Durchsuchung die Maskierung und verstärkt daraufhin ihre Ermittlungen. Das Verfahren wird jedoch eingestellt, da der Juwelier den N als Täter aufgrund seiner geringen Körpergröße eindeutig ausschließt.

Die Polizei, die im Umfeld des N weiter ermittelt, verdächtigt nun auch R. Da die Überwachungsbilder diesen Verdacht erhärten, wird schließlich Anklage erhoben. R bittet deshalb seinen Kollegen K, mit dem er den Tag nach dem Überfall verbracht hat, in erster Instanz auszusagen und zu beeiden, dass er zum Tatzeitpunkt bei ihm war. R hofft dabei, dass K sich nicht mehr an den genauen Tag ihres Treffens erinnert. K stimmt zu obwohl er R´s Absichten erkennt, belässt ihn aber in seinem Glauben. K denkt dabei nicht an die Beute und tut dies nur, um R das Gefängnis zu ersparen. Wie versprochen macht K die Aussage, die er auch beeidigt. R wird unter anderem wegen K´s Aussage freigesprochen.

Während einer Feier, die R anlässlich des Sieges über die Gerechtigkeit veranstaltet, erzählt er seiner Mutter M, dass er zwischenzeitlich einen weiteren Juwelier „besucht" hat. Da die StA Rechtsmittel einlegt, währt die Siegesfreude allerdings nur kurz. In zweiter Instanz wird R, obwohl K seine Ausführungen unter Eid wiederholt, verurteilt. K bestätigt seine Aussage dabei um R zu helfen, möchte aber auch vermeiden, dass er selbst dem Verdacht einer Straftat ausgesetzt wird. R war allerdings bereits vor der Gerichtsverhandlung davon nicht begeistert, da er von einer Verurteilung ausging und durch eine erneute Falschaussage eine höhere Strafe befürchtete.

Einige Tage nach der Verurteilung bekommt M, die das Versteck der Beute kennt, Besuch von der Polizei, die den R nun auch wegen des zweiten Überfalls verdächtigt. Da M jedoch überzeugend erklärt, dass R zum Tatzeitpunkt mir ihr im Theater war und auch zwei Eintrittskarten vorlegen kann, werden die Ermittlungen beendet. M tut dies, um die Beute aus dem zweiten Überfall zu sichern. Sie glaubt dabei, dass nur durch die Sicherung der Beute eine Bestrafung des R vermieden werden kann.

Prüfen Sie die Strafbarkeit von R, K und M! Die Überfälle sind dabei außer Acht zu lassen!

Erster Tatkomplex: Verstecken der Maske
I. Falsche Verdächtigung, § 164 I StGB
1. Objektiver Tatbestand: Verdächtigen
2. Subjektiver Tatbestand
3. Rechtswidrigkeit
4. Schuld
5. Ergebnis

II. Vortäuschen einer Straftat, § 145 d StGB

Zweiter Tatkomplex: Verfahren erster Instanz
A. Strafbarkeit von K
I. Meineid, § 154 I StGB
1. Objektiver Tatbestand: Falschaussage
2. Subjektiver Tatbestand
3. Rechtswidrigkeit
4. Schuld
5. Ergebnis

II. Strafvereitelung, § 258 I StGB
1. Objektiver Tatbestand: Vereitelungshandlung
2. Subjektiver Tatbestand
3. Rechtswidrigkeit
4. Schuld
5. Ergebnis

III. Begünstigung, § 257 I StGB
1. Tatbestand: Hilfeleisten
2. Ergebnis

IV. Mittelbare Falschbeurkundung, § 271 I StGB
1. Objektiver Tatbestand
    a) Öffentliche Urkunde
    b) Bewirkung einer Falschbeurkundung: Kein Schutz der inhalt
                  lichen Wahrheit
2. Ergebnis

B. Strafbarkeit von R
I. Meineid in mittelbarer Täterschaft, §§ 154 I, 25 I 2. Alt. StGB
1. Tatbestand: Eigenhändigkeit der Aussagedelikte
2. Ergebnis

II. Anstiftung zum Meineid, §§ 154 I, 26 StGB
1. Objektiver Tatbestand
2. Subjektiver Tatbestand: Bösgläubiger Vordermann; Vorsatz
                                 bezüglich der Haupttat
3. Ergebnis

III. Verleitung zur Falschaussage, § 160 I StGB
1. Objektiver Tatbestand: Verleiten; Bösgläubiger Vordermann
2. Subjektiver Tatbestand
3. Rechtswidrigkeit
4. Schuld
5. Ergebnis

IV. Anstiftung zur Strafvereitelung, §§ 258 I, 26 StGB
1. Objektiver Tatbestand
    a) Vorsätzliche rechtswidrige Haupttat
    b) Bestimmen
2. Subjektiver Tatbestand: Kein Haupttatvorsatz wegen § 258 V StGB
3. Ergebnis

Dritter Tatkomplex: Verfahren zweiter Instanz
A. Strafbarkeit von K
I. Meineid, § 154 I StGB
1. Objektiver Tatbestand
2. Subjektiver Tatbestand
3. Rechtswidrigkeit
4. Schuld
5. Ergebnis

II. Strafvereitelung, § 258 I StGB
1. Tatbestand
2. Ergebnis

III. Versuchte Strafvereitelung, §§ 258, 22, 23 I StGB
1. Vorprüfung
2. Tatentschluss
3. Unmittelbares Ansetzen
4. Rechtswidrigkeit
5. Schuld
6. Schuldausschließungsgrund: § 258 V StGB
7. Ergebnis

B. Strafbarkeit von R
Anstiftung zum Meineid, §§ 154 I, 26 StGB
1. Objektiver Tatbestand
        a) Vorsätzliche rechtswidrige Haupttat
        b) Anstiftungshandlung: Kein Bestimmen durch R
2. Ergebnis

Vierter Tatkomplex: Die Polizei bei M
I. Strafvereitelung, § 258 I StGB
1. Objektiver Tatbestand
2. Subjektiver Tatbestand
3. Rechtswidrigkeit
4. Schuld
5. Schuldausschließungsgrund: § 258 VI StGB; Angehöriger
6. Ergebnis

II. Begünstigung, § 257 I StGB
1. Objektiver Tatbestand
2. Ergebnis

Endergebnis und Konkurrenzen

Erster Tatkomplex: Verstecken der Maske

I. Falsche Verdächtigung, § 164 I StGB

Indem R bei N die Maske versteckte und diesen dadurch der verstärkten Ermittlung der Polizei aussetzte, könnte er sich wegen falscher Verdächtigung gemäß § 164 I StGB strafbar gemacht haben.

1. Objektiver Tatbestand

a) Verdächtigen

D müsste eine andere Person verdächtigt haben. **Verdächtigen** ist das Hervorrufen eines Verdachts oder das Umlenken oder Verstärken eines bereits bestehenden Verdachts.[1] Ein Verdächtigen kann dabei, ohne dass es dazu einer Tatsachenbehauptung bedürfte, durch Schaffen einer verdachtserregenden Beweislage (so genannte **isolierte Beweismittelfiktion**) geschehen.[2]

Die Einbeziehung solcher Handlungsweisen in § 164 I StGB ist, da sie vielfach sogar eine größere Gefahr für die Rechtspflege bedeutet als das Aufstellen falscher Behauptungen, dringend geboten. Dieser Auslegung steht auch § 164 II StGB, der ein Verdächtigen *auch*, nicht aber *nur* durch Tatsachenbehauptungen ermöglicht, nicht entgegen. Vorliegend hat R die Maskierung bei N versteckt, so dass bei einer Durchsuchung diese gefunden werden musste und sich deshalb die Verdachtsmomente gegen R verstärkten. R hat somit eine andere Person verdächtigt.

b) Gegenstand der Verdächtigung

Gegenstand der Verdächtigung muss eine **rechtswidrige Tat** sein. Eine rechtswidrige Tat ist unter Berücksichtigung von § 11 I Nr. 5 StGB jedes einem Straftatbestand unterfallende rechtswidrige Handeln oder Unterlassen. R wollte im Rahmen der Ermittlungen eines Raubüberfalls den Verdacht von sich lenken und in diesem Zusammenhang den N verdächtigen. Der Raub (§ 249 StGB), gegebenenfalls die räuberische Erpressung (§§ 253, 255 StGB), ist eine rechtswidrige Tat im Sinne von § 11 I Nr. 5 StGB und somit tauglicher Gegenstand einer Verdächtigung.

---

[1] *BGHSt* 14, 241 (246).
[2] *RGSt* 7, 47; *BGHSt* 9, 240.

c) Objektive Unwahrheit der Verdächtigung

Die Verdächtigung oder Behauptung muss objektiv unwahr sein. Da R selbst den Juwelier ausgeraubt hatte, war die durch das Verdächtigen des N zum Ausdruck gebrachte Unterstellung objektiv unwahr.

2. Subjektiver Tatbestand

Der subjektive Tatbestand des § 164 StGB setzt neben dem Verdächtigen **„wider besseres Wissen"** auch die Absicht, ein behördliches Verfahren herbeizuführen, voraus.

Wider besseres Wissen verdächtigt, wer die Unrichtigkeit der behaupteten Verdachtstatsache bzw. der geschaffenen Beweislage im Tatzeitpunkt als sicher erkannt hat.[3] Da diesen besonderen Anforderungen der Eventualvorsatz nicht genügt, ist ein **sicheres Wissen** (dolus directus 2. Grades) von der Unwahrheit der Verdächtigung erforderlich. Hinsichtlich der übrigen Merkmale soll allerdings der bedingte Vorsatz genügen.[4] R wusste, da er selbst den Raubüberfall begangen hatte, von der Unrichtigkeit des Verdachts und hatte somit sicheres Wissen von der Unwahrheit der Verdächtigung. Darüber hinaus war ihm auch bewusst, dass er durch das Verstecken der Maske den N der Begehung einer rechtswidrigen Tat verdächtigt.

Weiterhin müsste R mit der **Absicht**, ein behördliches Verfahren herbeizuführen oder fortdauern zu lassen, gehandelt haben. Der Absichtbegriff soll dabei sowohl die Absicht im eigentlichen Sinn als auch den direkten Vorsatz erfassen.[5] R beabsichtigte, dass die Ermittlungen gegen N intensiviert werden, da er nur so eine Möglichkeit sah, sich selbst der Strafverfolgung zu entziehen. R handelte somit in der Absicht, ein behördliches Verfahren fortdauern zu lassen.

---

[3] *RGSt* 71, 34 (37); *OLG Düsseldorf* NStZ-RR 1997, 37.
[4] *Lackner/Kühl*, StGB, § 164 Rn. 8.
[5] SK-*Rudolphi/Rogall*, StGB, § 164 Rn. 42.

3./4. Rechtswidrigkeit und Schuld

Rechtfertigungsgründe sind nicht ersichtlich. Auch sind alle Schuldmerkmale gegeben. R handelte daher rechtswidrig und schuldhaft.

5. Ergebnis

R ist strafbar wegen falscher Verdächtigung gemäß § 164 I StGB.

II. Vortäuschen einer Straftat, § 145d StGB

Eine Strafbarkeit wegen Vortäuschen einer Straftat kommt unter Berücksichtigung der in § 164 I a. E. StGB angeordneten **gesetzlichen Subsidiarität** nicht in Betracht.

Eine Strafbarkeit wegen Strafvereitelung (§ 258 I StGB) kommt nicht in Betracht, da diese stets die Vortat eines anderen voraussetzt.

Zweiter Tatkomplex: Verfahren erster Instanz

A. Strafbarkeit von K

I. Meineid, § 154 I StGB

K könnte sich dadurch, dass er vor Gericht wahrheitswidrig aussagte, dass er mit R zum Tatzeitpunkt zusammen war und dieses auch beeidigte, wegen Meineides gemäß § 154 StGB strafbar gemacht haben.

1. Objektiver Tatbestand

a) Schwören vor der zuständigen Stelle

K müsste vor Gericht oder einer anderen zur Abnahme von Eiden zuständigen Stelle geschworen haben. K hat in einem Strafverfahren als Zeuge vor Gericht und somit vor einer gemäß § 59 StPO zuständigen Stelle ausgesagt. Da dieser seine Aussage auch unter Eid bestätigt hat, ist ein Schwören im Sinne von § 154 I StGB gegeben.

b) Falschheit der eidlichen Aussage

K müsste falsch geschworen haben. Die genauen Anforderungen an dieses Merkmal sind jedoch umstritten.

aa) Pflichtentheorie

Die Pflichtentheorie verlangt von einem Aussagenden, dass seine Aussage dem Wissen entspricht, welches er bei kritischer Würdigung seines Erinnerungsvermögens in der Lage wäre wiederzugeben.[6] Obwohl K ohne weiteres in der Lage gewesen wäre, sein tatsächliches Wissen zu schildern, beschrieb er einen seiner Erinnerung nicht entsprechenden Sachverhalt und sagte somit nach der Pflichtentheorie **falsch** aus.

bb) Subjektive Theorie

Die subjektive Theorie macht das Vorstellungsbild des Täters zur Grundlage und wertet eine Aussage als falsch, wenn eine Diskrepanz zwischen Täterwissen und Aussageinhalt besteht.[7] K wusste, dass R am Tag des Überfalls nicht mit ihm unterwegs war, sagte aber vor Gericht das Gegenteil aus. Da eine Diskrepanz von Täterwissen und Aussageinhalt gegeben ist, hat K nach der subjektiven Theorie **falsch** ausgesagt.

cc) Objektive Theorie

Die objektive Theorie stellt auf die tatsächliche Sachlage ab, so dass eine Aussage falsch ist, wenn der Inhalt mit der objektiven Wahrheit nicht übereinstimmt.[8] K war am Tag des Überfalls nicht mit R zusammen, so dass dieser in Anbetracht der gegenteiligen Schilderung **falsch** aussagte.

---

[6] NK-*Vormbaum* § 153 Rn. 16 u. 79; *Otto* BT/2 § 97 II 2.

[7] LK-*Ruß*, StGB, § 153 Rn. 8.

[8] *BGHSt* 7, 147 (148); *Tröndle/Fischer*, StGB, § 153 Rn. 4 m. w. N.

dd) Stellungnahme

Da alle Ansichten zum selben Ergebnis führen, erübrigt sich eine Auseinandersetzung. K hat somit falsch geschworen.

2. Subjektiver Tatbestand

K müsste vorsätzlich gehandelt haben. Vorsatz ist der Wille zur Verwirklichung eines Straftatbestandes in Kenntnis aller seiner objektiven Tatumstände.[9] K erkannte, dass er vor Gericht eine nicht der objektiven Sachlage und seiner Vorstellung entsprechende Aussage tätigte und dass er diese durch die Eidesformel beschwor. Da K die Zuständigkeit der den Eid abnehmenden Stelle auch erkannte, handelte er somit **vorsätzlich**.

3./4. Rechtswidrigkeit und Schuld

K handelte rechtswidrig und schuldhaft.

5. Ergebnis

K ist wegen Meineides gemäß § 154 I StGB strafbar.

II. Strafvereitelung, § 258 I StGB

K könnte sich durch dasselbe Vorgehen auch wegen Strafvereitelung gemäß § 258 I StGB strafbar gemacht haben.

1. Objektiver Tatbestand

a) Rechtswidrige Vortat

Der Tatbestand setzt eine Straftat voraus, aus der sich ein staatlicher Anspruch auf Bestrafung oder Maßnahmen ergibt. Der Raubüberfall ist eine mit Strafe bedrohte Tat, die nach den §§ 253, 255 StGB oder § 249 StGB mit Freiheitsstrafe zu sanktionieren ist. Eine taugliche Vortat ist somit gegeben.

---

[9] *Wessels/Beulke*, AT, Rn. 203.

b) Vereiteln

Vereiteln setzt voraus, dass das staatliche Zugriffsrecht verhindert wird. Die konkreten **Anforderungen an die zeitliche Komponente** werden hierbei allerdings nicht einheitlich festgelegt.

aa) Unabsehbare Zeit

Teile des Schrifttums fordern hierbei eine Vereitelung auf unabsehbare Zeit und wollen eine Vollendung erst mit dem Eintritt der Verfolgungsverjährung annehmen.[10] Da vorliegend R in zweiter Instanz verurteilt wurde, hat K nach dieser Ansicht nicht die Strafverfolgung vereitelt.

bb) Geraume Zeit

Die Rechtsprechung und der überwiegende Teil der Lehre lassen hingegen für eine Vereitelung des Sanktionierungsanspruchs eine Verzögerung für „geraume Zeit" ausreichen.[11] Hierbei hat sich die Grenze von ungefähr zehn Tagen etabliert.[12] Dabei soll eine „geraume Zeit" stets vergangen sein, wenn eine Falschaussage zu einem erstinstanzlichen Freispruch führt und in der Berufungsinstanz sodann die Strafe verhängt wird.[13]

cc) Nicht ganz unerhebliche Zeit

Darüber hinaus wird teilweise vertreten, dass bereits jede nicht ganz unerhebliche Zeitspanne den Tatbestand erfüllt.[14] Da vorliegend bereits die Anforderungen an eine „geraume Zeit" erfüllt sind, ist der Ablauf einer nicht ganz unerheblichen Zeitspanne ebenfalls zu bejahen.

---

[10] *Samson* JA 1982, 182.
[11] *Tröndle/Fischer*, StGB, § 258 Rn. 5 m. w. N.
[12] BGH NJW 1959, 495; *OLG Stuttgart* NJW 1976, 2084; KG JR 1985, 24; LK-*Ruß*, StGB, § 258 Rn. 10 m. w. N.; deutlich abweichend hiervon: *Wessels/ Hettinger*, BT/1, Rn. 727, 14 Tage; *Joecks*, StGB, § 258 Rn. 12, mehrere Wochen.
[13] Schönke/Schröder-*Stree*, StGB, § 258 Rn. 16.
[14] *OLG Koblenz* NJW 1982, 276.

dd) Stellungnahme

Grundsätzlich sind die Bedenken der erstgenannten Ansicht hinsichtlich der Möglichkeit einer ausufernden Strafbarkeit nach § 258 I StGB nachvollziehbar. Allerdings führt die daraus resultierende Verlagerung des Vollendungszeitpunkts auf die Verjährung dazu, dass der § 258 I in der Alternative der Vereitelung der Strafe (von der Verjährung, der unerreichbaren Auslieferung und dem Suizid abgesehen)[15] nur vorliegt, wenn der Täter und damit auch die Strafvereitelung **unentdeckt** bleibt. Auch ist zu beachten, dass der staatliche Strafanspruch bereits durch eine längere zeitliche Verzögerung der Verfolgung oder Vollstreckung stark beeinträchtigt werden kann. Mit dem Erfordernis der Vereitelung für eine „**geraume Zeit**" ist daher ein überzeugendes Kriterium gefunden, so dass erstgenannte Ansicht abzulehnen ist. K hat somit die Strafverfolgung vereitelt.

2. Subjektiver Tatbestand

a) Vorsatz

K müsste mit Vorsatz hinsichtlich der Vortat gehandelt haben. Der Vorsatz erfasst dabei die Kenntnis von der Tatbegehung, wobei bedingter Vorsatz genügen soll.[16] K war sich sicher, dass R den Juwelierüberfall durchgeführt hat und handelte somit vorsätzlich.

b) Strafvereitelungsabsicht

Der § 258 I StGB verlangt darüber hinaus, dass die Vereitelungshandlung absichtlich oder wissentlich vorgenommen wurde. Da K mit seiner Aussage die Richter von der Unschuld des R überzeugen wollte, um so einen Freispruch zu erwirken, vereitelte er absichtlich.

---

[15] Aufzählung nach *Arzt/Weber*, BT, § 26 Rn. 3.
[16] *BGH*St 45, 97 (100); LK-*Ruß*; StGB, § 258 Rn. 22.

3./4. Rechtswidrigkeit und Schuld

Das Verhalten des K war rechtswidrig. K handelte auch schuldhaft.

5. Ergebnis

K ist strafbar wegen Strafvereitelung gemäß § 258 I StGB.

III. Begünstigung, § 257 I StGB

K könnte sich durch den gleichen Sachverhalt darüber hinaus wegen Begünstigung gemäß § 257 I StGB strafbar gemacht haben.

1. Objektiver Tatbestand

a) Rechtswidrige Vortat

Der Tatbestand setzt eine vorsätzliche und rechtswidrige Straftat eines anderen voraus. Der Raubüberfall ist eine mit Strafe bedrohte Tat, die R vorsätzlich und rechtswidrig verwirklicht hat. Eine taugliche Vortat ist somit gegeben.

b) Hilfeleisten

K müsste dem R Hilfe geleistet haben. Hilfe leistet, wer eine Handlung vornimmt, die **objektiv geeignet** ist und **subjektiv mit** der **Tendenz** vorgenommen wird, die durch die Vortat erlangten oder entstandenen Vorteile gegen Entziehung **zu sichern**.[17] K wollte R nur vor der Strafverfolgung bewahren und hat an die Beutesicherung überhaupt nicht gedacht, so dass eine Begünstigung vorliegend ausscheidet.

---

[17] *BGH*St 4, 224; LK-*Ruß*, StGB, § 257 Rn. 13; *Tröndle/Fischer*, StGB, § 257 Rn. 7 m. w. N; a. A. SK-*Hoyer*, StGB, § 257 Rn. 18, der eine konkrete Erschwerung der Restitution und eine Besserstellung des Vortäters verlangt. Für eine Klausur ist dargestellte Definition in den überwiegenden Fällen jedoch ausreichend. Zum Streitstand siehe: *Hillenkamp* 40. Probleme aus dem Strafrecht, Besonderer Teil, 37. Problem.

2. Ergebnis

K ist nicht wegen Begünstigung gemäß § 257 I StGB strafbar.

IV. Mittelbare Falschbeurkundung, § 271 I StGB

K könnte sich dadurch, dass er vor Gericht die Unwahrheit erzählte und diese im Sitzungsprotokoll niedergeschrieben wurde wegen mittelbarer Falschbeurkundung gemäß § 271 I StGB strafbar gemacht haben.

1. Objektiver Tatbestand

a) Öffentliche Urkunde

Das Sitzungs- oder Gerichtsprotokoll müsste eine öffentliche Urkunde sein. Der Begriff der öffentlichen Urkunde ist dabei in § 415 I ZPO legal definiert und soll in seiner dort normierten Begriffsbestimmung auch im Strafrecht Gültigkeit entfalten.[18] Erfasst werden danach Urkunden, die von einer **öffentlichen Behörde** innerhalb der **Grenzen ihrer Amtsbefugnisse** und in der **vorgeschriebenen Form** errichtet worden sind. Für die im Rahmen von § 415 ZPO vorausgesetzte **öffentliche Beweisrichtung** der Urkunde ist zudem erforderlich, dass sie für den allgemeinen Beweisverkehr bestimmt ist und dem Zweck dient, Beweis für und gegen jedermann zu erbringen.[19] Die Erstellung von Sitzungsprotokollen ist eine Verwaltungstätigkeit der Gerichte. Sie werden dabei als öffentliche Behörde im Rahmen ihrer Amtsbefugnisse tätig. Von der Einhaltung der in den §§ 271 ff. StPO festgelegten Förmlichkeiten ist auszugehen. Auch soll das Sitzungsprotokoll im allgemeinen Beweisverkehr Beweis gegenüber einem beliebigen Dritten erbringen. Das Sitzungsprotokoll ist damit eine **öffentliche Urkunde** nach § 415 ZPO und § 271 StGB.[20]

---

[18] *BGH*St 19, 21.
[19] *BGH*St 7, 94 (96); *Joecks*, StGB, § 271 Rn. 7.
[20] Siehe hierzu auch Schönke/Schröder-*Cramer/Heine*, StGB, § 271 Rn. 23.

172

b) Bewirkung einer Falschbeurkundung

K müsste eine Falschbeurkundung bewirkt haben. Der § 271 StGB soll anders als § 267 StGB lediglich die inhaltliche Richtigkeit der Urkunde schützen und so nur verwirklicht werden, wenn sich die aus der Qualifizierung als öffentliche Urkunde resultierende erhöhte Beweiskraft gerade auf die Unrichtigkeit erstreckt. Die Beweiskraft des Sitzungsprotokolls beschränkt sich jedoch nur darauf, welche Angaben ein Zeuge im Rahmen der Vernehmung macht und welche nicht. Ob diese der **Wahrheit** entsprechen, ist **nicht relevant** für den **Schutzzweck** des § 271 StGB.[21] Die Falschaussage des K vermag daher nicht den Tatbestand einer mittelbaren Falschbeurkundung zu erfüllen, so dass eine Strafbarkeit nach § 271 StGB ausscheidet.

2. Ergebnis

K ist nicht strafbar wegen mittelbarer Falschbeurkundung gemäß § 271 StGB.

B. Strafbarkeit von R

I. Meineid in mittelbarer Täterschaft, §§ 154, 25 I 2. Alt. StGB

R könnte sich dadurch, dass er den K – bei Täuschung über den wahren Sachverhalt – überredete vor Gericht auszusagen, wegen Meineides in mittelbarer Täterschaft gemäß §§ 154, 25 I 2. Alt. StGB strafbar gemacht haben.

1. Objektiver Tatbestand

R könnte durch Hervorrufen eines Irrtums und des Ausnutzens der daraus resultierenden Auswirkungen mittelbarer Täter sein. Da der Meineid aufgrund seiner Struktur als **eigenhändiges Delikt** allerdings weder der Mittäterschaft

---

[21] *RGSt* 39, 346; *Rengier*, BT II, § 37 Rn. 21.

noch der mittelbaren Täterschaft zugänglich ist[22], kommt eine Strafbarkeit nach §§ 154, 25 I 2. Alt. StGB nicht in Betracht.

2. Ergebnis

R ist nicht wegen Meineides in mittelbarer Täterschaft gemäß §§ 154, 25 I 2. Alt. StGB strafbar.

II. Anstiftung zum Meineid, §§ 154 I, 26 StGB

Indem R den K, obwohl er von der Unrichtigkeit der dem K vorgetragenen Tatsachen wusste, überredete, für ihn vor Gericht auszusagen und die Aussage zu beeidigen, könnte er sich wegen Anstiftung zum Meineid gemäß §§ 154, 26 StGB strafbar gemacht haben.

1. Objektiver Tatbestand

a) Vorsätzliche rechtswidrige Haupttat

Die Anstiftung setzt das Vorliegen einer vorsätzlichen rechtswidrigen Tat voraus. K hat den Meineidstatbestand vorsätzlich und rechtswidrig verwirklicht, so dass eine taugliche Haupttat vorliegt.

b) Anstiftungshandlung

R müsste K zur Begehung der oben genannten Haupttat bestimmt haben. Bestimmen ist das Hervorrufen des Tatentschlusses beim Haupttäter.[23] R hat auf der Suche nach einem zu seinen Gunsten aussagenden Zeugen den K zur beeideten Aussage vor Gericht bewegt und somit den Tatentschluss bei ihm **hervorgerufen**. Ein Bestimmen ist somit zu bejahen.

---

[22] *Tröndle/Fischer*, StGB, Vor § 153 Rn. 7.
[23] *Tröndle/Fischer*, StGB, § 26 Rn. 2.

2. Subjektiver Tatbestand

Der subjektive Tatbestand setzt den so genannten **doppelten Anstiftungsvorsatz** voraus.

a) Vorsatz hinsichtlich Anstiftungshandlung

Der Vorsatz bezüglich der Anstiftungshandlung verlangt das Bewusstsein, bei jemandem den Entschluss zur Verwirklichung einer Straftat hervorzurufen. R wollte den K zur beeidigten Aussage bewegen und handelte somit mit Vorsatz bezüglich der Bestimmungshandlung selbst.

b) Vorsatz hinsichtlich Vollendung der Haupttat

Weiterhin müsste auch die Ausführung der Haupttat durch den Vorsatz des Hintermanns gedeckt sein. Da R von der Gutgläubigkeit des K überzeugt war, ging er von einer unvorsätzlichen Begehung des Tatbestands aus. R sah sich daher in der Position eines mittelbaren Täters, so dass der auf die Vollendung der Haupttat gerichtete Vorsatz fraglich erscheint.

aa) Vorsatzausschluss

Eine im Schrifttum vertretene Ansicht[24] lehnt die Anwendung von § 26 I StGB in diesen Fällen kategorisch ab und begründet dies mit dem fehlenden Anstiftervorsatz bezüglich der **Vorsätzlichkeit** der Haupttat. Da dem R eben dieser Vorsatz fehlt, bleibt nach dieser Ansicht nur Raum für eine Versuchstrafbarkeit, so dass R hiernach nicht gemäß §§ 154, 26 I StGB bestraft werden kann.

bb) „Wesensgleichens Minus"

Der überwiegende Teil der Lehre[25] bejaht jedoch den Anstiftungsvorsatz, soweit eine täterschaftliche Deliktsverwirklichung angestrebt wurde. Der geringere Unrechtsgehalt der

---

[24] SK-*Hoyer*, StGB, Vor § 26 Rn. 42.
[25] *Wessels/Beulke*, AT, Rn. 549; *Jescheck/Weigend*, AT, § 62 III 1 m. w. N.

Anstiftung soll dabei in der schwereren mittelbaren Täterschaft als **„wesensgleiches Minus"** enthalten sein. Dies hat zur Folge, dass derjenige, der eine Begehung in mittelbarer Täterschaft beabsichtigt, grundsätzlich auch mit Anstiftungsvorsatz handelt.

Dies soll allerdings nicht gelten, soweit das Gesetz täterschaftliches Handeln ausnahmsweise mit **geringerer** Strafe belegt als die in Betracht kommende Anstiftung. In dieser Konstellation kann die Argumentation des „wesensgleichen Minus" unter Berücksichtigung einer entgegenstehenden gesetzgeberischen Wertung nicht aufrechterhalten werden. Da der § 160 StGB eine geringere Strafandrohung enthält als die sonst in Betracht kommende vollendete Anstiftung, bleibt bei den Aussagedelikten für Sachverhaltskonstellationen wie der vorliegenden die Möglichkeit einer Anstiftung versagt.

Die identische Problemlage ergibt sich durch den § 271 StGB auch im Bereich der Urkundendelikte.[26]

cc) Stellungnahme

Da beide Ansichten zum Ausschluss der Strafbarkeit gemäß §§ 154 I, 26 I StGB führen, ist eine abschließende Klärung nicht erforderlich.

2. Ergebnis

K ist nicht strafbar wegen Anstiftung zum Meineid gemäß §§ 154 I, 26 StGB.

III. Verleitung zur Falschaussage unter Eid, § 160 I StGB

K könnte sich durch sein Vorgehen jedoch wegen Verleitung zur Falschaussage unter Eid gemäß § 160 I StGB strafbar gemacht haben.

---

[26] Siehe hierzu Fall 9.

1. Objektiver Tatbestand

a) Verleitung

R müsste K zur Falschaussage unter Eid verleitet haben. Verleiten setzt dabei die Verursachung einer Falschaussage durch beliebige Mittel voraus.[27] Da R den K gebeten hat, für ihn auszusagen und dabei durch die Schilderung unwahrer Tatsachen den K bewegte, in seinem Interesse auszusagen, ist scheinbar ein Verleiten anzunehmen. Diese Annahme erscheint allerdings in Anbetracht des fehlenden Irrtums bei K fraglich, so dass zu klären ist, wie sich die Bösgläubigkeit des Vordermanns auf die Tatbestandsverwirklichung auswirkt.

aa) Ungeschriebenes objektives Tatbestandsmerkmal

Nach einer vorwiegend in der Literatur vertretenen Ansicht[28] ist die **Gutgläubigkeit** des Vordermanns ungeschriebenes objektives **Tatbestandsmerkmal** und eine Strafbarkeit gemäß § 160 I StGB damit von diesem Umstand abhängig.

Zur Begründung führen die Vertreter dieser Ansicht an, dass es sich bei der Verleitung zur Falschaussage um einen gesetzlich geregelten Sonderfall der mittelbaren Täterschaft handelt, der ein „deliktisches Minus" beim Vordermann voraussetzt. Da K vorliegend bösgläubig war, scheidet nach dieser Ansicht somit eine Strafbarkeit gemäß § 160 I StGB aus.

bb) Ungeschriebenes subjektives Tatbestandsmerkmal

Die Rechtsprechung und ein Teil der Lehre sehen hingegen in der Gutgläubigkeit des Aussagenden ein ungeschriebenes **subjektives Merkmal**, so dass die Deliktsverwirklichung durch die Bösgläubigkeit nicht ausgeschlossen ist. Es soll dabei vielmehr ausreichen, wenn der Verleitende von der

---

[27] *Tröndle/Fischer*, StGB, § 160 Rn. 3.
[28] *Krey/Heinrich*, BT 1, S. 274; *Wessels/Hettinger*, BT/1 Rn. 782 ff.; *Otto*, BT, § 97 Rn. 92; *RGSt* 11, 418;

Gutgläubigkeit ausgeht oder sich diese wünscht.[29] Da R von der Gutgläubigkeit des K ausgegangen ist, steht die tatsächliche Bösgläubigkeit der Vollendung von § 160 I StGB nach dieser Ansicht nicht entgegen.

cc) Stellungnahme

Die Ansichten führen zu unterschiedlichen Ergebnissen, so dass an dieser Stelle ein Streitentscheid erforderlich ist. Da die erstgenannte Ansicht im § 160 I StGB einen gesetzlich normierten Sonderfall der mittelbaren Täterschaft sieht, stellt die Ablehnung der Tatbestandsverwirklichung eine konsequente Fortführung dar. Die Ausgangsüberlegung dieser Ansicht erscheint allerdings bereits zweifelhaft. So ist bei einem gesetzlichen Tatbestand, der ein Verleiten erfordert, die „exklusive" Ausrichtung[30] auf die mittelbare Täterschaft **nicht zwingend**, da auch eine Einbeziehung von Zeugen möglich ist, die kein „deliktisches Minus" aufweisen oder im Sinne von § 26 StGB bestimmt worden sind. Darüber hinaus ist zu berücksichtigen, dass unabhängig von der Gut- oder Bösgläubigkeit des Aussagenden die staatliche Rechtspflege und damit das Rechtsgut des § 160 I StGB[31] gefährdet ist. Die erstgenannte Ansicht ist damit abzulehnen und ein Verleiten im Sinne von § 160 I StGB anzunehmen.

b) Zwischenergebnis

R hat somit eine andere Person zur Ableistung eines falschen Eides verleitet und somit den objektiven Tatbestand erfüllt.

2. Subjektiver Tatbestand

Da R wollte, dass K vor Gericht eine falsche Aussage beeidigt und dabei von dessen Gutgläubigkeit ausging, handelte er vorsätzlich.

---

[29] *BGH*St 21, 116 (117); SK-*Rudolphi*, StGB, § 160 Rn. 4; *Lackner/Kühl*, StGB, § 160 Rn. 4. m. w. N.

[30] *Rengier*, BT II, § 49 Rn. 57.

[31] *Lackner/Kühl*, StGB, Vor § 153 Rn. 1.

3./4. Rechtswidrigkeit und Schuld

R handelte rechtswidrig und schuldhaft.

5. Ergebnis

R ist strafbar wegen Verleitung zur Falschaussage gemäß § 160 I StGB.

IV. Anstiftung zur Strafvereitelung, §§ 258 I, 26 StGB

R könnte sich dadurch, dass er K zur Falschaussage bewegte und somit seine Verurteilung vorerst verhinderte, wegen Anstiftung zur Strafvereitelung gemäß §§ 258 I, 26 StGB strafbar gemacht haben.

1. Objektiver Tatbestand

a) Vorsätzliche rechtswidrige Haupttat

K hat den Tatbestand des § 258 I StGB vorsätzlich und rechtswidrig verwirklicht.

b) Bestimmen

R hat bei K den Entschluss zur Strafvereitelung hervorgerufen und diesen somit zur Tat bestimmt.

2. Subjektiver Tatbestand

R wollte bei K den Tatentschluss hervorrufen und handelte bezüglich des Bestimmens somit vorsätzlich. Da er aufgrund der vermeintlichen Gutgläubigkeit jedoch keinen Vorsatz hinsichtlich einer vorsätzlichen rechtswidrigen Haupttat hatte, ist hier eine Strafbarkeit nur unter Berücksichtigung des Anstiftervorsatzes als „wesensgleichen Minus" möglich. Da eine dem § 160 StGB entsprechende Regelung nicht existiert, scheint damit ein auf die vorsätzliche Begehung gerichteter Vorsatz gegeben zu sein. Hierbei ist jedoch zu beachten, dass dieser Rückschluss nicht möglich ist, soweit die täterschaftliche Begehung milder bestraft wird als die entsprechende Anstiftung. Da R als Täter der Vortat kein anderer im Sinne von § 258 StGB ist und somit den Tatbestand nicht erfüllen kann, würde dieser **bei täterschaftlicher Begehung** jedoch straflos bleiben. Wird der Anstiftungsvorsatz bei geringerer Strafe verneint, muss dies **erst recht** gelten, wenn eine täterschaftliche Begehung aus rechtlichen Gründen nicht möglich ist. Eines Hinweises auf § 258 V StGB bedarf es daher nicht. Eine Strafbarkeit gemäß § 258 I, 26 StGB ist daher nicht möglich.

3. Ergebnis

R ist nicht strafbar wegen Anstiftung zur Strafvereitelung gemäß §§ 258 I, 26 StGB.

Dritter Tatkomplex: Verfahren zweiter Instanz

A. Strafbarkeit von K

I. Meineid, § 154 I StGB

K könnte sich dadurch, dass er in zweiter Instanz erneut wahrheitswidrig aussagte, dass er mit R zum Tatzeitpunkt zusammen war und dies auch beeidigte, wegen Meineides gemäß § 154 I StGB strafbar gemacht haben.

1. Objektiver Tatbestand

K hat vor einer zuständigen Stelle falsch ausgesagt und dabei seine Ausführungen beeidigt, so dass der objektive Tatbestand zu bejahen ist.

2. Subjektiver Tatbestand

K wusste, dass er vor Gericht eine nicht der objektiven Sachlage und seiner Vorstellung entsprechende Aussage tätigte und dass er diese durch die Eidesformel beschwor. Da K die Zuständigkeit der den Eid abnehmenden Stelle auch erkannte, handelte er somit vorsätzlich.

3./4. Rechtswidrigkeit und Schuld

Bezüglich der Rechtswidrigkeit des Verhaltens und der Schuld des K bestehen keine Zweifel.

5. Ergebnis

K ist strafbar wegen Meineides gemäß § 154 I StGB.

II. Strafvereitelung, § 258 I StGB

K könnte sich dadurch, dass er im Verfahren zweiter Instanz erneut die Unwahrheit gesagt hat, wegen Strafvereitelung gemäß § 258 I strafbar gemacht haben.

1. Objektiver Tatbestand

a) Rechtswidrige Vortat

Von der Strafbarkeit des Überfalls auf den Juwelier nach §§ 253, 255 StGB oder § 249 StGB kann ausgegangen werden. Eine taugliche Vortat ist somit gegeben.

b) Vereiteln

Da K kurz nach der Aussage verurteilt wurde, ist eine Verhinderung des staatlichen Zugriffsrechts für eine gewisse Zeit und somit ein Vereiteln vorliegend nicht anzunehmen und der objektive Tatbestand damit nicht erfüllt.

2. Ergebnis

K ist nicht wegen Strafvereitelung gemäß § 258 I StGB strafbar.

III. Versuchte Strafvereitelung, §§ 258 I, IV, 22, 23 I StGB

K könnte sich durch seine Aussage jedoch wegen versuchter Strafvereitelung gemäß §§ 258 I, IV, 22, 23 I StGB strafbar gemacht haben.

1. Vorprüfung

Da die Vereitelung erfolglos blieb, ist § 258 I StGB nicht vollendet und gemäß der Regelung des § 258 IV StGB eine Strafbarkeit des Versuchs gegeben.

2. Tatentschluss

K müsste mit Tatentschluss gehandelt haben. Der Tatentschluss umfasst den auf alle objektiven Tatbestandsmerkmale gerichteten Vorsatz und die sonstigen subjektiven Tatbestandsmerkmale.[32] Da K die Vortat kannte und es ihm darauf ankam die strafrechtliche Verfolgung des R zu vereiteln, handelte er mit Tatentschluss. Die Motivation, die eigene Tat zu verdecken, berührt den Tatentschluss dabei nicht, da K im Sinne eines zielgerichteten Wollens **beide Erfolge** hervorrufen wollte.

3. Unmittelbares Ansetzen

K müsste unmittelbar zur Tatbestandsverwirklichung angesetzt haben. Da K mit seiner Aussage die Vereitelungshandlung bereits vorgenommen hat, der Erfolg mithin nur aufgrund anderer, von ihm nicht beeinflussbarer Faktoren ausblieb, hat er **unmittelbar angesetzt**.

4./5. Rechtswidrigkeit und Schuld

K handelte rechtswidrig und schuldhaft.

6. Strafausschließungsgründe

Zugunsten des K könnte jedoch der persönliche Strafausschließungsgrund von § 258 V StGB eingreifen. Dazu müsste K durch die Tat vereiteln wollen, dass er selbst bestraft oder einer anderen Maßnahme unterworfen wird.

K wollte durch seine erneute Aussage verhindern, dass er wegen Meineides bestraft wird, so dass grundsätzlich die

---

[32] *Wessels/Beulke*, AT, Rn. 598.

Vorraussetzungen des § 258 V StGB erfüllt sind. Hier könnte jedoch problematisch sein, dass K zeitgleich auch die Bestrafung eines anderen verhindern möchte und eben dieser Erfolg durch § 258 I StGB sanktioniert werden soll. Wegen Strafvereitelung soll jedoch nicht bestraft werden, wer die Tat zugunsten eines anderen und für sich selbst ausführt, wobei genügt, dass die Gefahr der eigenen Bestrafung **verringert** werden soll.[33] Da K die Gefahr für eine Sanktionierung wegen der beeideten Falschaussage in der ersten Instanz reduzieren wollte, schließt der § 258 V StGB die Schuld aus, so dass eine Strafbarkeit wegen Strafvereitelung ausscheidet.

7. Ergebnis

K ist nicht wegen versuchter Strafvereitelung gemäß §§ 258 I, 22, 23 I StGB strafbar.

B. Strafbarkeit von R

Anstiftung zum Meineid, §§ 154 I, 26 StGB

Indem R den K, obwohl er von der Unrichtigkeit der dem K vorgetragenen Tatsachen wusste, zur beeideten Aussage in erster Instanz überredete und K dies nun auch im Verfahren zweiter Instanz tat, könnte er sich wegen Anstiftung zum Meineid gemäß §§ 154, 26 StGB strafbar gemacht haben.

1. Objektiver Tatbestand

a) Vorsätzliche rechtswidrige Haupttat

Da K den Meineidstatbestand vorsätzlich und rechtswidrig verwirklicht hat, ist darin eine taugliche Haupttat zu sehen.

b) Anstiftungshandlung

R müsste K zur Begehung der oben genannten Haupttat bestimmt haben. Die genauen Anforderungen an das „bestimmen" sind dabei umstritten.

---

[33] Schönke/Schröder-*Stree*, StGB, § 258 Rn. 35.

aa) Verursachung des Tatentschlusses

Nach einem Teil des Schrifttums genügt für das Bestimmen bereits die Verursachung des Tatentschlusses, so dass bereits das Schaffen einer zur Tat anreizenden Situation ausreicht.[34] Da R im Vorfeld der erstinstanzlichen Gerichtsverhandlung K gebeten hat, einen unwahren Sachverhalt vor Gericht zu schildern und K nur deshalb auch in zweiter Instanz aussagt, war sein Handeln kausal für den Tatentschluss. Nach dieser Ansicht hat R den K somit zum Meineid **bestimmt**.

bb) Offener geistiger Kontakt

Eine andere Ansicht verlangt hingegen eine Willensbeeinflussung im Wege des offenen geistigen Kontakts zwischen Anstifter und Täter. Dabei muss der Anstifter den Haupttäter im Rahmen einer direkten Begegnung zur Tatbegehung auffordern.[35] R hat mit K im Vorfeld nicht über die zweite Gerichtsverhandlung gesprochen und diesen auch nicht anders zur Falschaussage bewegt, so dass ein kommunikatives Einwirken und damit auch ein Bestimmen nicht vorliegt.

cc) Stellungnahme

Da der Anstifter gemäß § 26 StGB gleich dem Haupttäter bestraft wird, ist der Gesetzgerber davon ausgegangen, dass das Anstifter- und Täterverhalten einen **vergleichbaren Unrechtsgehalt** beinhaltet. Mit dieser Grundannahme ist jedoch eine Anstiftungsstrafbarkeit, die lediglich eine rein kausale Verursachung verlangt, schwerlich vereinbar. Auch wäre nach der erstgenannten Ansicht eine Abgrenzung von Anstiftung und Beihilfe nicht möglich, da sie nunmehr an identische Voraussetzungen geknüpft sind. Das Bestimmen im Sinne von § 26 StGB kann daher nicht auf eine rein

---

[34] *Lackner/Kühl*, StGB § 26 Rn. 2 m. w. N.
[35] *Wessels/Beulke*, AT, Rn. 568; Schönke/Schröder-*Cramer/Heine*, StGB, § 26 Rn. 4 m. w. N.; nach *Puppe*, GA 1984, 101 (111 ff.) ist sogar der Abschluss eines „Unrechtspaktes" zwischen Anstifter und Haupttäter erforderlich.

184

kausale Verknüpfung reduziert werden, so dass vorliegend R
den K nicht zur Tat bestimmt hat.

2. Ergebnis

K ist nicht strafbar wegen Anstiftung zum Meineid gemäß
§§ 154, 26 StGB.

Vierter Tatkomplex: Die Polizei bei M

I. Strafvereitelung, § 258 I StGB

Indem M dem Polizeibeamten trotz Kenntnis vom Geschehen erzählte, dass R zum Tatzeitpunkt mit ihr im
Theater war könnte sie sich wegen Strafvereitelung gemäß
§ 258 I StGB strafbar gemacht haben.

1. Objektiver Tatbestand

Der Juwelierüberfall stellt eine taugliche Vortat dar, deren
Verfolgung M durch ihre Erzählungen erschwert hat. M hat
somit die Verfolgung einer Straftat vereitelt.

2. Subjektiver Tatbestand

M wusste durch die Erzählung des R, dass dieser den
Überfall durchgeführt hat. Dabei kam es ihr im Gespräch mit
dem Polizisten darauf an, eine Strafverfolgung ihres Sohnes
zu verhindern. M handelte daher mit Vorsatz hinsichtlich der
Vortat und mit Vereitelungsabsicht.

3./4. Rechtswidrigkeit und Schuld

M handelte rechtswidrig und schuldhaft.

5. Strafausschließungsgründe

Zugunsten der M könnte jedoch der persönliche Strafausschließungsgrund von § 258 VI StGB eingreifen. Dazu
müsste sie **Angehöriger** im Sinne des Strafrechts sein. Eine
inhaltliche Beschreibung des Angehörigenbegriffes enthält
§ 11 I Nr. 1a StGB. Da M als Mutter des Täters Verwandte in

gerader Linie (§ 1589 S. 1 BGB) ist, ist sie Angehörige im Sinne der §§ 11, 258 I StGB und daher nicht strafbar.

6. Ergebnis

M ist nicht wegen Strafvereitelung gemäß § 258 I StGB strafbar.

II. Begünstigung, § 257 I StGB

M könnte sich durch dasselbe Vorgehen wegen Begünstigung gemäß § 257 I StGB strafbar gemacht haben.

1. Objektiver Tatbestand

a) Rechtswidrige Vortat

Der Raubüberfall ist eine mit Strafe bedrohte Tat, die R vorsätzlich und rechtswidrig verwirklicht hat. Eine taugliche Vortat ist somit gegeben.

b) Hilfeleisten

M müsste R Hilfe geleistet haben. M hat dem Polizeibeamten glaubhaft geschildert, dass R am zweiten Überfall nicht beteiligt war und so zur Einstellung der polizeilichen Ermittlungen auch im Hinblick auf die erbeuteten Gegenstände beigetragen. Da M dies auch tat um ihrem Sohn die Beute zu sichern, war die Handlung objektiv geeignet und subjektiv mit der Tendenz vorgenommen, die durch die Vortat erlangten Vorteile zu sichern. M hat somit im Sinne von § 257 I StGB Hilfe geleistet.

2. Subjektiver Tatbestand

M müsste vorsätzlich und mit Begünstigungsabsicht gehandelt haben. Die Begünstigungsabsicht muss darauf gerichtet sein, dem Vortäter die Vorteile der Tat zu sichern und gleichzeitig eine Entziehung zugunsten des Verletzten zu verhindern oder zu erschweren.[36] M wusste von der Vortat und der daraus erlangten Beute. Da es darüber hinaus Ziel ihrer Handlung war dem R die Beute zu sichern und zu verhindern, dass der Juwelier die Schmuckstücke zurückerlangt, handelte sie vorsätzlich und mit **Beutesicherungsabsicht**.

3./4. Rechtswidrigkeit und Schuld

M handelte rechtswidrig und schuldhaft.

5. Strafausschließungsgründe

M könnte als Mutter des Vortäters von der Strafbarkeit ausgeschlossen sein. Zwar enthält der § 257 StGB kein so genanntes **Angehörigenprivileg**, jedoch könnte sich ein solches durch die Übertragung der Regelung des § 258 VI StGB auf die Begünstigung ergeben. Die Möglichkeit dieses Vorgehens ist umstritten.

a) Angehörigenprivileg gilt nur für § 258 StGB

Teile des Schrifttums[37] **lehnen** die **analoge Anwendung** von § 258 VI StGB bei einer verwirklichten Begünstigung eines Angehörigen **ab** und führen zur Begründung unter anderem die unterschiedlichen Schutzrichtungen der hier relevanten Normen an: Die besondere Zwangslage des Angehörigen, der eine Bestrafung seines Verwandten verhindern möchte, sei nicht gegeben, wenn er bloß eine **sachliche** Besserstellung des Vortäters anstrebt. Der persönliche Schuldausschließungsgrund des § 258 VI StGB findet nach dieser Ansicht keine Anwendung, so dass M gemäß § 257 I StGB zu bestrafen ist.

b) Angehörigenprivileg gilt auch für § 257 StGB

Vertreter einer anderen Ansicht stimmen hingegen einer Fernwirkung des Angehörigenprivilegs zu. Die Regelung des § 258 VI StGB soll demnach auch im Rahmen der Begünsti-

---

[36] MK-*Cramer*, StGB, § 257 Rn. 22.
[37] *Cramer*, NStZ 2000, 246 (247); MK-*Cramer*, StGB, § 258 Rn. 55 m. w. N.

gung Anwendung finden, wenn der Angehörige den Vereitel-
ungserfolg ohne die Begünstigung nach seiner Vorstellung
nicht erreichen kann.[38] Da M die Beute sicherte, weil sie
glaubte, nur so eine erneute Verurteilung ihres Sohnes verhindern zu können, ist nach dieser Ansicht die Anwendung
des Angehörigenprivilegs möglich. Da M als Mutter eine
Angehörige im Sinne des § 258 VI ist (s. o.), kann sie somit
nicht gemäß § 257 StGB bestraft werden.

c) Stellungnahme

Berücksichtigt man, dass der Gesetzgeber mit der Norm des
§ 258 VI StGB den Angehörigen in Anbetracht der notstands-
ähnlichen Lage eine Bestrafung wegen Strafvereitelung
ersparen wollte[39], scheint es äußerst zweifelhaft, diese nicht
auf die damit verbundene Begünstigung zu erweitern. Zwar
muss eine Strafvereitelung nicht zwangsläufig mit einer
Begünstigung einhergehen, jedoch ist dies immer der Fall,
soweit der Angehörige glaubt, nur durch ein Sichern der
Beute die Strafverfolgung verhindern zu können. Da sich die
Fernwirkung des Angehörigenprivilegs nach zweit-
genannter Ansicht eben nur auf solche Konstellationen
beschränkt, mithin eine Strafbarkeit gemäß § 257 I StGB
grundsätzlich möglich bleibt, scheint diese Vorgehensweise
vorzugswürdig. Zugunsten der M findet daher ein persönlicher Strafausschließungsgrund Anwendung, so dass diese
nicht zu bestrafen ist.

6. Ergebnis

M ist nicht wegen Begünstigung gemäß § 257 I StGB
strafbar.

[38] *Tröndle/Fischer*, StGB, § 258 Rn. 21; *Amelung* JR 1978, 227 (233).
[39] *BGHSt* 11, 343 (345); MK-*Cramer*, StGB, § 258 Rn. 55.

188

Endergebnis und Konkurrenzen

R hat sich wegen falscher Verdächtigung und Verleitung zur Falschaussage strafbar gemacht. Zwischen beiden Delikten besteht Realkonkurrenz, § 53 StGB.

K hat sich des Meineides, der Strafvereitelung und des Meineides schuldig gemacht. Da mehrere Meineide in unterschiedlichen Instanzen im Verhältnis der Realkonkurrenz stehen[40], gilt für K folgendes: Der erste Meineid steht mit der Strafvereitelung im Verhältnis der Idealkonkurrenz, § 52 StGB. Zwischen diesen Delikten und dem zweiten Meineid besteht Realkonkurrenz, § 53 StGB.

M ist straffrei.

Vertiefungshinweise

- Zum Merkmal „Falsch" im Sinne der §§ 153 ff. StGB: *Hillenkamp*, 40 Probleme aus dem Strafrecht, Besonderer Teil, 10. Problem, S. 47 ff.

- Verleiten i. S. d. § 160 StGB – eine Verführung zur Überbetonung teleologischer Interpretation: *Eschenbach*, Jura 1993, 407 ff.

- Strafvereitelung durch Verzögerung der Bestrafung und Selbstbegünstigung durch Vortäuschen einer Straftat: *Rudolphi*, JuS 1979, 859 ff.

---

[40] Schönke/Schröder-*Lenckner*, StGB, § 154 Rn. 18.

Fall 8: „Alte Bekannte"

▸ **Standort:** Strafrecht BT, Hausfriedensbruch, Delikte gegen die Ehre, gefährliche Körperverletzung; Freiheitsberaubung und Nötigung

An einem schönen Frühlingsnachmittag betritt der Berufsverbrecher Blofeld (B) das Foyer des Bankhauses „Protz & Söhne", um den Schalterraum schon einmal für die für den nächsten Tag geplante schwere räuberische Dreieckserpressung (vulgo: „Bankraub") auszukundschaften. Aus nahe liegenden Gründen trägt er für diesen Aufenthalt in der Halle unauffällige Kleidung und benimmt sich so harmlos, wie es einem professionellen Ganoven nur eben möglich ist. Kurze Zeit, nachdem B das Foyer betreten hat, dämmert ihm, dass er diese Bank bereits kennt: Er hatte sie bereits vor 15 Jahren „besucht" und sich dabei neben vier Jahren Jugendstrafe auch ein lebenslanges Hausverbot – ausgesprochen durch die Geschäftsführung des Hauses – eingehandelt.

Trotz dieser plötzlichen Erkenntnis verlässt B das Bankhaus zunächst nicht, da nun sein sportlicher Ehrgeiz geweckt ist und er das Geldinstitut gern auch ein zweites Mal um seine Bargeldbestände bringen möchte. Nachdem B seine gewissenhaften Beobachtungen abgeschlossen hat, verlässt er nach weiterer etwa zehn Minuten die Bank.

Zur Durchführung dieses Vorhabens kommt es aber wegen unerfreulicher Geschehnisse am selben Abend nicht mehr: In einer Kneipe trifft B seinen Bewährungshelfer K und berichtet diesem nach einigen von K spendierten „Zungenlösern" stolz von seinen Plänen für den nächsten Tag. K ist angesichts der Anstrengungen, die er seit Jahren für B auf sich nimmt, außer sich vor Wut. „Was bist Du bloß für ein unverbesserlicher Asozialer! Das müssen die Gene sein. Bei Euch Blofelds gibt es bestimmt nur Kriminelle!" Kaum hat K dies gesagt, packt B ihn an den Haaren und zieht seinen Kopf mit einer schnellen Bewegung auf die Tischkante, um

190

die seiner Meinung nach betroffene Familienehre wieder herzustellen. K erleidet einen Nasenbeinbruch und eine Platzwunde unterhalb des Auges, womit B auch gerechnet hatte. Als K daraufhin flüchten will, ergreift B erneut dessen Kopf und drückt ihn gegen den heftigen Widerstand des K für einen Augenblick in die vor K stehende, lauwarme Erbsensuppe, um diesen nochmals nachdrücklich auf sein Fehlverhalten hinzuweisen. Kurz darauf wird B von der herbeigerufenen Polizei festgenommen.

Tatsächlich ist B aber das einzig schwarze Schaf der Familie, was der K auch weiß.

Prüfen Sie die Strafbarkeit von B und K! Die erforderlichen Strafanträge sind gestellt.

Erster Tatkomplex: In der Bank
I. Hausfriedensbruch, § 123 I, 1. Alt. StGB
1. Objektiver Tatbestand
      a) Taugliches Tatobjekt: Das Foyer der Bank als Geschäftsraum
      b) Tathandlung: Eindringen
2. Subjektiver Tatbestand: Tatbestandsirrtum bei B, § 16 I S. 1 StGB
3. Ergebnis

II. Hausfriedensbruch, § 123 I 1. Alt. StGB
1. Objektiver Tatbestand
      a) Taugliches Tatobjekt
      b) Tathandlung: Eindringen trotz genereller Zutrittserlaubnis?
2. Ergebnis

III. Hausfriedensbruch, § 123 I 2. Alt. StGB
Offensichtlich keine Aufforderung zum Verlassen durch den Berechtigten

IV. Hausfriedensbruch durch Unterlassen, §§ 123 I 1. Alt., 13 StGB
1. Objektiver Tatbestand
      a) Taugliches Tatobjekt
      b) Tathandlung: Eindringen durch Unterlassen tatbestandlich?
2. Ergebnis

Zweiter Tatkomplex: In der Kneipe
A. Die Strafbarkeit des K
I. Beleidigung des B, § 185 1. Alt. StGB
1. Objektiver Tatbestand: Ehrenrühriges Werturteil über B
2. Subjektiver Tatbestand

3. Rechtswidrigkeit
4. Schuld
5. Strafantrag
6. Ergebnis

II. Verleumdung der Familie Blofeld, § 187 StGB
1. Objektiver Tatbestand
- Taugliches Tatobjekt: Die Familie als solche ist kein Ehrträger
2. Ergebnis

III. Verleumdung der Mitglieder der Familie Blofeld, § 187 StGB
1. Objektiver Tatbestand
    a) Taugliches Tatobjekt: Fall der „Kollektivbeleidigung"
    b) Behauptung einer unwahren Tatsache: Hier bloßes Werturteil
2. Ergebnis

IV. Beleidigung der Mitglieder der Familie Blofeld, § 185 I 1. Alt. StGB
1. Objektiver Tatbestand
    a) Taugliches Tatobjekt
    b) Beleidigung: Bezeichnung als Kriminelle ist ehrverletzend
2. Subjektiver Tatbestand
3. Rechtswidrigkeit
4. Schuld
5. Strafantrag
6. Ergebnis und Konkurrenzen: Idealkonkurrenz gemäß § 52 I StGB

B. Die Strafbarkeit des B
I. Körperverletzung zu Lasten des K, § 223 I StGB
1. Objektiver Tatbestand
    a) Erfolg: Körperliche Misshandlung und Gesundheitsschädigung
    b) Kausalität und objektive Zurechnung
2. Subjektiver Tatbestand
3. Rechtswidrigkeit
- Notwehr / Nothilfe, § 32 II, 1. und 2. Alt. StGB
- Notwehr- / Nothilfelage: Kein gegenwärtiger Angriff auf B mehr gegeben
4. Schuld
5. Strafantrag
6. Ergebnis

II. Gef. Körperverletzung zu Lasten des K, §§ 223, 224 I Nr. 2 StGB
1. Grundtatbestand
2. Qualifikationsmerkmal: § 224 I Nr. 2 StGB: Tisch als gef. Werkzeug
    a) Herrschende Meinung: Feste Gegenstände nicht erfasst
    b) Minderheitsansicht: Auch unbewegliche Sachen sind erfasst
    c) Stellungnahme
3. Ergebnis

III. Körperverletzung durch das Drücken in das Essen, § 223 I StGB
1. Objektiver Tatbestand
- Erfolg: Herunterdrücken ist keine erhebliche Beeinträchtigung des K
2. Ergebnis

IV. Tätliche Beleidigung des K, § 185 2. Alt. StGB
1. Objektiver Tatbestand
    a) Beleidigung
    b) Qualifikation nach § 185 2. Alt. StGB
2. Subjektiver Tatbestand: B handelte mit dolus directus 1. Grades
3. Rechtswidrigkeit
4. Schuld
5. Straffreiheit nach § 199 StGB: Wegen Wechselseitigkeit hier möglich
6. Strafantrag
7. Ergebnis

V. Freiheitsberaubung, § 239 I, 2. Alt. StGB
1. Objektiver Tatbestand: Teleologische Reduktion für Bagatellfälle
2. Ergebnis

VI. Nötigung, § 240 I und II StGB
1. Objektiver Tatbestand
    a) Nötigungsmittel: B hat Gewalt gegen K angewendet
    b) Nötigungserfolg: Duldung des Herunterdrückens durch K
2. Subjektiver Tatbestand: B handelt mit dolus directus 1. Grades
3. Rechtswidrigkeit
    a) Rechtfertigungsgründe: Für B sind keine ersichtlich
    b) Verwerflichkeitsklausel, § 240 II StGB: Mittel schon verwerflich
4. Schuld
5. Ergebnis

Endergebnis und Konkurrenzen

Erster Tatkomplex: In der Bank

I. Hausfriedensbruch, § 123 I, 1. Alt. StGB

Indem er trotz des Hausverbots das Bankhaus betrat, könnte B sich wegen Hausfriedensbruchs gemäß § 123 I, 1. Alt. StGB strafbar gemacht haben.

1. Objektiver Tatbestand

a) Taugliches Tatobjekt

Das Foyer des Bankhauses müsste ein taugliches Tatobjekt für einen Hausfriedensbruch sein. Nahe liegend ist hier das

Tatbestandsmerkmal „**Geschäftsraum**". Geschäftsräume sind Räumlichkeiten, die dem Betreiben gewerblicher, wissenschaftlicher, künstlerischer oder ähnlicher Tätigkeiten dienen.[1] Das Foyer der Bank dient den geschäftlichen Tätigkeiten des Kreditinstituts „Protz & Söhne" und stellt daher einen Geschäftsraum im Sinne von § 123 StGB dar.

b) Tathandlung: Eindringen

In diesen geschützten Ort müsste B eingedrungen sein. Damit ist die körperliche Überschreitung der gegenständlichen Grenze des geschützten Raumes gegen oder ohne den Willen des Berechtigten gemeint.[2] B hat den Schalterraum der Bank betreten, obwohl dies aufgrund des nach wie vor bestehenden **Hausverbots** nicht dem Willen des Hausrechtsinhabers, nämlich der Geschäftsführung, entsprach. B ist daher in den Geschäftsraum des Bankhauses eingedrungen.

2. Subjektiver Tatbestand

B müsste vorsätzlich gehandelt haben. Vorsatz ist der **Wille** zur Verwirklichung eines Straftatbestandes in **Kenntnis** aller seiner objektiven Tatumstände.[3] B war bewusst, dass es sich bei dem Foyer der Bank um einen geschützten Ort im Sinne des § 123 StGB handelt. Problematisch erscheint jedoch, ob B auch vorsätzlich hinsichtlich des „Eindringens" gehandelt hat. B erkennt erst im Foyer der Bank, dass er einem bestehenden Hausverbot zuwidergehandelt hat. Diese Kenntnis muss aber nach den Vorgaben der § 123 I, 1. Alt. StGB schon bei dem Betreten einer geschützten Örtlichkeit bestehen; der nach dem Betreten entwickelte Vorsatz (hier: die Billigung des Eindringens) ist als „dolus subsequens"[4] unbeachtlich.

---

[1] *Rengier*, BT II, § 30 Rn. 3.
[2] *Tröndle/Fischer*, StGB, § 123 Rn. 16; *Joecks*, StGB, § 123 Rn. 18.
[3] *Wessels/Beulke*, AT, Rn. 203.
[4] Zum Begriff des dolus subsequens vgl. *Wessels/Beulke*, AT, Rn. 206.

B befand sich daher in einem **Tatbestandsirrtum** gemäß § 16 I S. 1 StGB und handelte ohne Vorsatz.

3. Ergebnis

B hat sich durch das Betreten des Bankhauses trotz Hausverbots nicht gemäß § 123 I, 1. Alt. StGB strafbar gemacht.

I. Hausfriedensbruch, § 123 I, 1. Alt. StGB

Gleichwohl könnte B sich durch das Betreten wegen Hausfriedensbruchs gemäß § 123 I, 1. Alt. StGB strafbar gemacht haben, weil er das Bankhaus nur betrat, um es für eine Straftat auszukundschaften.

1. Objektiver Tatbestand

a) Taugliches Tatobjekt

Das Foyer des Bankhauses ist ein Geschäftsraum im Sinne von § 123 StGB (s. o.).

b) Tathandlung: Eindringen

Objektiv lag zwar ein Eindringen allein schon aufgrund des Hausverbots vor, es geschah jedoch unvorsätzlich und ist daher nicht relevant für § 123 StGB (s. o.). Fraglich ist hingegen, welche Folgen die **deliktische Gesinnung** des B bei Betreten der Bank hatte. Grundsätzlich besteht durch die Eröffnung von Geschäftsräumen für die Allgemeinheit ein den Tatbestand ausschließendes (generelles) **Einverständnis** bzgl. des Betretens.[5] Umstritten ist aber, ob das Betreten von Räumen mit genereller Zutrittserlaubnis zu widerrechtlichen oder unerwünschten Zwecken anders zu bewerten ist.

---

[5] *Wessels/Hettinger*, BT/1, Rn. 590.

aa) Die herrschende Meinung

Nach überwiegender Ansicht deckt die generelle Öffnung von Geschäftsräumen für den allgemeinen Publikumsverkehr auch das Betreten zu nicht erwünschten Zwecken.[6] Auf einen entgegenstehenden mutmaßlichen Willen des Berechtigten darf nicht abgestellt werden, da der Geschäftsführer, stünde er am Eingang des Geschäfts, nicht anders entscheiden würde. Für das Einverständnis ist nämlich allein der reale (und ja auch dementsprechend erklärte!) Wille des Berechtigten relevant. Hausfriedensbruch kann danach nur vorliegen, wenn der Betretende bereits in seinem **äußeren Erscheinungsbild** von den für die Zutrittserlaubnis aufgestellten Regeln abweicht. Danach ist B nicht eingedrungen.

bb) Die Minderheitsmeinung

Nach anderer Auffassung ist allein auf den **„wahren"** Willen des Berechtigten abzustellen. Bei einem erschlichenen Einverständnis fehle es beim Inhaber des Hausrechts an einer bewussten und freiwilligen Selbstbeschränkung seiner Privatsphäre.[7] Die Geschäftsführung der Bank ist sicher gegen einen Aufenthalt von Personen im Foyer, die eine Straftat im Hause planen. Danach ist B in den Schalterraum eingedrungen.

cc) Stellungnahme

Eine generelle Eintrittserlaubnis kann im Hinblick auf den Schutzzweck des § 123 StGB grundsätzlich nicht mit konkludenten Bedingungen für späteres Verhalten verknüpft werden: Wer andere zum Betreten seiner Geschäftsräume einlädt, tut dies bewusst und freiwillig, selbst wenn er getäuscht wurde. Nach dem von der Mindermeinung vorausgesetzten Verständnis der Voraussetzungen des tatbestandsausschließenden Einverständnisses wäre etwa auch jeder Sachbetrug tatsächlich ein Diebstahl, was selbst die

---

[6]   *Rengier*, BT II, Rn. 10 ff.; *Wessels/Hettinger*, BT/1, Rn. 587 f., beide m. w. N.
[7]   *OLG München* NJW 1972, 2275, SK-*Rudolphi*, StGB, § 123 Rn. 18.

Vertreter der Minderheitsauffassung nicht befürworten. Letztendlich wird dem hypothetischen Willen durch die Minderheitsmeinung mehr Gewicht als dem tatsächlichen beigemessen, was der faktischen Natur des Einverständnisses nicht gerecht wird. Demnach ist auch die deliktische Gesinnung des B nicht geeignet, die generell bestehende Zutrittserlaubnis durch die Geschäftsführung des Bankhauses einzuschränken, da die Zielrichtung des B beim Betreten des Foyers nicht offen zu Tage getreten ist.

2. Ergebnis

Auch durch das Betreten des Bankhauses allein zu dem Zwecke der Tatort-Auskundschaftung hat B sich nicht wegen Hausfriedensbruchs gemäß § 123 I, 1. Alt. StGB strafbar gemacht.

III. Hausfriedensbruch, § 123 I, 2. Alt. StGB

Für eine Verwirklichung eines Hausfriedensbruchs in Form des „**Verweilens**" im Sinne von § 123 I, 2. Alt. StGB fehlt es offensichtlich an einer (vergeblichen) Aufforderung durch den Berechtigten.

> **Hinweis:** Ist ein Straftatbestand offensichtlich nicht gegeben, soll aber der Vollständigkeit halber Erwähnung finden, so ist es jedenfalls in Fortgeschrittenenklausuren zulässig, unter Außerachtlassung des Gutachtenstils den Grund für die fehlende Subsumierbarkeit wie hier kurz zu nennen. Diese Vorgehensweise ist besonders dann sinnvoll, wenn die Schwerpunkte der Klausur anderenorts zu auszumachen sind.

IV. Hausfriedensbruch durch Unterlassen, §§ 123 I, 1. Alt., 13 StGB

B könnte sich wegen Hausfriedensbruchs durch **Unterlassen** gemäß §§ 123 I, 1. Alt., 13 StGB strafbar gemacht haben, indem er die Geschäftsräume nicht verließ, obwohl er inzwischen von dem Hausverbot Kenntnis erlangt hatte.

1. Objektiver Tatbestand

a) Taugliches Tatobjekt

Der Kundenbereich der Bank ist ein Geschäftsraum im Sinne von § 123 StGB (s. o.).

b) Tathandlung: Eindringen durch Unterlassen

Die Möglichkeit, neben § 123 I, 2. Alt. StGB (echtes Unterlassungsdelikt) § 123 I, 1. Alt. StGB ebenfalls durch Unterlassen (als unechtes Unterlassungsdelikt) zu verwirklichen, ist umstritten.

aa) Die herrschende Ansicht

Die überwiegende Ansicht bejaht die Anwendbarkeit von § 123 I, 1. Alt. StGB in Verbindung mit § 13 StGB.[8] Das Verweilen werde zum Eindringen, wenn ein Garant, der das Delikt nicht durch positives Tun verwirklicht habe (etwa, weil er unvorsätzlich eindrang) nachträglich erkennt, dass er den geschützten Ort gegen den Willen des Berechtigten betreten hat. B war hier nach den Grundsätzen der **Ingerenz** dazu verpflichtet, das Bankhaus nach dem Erkennen der Situation möglichst schnell wieder zu verlassen. Er hat daher nach dieser Ansicht den Tatbestand des §§ 123, 1. Alt., 13 erfüllt.

bb) Die Minderheitsansicht

Die Gegenauffassung will die Unterlassungsalternative auf diejenigen (seltenen) Fälle beschränken, in denen ein Garant eine von ihm zu überwachende Person nicht an einem aktiven Eindringen hindert. Ein Unterlassen im Rahmen des § 123 StGB wird sonst nur für die zweite Alternative der Vorschrift anerkannt.[9] Demnach hat B hier nicht den Tatbestand wegen „Eindringens durch Unterlassen" verwirklicht.

---

[8] *BGH*St 21, 224; Schönke/Schröder-*Lenckner*, StGB, § 123 Rn. 13; *Tröndle/ Fischer*, StGB, § 123 Rn. 25.

[9] *Rengier*, BT II, § 30 Rn. 14 ff.; *Joecks*, StGB, § 123 Rn. 29

cc) Stellungnahme

Der herrschenden Meinung kann nicht gefolgt werden. Schon der Wortlaut des § 123 StGB steht ihr entgegen, denn die Formulierung „Eindringen in..." weist auf ein ausschließlich tätigkeitsgebundenes Verhalten hin, so dass die **Entsprechungsklausel** am Ende von § 13 StGB hier nicht erfüllt ist. Zudem hat der Gesetzgeber die Unterlassungsstrafbarkeit in § 123 StGB bezüglich des widerrechtlichen Verweilens an das Tatbestandsmerkmal der vergeblichen Aufforderung durch den Berechtigten geknüpft, welches durch die von der herrschenden Meinung erdachte Konstruktion gänzlich unbeachtet bleibt. Die Umdeutung des weiteren Aufenthalts des B in der Bank in ein Eindringen durch Unterlassen ab dem Zeitpunkt der Wiederkehr der eigenen Erinnerung an das Hausverbot ist somit abzulehnen.[10]

2. Ergebnis

B hat sich nicht wegen Hausfriedensbruchs gemäß §§ 123 I, 1. Alt., 13 StGB strafbar gemacht.

Zweiter Tatkomplex: In der Kneipe

A. Die Strafbarkeit des K

I. Beleidigung des B, § 185 1. Alt. StGB

Indem K den B als „unverbesserlichen Asozialen" bezeichnete, könnte er sich wegen Beleidigung gemäß § 185 1. Alt. StGB strafbar gemacht haben.

1. Objektiver Tatbestand

K müsste B beleidigt haben. Die Beleidigung ist die Kundgabe eigener Missachtung, Geringschätzung oder Nichtachtung durch ehrenrührige **Werturteile** gegenüber dem oder über den Betroffenen oder ehrverletzende

---

[10] Eine andere Auffassung ist natürlich vertretbar.

Tatsachenbehauptungen dem Betroffenen gegenüber.[11] Charakteristisch für die Ehrverletzung ist, dass der Täter durch herabsetzende Äußerungen den personalen und/oder sozialen Geltungswert des Betroffenen mindert und dadurch den verdienten personalen und/oder sozialen Achtungsanspruch verletzt.[12] Da B erwiesenermaßen einen Hang zur Begehung von Straftaten hat, wird seine soziale Achtung nicht durch die Kundgabe dieser Tatsache („unverbesserlich") berührt, zumal sich auch aus den Umständen nicht ein anderes ergibt (sonst so genannte Formalbeleidigung, vergleiche § 192 StGB[13]). Allerdings kann die Formulierung „Asozialer" auch für den zu häufigen Straftaten Neigenden eine Kundgabe der Missachtung darstellen. Fraglich ist, ob hier eine Tatsachenbehauptung des K vorlag oder die Äußerung eines Werturteils über B.

Zur Abgrenzung im Groben[14]: Eine Tatsachenbehauptung liegt vor, wenn die Äußerung in ihrem Gehalt einer objektiven Klärung zugänglich und deshalb als etwas real Geschehenes oder Bestehendes dem Beweis zugänglich ist.

Von einem Werturteil ist hingegen auszugehen, wenn die Äußerung durch Elemente der subjektiven Stellungnahme, des Dafürhaltens oder Meinens geprägt ist, wenn also die Richtigkeit oder Unrichtigkeit der Behauptung eine Sache der persönlichen Überzeugung bleibt.

Die **Grenzen sind** dabei **fließend**! Fallen zum Beispiel Tatsachenbehauptung und Werturteil zusammen, so ist auf den **Schwerpunkt** der Aussage abzustellen.[15]

K kommt es hier nicht auf die Behauptung einer empirisch nachprüfbaren Tatsache oder auf eine fachkundige Einschätzung an; vielmehr nimmt er eine seiner Meinung nach

---

[11] *Joecks*, StGB, § 185 Rn. 1.
[12] *Rengier*, BT II, § 29 Rn. 20.
[13] Zum Begriff der Formalbeleidigung vgl. *Arzt/Weber*, BT, § 7 Rn. 28.
[14] Abgrenzung nach *Rengier*, BT II, § 29 Rn. 1 f; siehe auch *Otto*, BT, § 32 Rn. 4 ff.; *Joecks*, StGB, § 186 Rn. 5.
[15] Ein Beispiel für ein solches Zusammentreffen findet sich sogleich im Gutachten.

zutreffende Charakterzuschreibung des B vor, die Gegenstand seiner persönlichen Überzeugung ist. Es lag daher ein Werturteil vor. Dieses war auch geeignet, B in seinem sozialen Achtungsanspruch herabzuwürdigen, da auch zur häufigen Begehung von Straftaten neigenden Personen nicht pauschal die Fähigkeit abgestritten werden kann, trotz ihrer häufigen Verfehlungen mit anderen Menschen sinnvoll in einer Gemeinschaft zu leben. Dies gilt nach den Umständen umso mehr, als die Äußerung von einer für B von Amts wegen bestellten Hilfsperson getätigt wird. Auch ist dem Sachverhalt nicht zu entnehmen, dass die Aussage des K lediglich für eine besondere Form der Motivationshilfe gehalten werden kann. Dieses ehrverletzende Werturteil hat K auch kundgegeben.

Nach alledem ist von einer **Beleidigung** des B durch K auszugehen.[16]

2. Subjektiver Tatbestand

K müsste mit Vorsatz gehandelt haben. Ihm war bewusst, dass die Bezeichnung seines Gegenübers als „Asozialer" eine Herabsetzung dessen sozialen Geltungsanspruchs darstellt. K handelte daher vorsätzlich.

3. / 4. Rechtswidrigkeit und Schuld

Für das Verhalten des K sind keinerlei Rechtfertigungsgründe ersichtlich. Er handelte daher rechtswidrig. K handelte auch schuldhaft.

5. Strafantrag

Der gemäß § 194 I S. 1 StGB erforderliche **Strafantrag** wurde gestellt.

6. Ergebnis

K hat sich wegen Beleidigung des B gemäß § 185 1. Alt. StGB strafbar gemacht.

---

[16] Hier war auch ein anderes Subsumtionsergebnis vertretbar.

II. Verleumdung der Familie Blofeld, § 187 StGB

Indem K die Blofelds als Ansammlung von Kriminellen bezeichnete, könnte er sich wegen Verleumdung der Familie Blofeld gemäß § 187 StGB strafbar gemacht haben.

1. Objektiver Tatbestand

Taugliches Tatobjekt

Die Familie Blofeld müsste eine **Personengemeinschaft** darstellen, die als solche beleidigungsfähig ist. Grundsätzlich ist auch eine Ehrverletzung von Personengemeinschaften möglich, vgl. §§ 194 III S. 2 und S. 3, IV StGB. Über die in dieser Vorschrift genannten Personengemeinschaften hinaus ist die Ehrverletzung anderer Personengemeinschaften nach h. M. möglich, wenn die Personengemeinschaft zum einen eine **rechtlich anerkannte gesellschaftliche Funktion** erfüllt und sie zum anderen einen **einheitlichen Willen** bilden kann.[17]

Nach nahezu einhelliger Auffassung ist eine selbständige „Familienehre" nicht anzuerkennen. Die Familie tritt im sozialen Leben nicht als fester Verbund mit einheitlicher Willensbildung in Erscheinung.[18] Die Familie Blofeld als solche ist daher kein taugliches Tatobjekt für eine Verleumdung nach § 187 StGB.[19]

2. Ergebnis

K hat sich nicht wegen Verleumdung gegenüber der Familie Blofeld gemäß § 187 StGB strafbar gemacht.

---

[17] *Wessels/Hettinger*, BT/1 Rn. 468.
[18] *BGHSt* 6, 186 (192); *Tröndle/Fischer*, StGB, Vor § 185 Rn. 13; *Maurach/Schroeder/Maiwald*, BT 1, § 24 Rn. 20; a. A.: *Otto*, BT, § 31 Rn. 18.
[19] Eine andere Ansicht ist mit *Otto*, aaO. vertretbar.

III. Verleumdung der Mitglieder der Familie Blofeld, § 187 StGB

Durch dieselbe Aussage könnte K sich jedoch wegen Verleumdung der Mitglieder der Familie Blofeld gemäß § 187 StGB strafbar gemacht haben.

1. Objektiver Tatbestand

a) Taugliches Tatobjekt

Mehrere Personen als Angehörige einer Personenmehrheit können unter einer Kollektivbezeichnung Gegenstand einer Ehrverletzung werden (so genannte **Kollektivbeleidigung**). Um eine Abgrenzung zu ganz allgemeinen Werturteilen oder Tatsachenbehauptungen („Alle Politiker lügen") vornehmen zu können, ist es erforderlich, die hinter der Kollektivbezeichnung stehenden Adressaten individualisieren zu können. Es bestehen daher folgende Voraussetzungen: Einerseits muss eine deutliche Eingrenzung und **Überschaubarkeit** des betroffenen Personenkreises möglich sein. Andererseits muss ein Bezug auf bestimmte, **individualisierbare Personen**, die deutlich aus der Allgemeinheit hervortreten, existieren, um diffuse Werturteile aus dem Tatbestand auszuscheiden.[20] Die Familie Blofeld ist als Personenkreis klar überschaubar. Auch ist es möglich, hinter der Aussage „bei Euch Blofelds" einen Bezug zu den einzelnen Familienmitgliedern herzustellen.

Beide Voraussetzungen für eine Ehrverletzung unter einer Kollektivbezeichnung sind mithin erfüllt, so dass sich wegen der hinreichenden Konkretisierung jedes Mitglied der Familie Blofeld angesprochen fühlen durfte.

b) Behauptung einer unwahren Tatsache

K müsste eine erweislich unwahre Tatsache behauptet haben. Fraglich ist, ob K überhaupt eine Tatsache behauptet

---

[20] *BGH*St 36, 83 (85); *Rengier*, BT II, § 28 Rn. 14.

oder ein Werturteil abgegeben hat. Letztlich enthalten die Äußerungen des K über die Familie Blofeld nach dem Sinnzusammenhang sowohl Wertungen als auch Tatsachenbehauptungen, so dass erneut nach den bereits aufgestellten Kriterien abgegrenzt werden muss: Zwar ist es grundsätzlich dem Beweis zugänglich, ob sich innerhalb einer Familiengemeinschaft ausschließlich Personen befinden, die häufig rechtskräftig verurteilt worden sind, doch kam es dem K hier auch wesentlich darauf an, seine Meinung bezüglich der Gesinnung der Familie Blofeld allgemein darzulegen. Werden Tatsachen einer Aussage nur beigefügt, um in Wirklichkeit die sittlich-soziale Persönlichkeit des Betroffenen als Ganzheit zu treffen, so wird man jedenfalls den **Aussageschwerpunkt** auf der Tatsachenbehauptung ablehnen müssen.[21] Die Aussage des K war überwiegend persönlichkeitsbezogen, die Charakterisierung der Familie sachlich jedenfalls substanzlos.

Mithin liegt keine Tatsachenbehauptung des K vor.

2. Ergebnis

K hat sich mangels einer Tatsachenäußerung nicht wegen Verleumdung der Mitglieder der Familie Blofeld gemäß § 187 StGB strafbar gemacht.

> **Hinweis für die Klausurlösung:** Da die Tatsachenbehauptung für die Verwirklichung von § 186 StGB ebenso wie für § 187 StGB Tatbestandsvoraussetzung ist, war es nicht nötig, auch noch eine üble Nachrede bezüglich der Mitglieder der Familie Blofeld zu untersuchen. Deshalb wird die Lösung hier direkt mit § 185 StGB fortgesetzt.

IV. Beleidigung der Mitglieder der Familie Blofeld, § 185 1. Alt. StGB

Die Äußerung des K über die Mitglieder der Familie Blofeld könnte jedoch als Beleidigung derselben gemäß § 185 1. Alt. StGB strafbar sein.

---

[21] *Maurach/Schroeder/Maiwald*, BT I, § 25 Rn. 25.

1. Objektiver Tatbestand

a) Taugliches Tatobjekt

Die einzelnen Mitglieder der Familie Blofeld sind taugliches Objekt für eine Beleidigung unter einer Kollektivbezeichnung (s. o.).

b) Beleidigung

Die Bezeichnung als „Krimineller" stellt eine herabsetzende Äußerung für jedes einzelne Mitglied der Familie Blofeld dar (außer für B selbst), weil sie seinen sozialen Geltungswert verletzt und dadurch seinen verdienten sozialen Achtungsanspruch schmälert. Die Aussage des K stellte somit ein **ehrverletzendes Werturteil** durch Kundgabe eigener Geringschätzung für die einzelnen Familienangehörigen dar.

2. Subjektiver Tatbestand

K erkannte, dass die Bezeichnung der Blofelds als „Kriminelle" eine deren sozialen Achtungsanspruch verletzende Aussage darstellte. Er handelte folglich vorsätzlich.

3./4. Rechtswidrigkeit und Schuld

K handelte rechtswidrig und schuldhaft.

5. Strafantrag

Der gemäß § 194 I S. 1 StGB erforderliche Strafantrag wurde gestellt.

6. Ergebnis und Konkurrenzen

K ist strafbar wegen Beleidigung der Familienmitglieder der Familie Blofeld gemäß § 185 1. Alt. StGB. Weil ein Handlungsentschluss durch eine Willensbetätigung realisiert wurde (so genannte **Handlung im natürlichen Sinn**[22]), liegt ungeachtet der Beleidigung mehrerer Personen Handlungseinheit vor, die hier zum idealen Konkurrieren der Beleidigungen führt, § 52 I StGB.

---

[22] Vgl. hierzu *Wessels/Beulke*, AT, Rn. 758.

Hinweis: Bei der Prüfung der Strafbarkeit des K war besonders wichtig zu erkennen, dass die Ehrverletzung einer Gruppe stets unter zwei Aspekten zu untersuchen ist: Zum einen kann die *Personengemeinschaft als solche* Ehrträger sein, zum anderen kann durch die Bezeichnung eines Kollektivs die Beleidigung der dahinter stehenden *natürlichen Einzelpersonen* selbst gemeint sein. Für diese wichtige Unterscheidung sei dem Leser die Lektüre von *Rengier*, BT II, § 28 Rn. 9 ff. ans Herz gelegt.

B. Die Strafbarkeit des B

I. Körperverletzung zu Lasten des K, § 223 I StGB

Indem B den K auf die Tischkante stieß und K Verletzungen im Gesicht erlitt, könnte er sich wegen Körperverletzung gemäß § 223 I StGB strafbar gemacht haben.

Hinweis zum Aufbau: An dieser Stelle ist die „getrennte" Prüfung von Grundtatbestand und Qualifikation gewählt worden, bei der zunächst § 223 StGB geprüft wird und bejahendenfalls die Prüfung von § 224 StGB angeschlossen wird. Ebenso zulässig ist die „gemeinsame" Prüfung. Für die gemeinsame Prüfung spricht die Zeitersparnis in der Klausur und die Platzersparnis in der Hausarbeit, für die getrennte Prüfung hingegen die größere Übersichtlichkeit. Der Ersteller des Gutachtens ist also grundsätzlich frei darin, welchen Aufbau er wählt. Vor dem Beginn des Gutachtens sollte also stets bedacht werden, mit wie viel Zeit- und Raumverlust man sich eine größere Übersichtlichkeit „erkaufen" will. Etwas anderes gilt für Sachverhalte wie diesen: Soll die Strafbarkeit aus dem Grundtatbestand bejaht, die aus der Qualifikation hingegen abgelehnt werden, so empfiehlt sich eine getrennte Prüfung, weil bei einer „gemeinsamen" Prüfung der Körperverletzungsdelikte nach Ablehnung von §§ 223, 224 StGB ansonsten erneut zur Prüfung von § 223 StGB angesetzt werden müsste.

1. Objektiver Tatbestand

a) Erfolg

B müsste K körperlich misshandelt und/oder an der Gesundheit geschädigt haben. **Körperliche Misshandlung** ist jede üble, unangemessene Behandlung, welche das körperliche Wohlbefinden oder die körperliche Unversehrtheit mehr als nur unerheblich beeinträchtigt.[23] Es stellt eine üble, unangemessene Behandlung dar, den Kopf einer anderen Person auf eine Tischkante zu schlagen. Durch diesen Schlag erlitt K erhebliche Schmerzen sowie einen Knochenbruch und eine Wunde im Gesicht. Mithin wurden auch das körperliche Wohlbefinden und die körperliche Unversehrtheit durch den Stoß beeinträchtigt. Eine körperliche Misshandlung war daher gegeben.

Eine **Schädigung der Gesundheit** liegt vor, wenn ein von der Norm der körperlichen Funktionen nachteilig abweichender Zustand geschaffen oder gesteigert wird.[24] Sowohl der gebrochene Gesichtsknochen als auch die Platzwunde stellen einen von der Norm der körperlichen Funktionen negativ abweichenden Zustand dar. Somit war bei K auch eine Gesundheitsschädigung gegeben.

b) Kausalität und objektive Zurechnung

B müsste für die Verletzungen des K kausal gewesen sein. Kausal ist jede Bedingung eines Erfolges, die nicht hinweggedacht werden kann, ohne dass der Erfolg in seiner konkreten Gestalt entfiele.[25] Ohne den von B herbeigeführten Aufprall auf die Tischkante wären die konkreten Verletzungen des K nicht denkbar gewesen. B war mithin **kausal** für den bei K eingetretenen tatbestandlichen Erfolg der Körperverletzung. Angesichts der von B ausgeübten *vis absoluta* ist schließlich eine die objektive Zurechnung

---

[23] *Tröndle/Fischer*, StGB, § 223 Rn. 3a.
[24] *Joecks*, StGB, § 223 Rn. 9.
[25] *RGSt* 1, 373; *BGHSt* 1, 332; 45, 270 (294 f.).

hindernde **eigenverantwortliche Selbstschädigung** des K ausgeschlossen.

2. Subjektiver Tatbestand

Es ist davon auszugehen, dass es B auf die Zufügung von Schmerzen bei K ankam, weil er den kraftvollen Schlag als Mittel zur Wiederherstellung der „Familienehre" ansah. Hinsichtlich der körperlichen Misshandlung handelte B daher mit dolus directus 1. Grades. B hatte bei dem Stoß mit dem Eintritt der Gesundheitsschädigung gerechnet, so dass er diesbezüglich zumindest mit dolus eventualis vorging. B handelte damit vorsätzlich.

3. Rechtswidrigkeit

B müsste rechtswidrig gehandelt haben. Das ist dann nicht der Fall, wenn sein Verhalten von einem Rechtfertigungsgrund gedeckt war.

Notwehr / Nothilfe, § 32 II, 1. und 2. Alt. StGB

In Betracht kommt **Notwehr** zum Schutz der eigenen, bzw. **Nothilfe** zum Schutze der Ehre der übrigen Familienangehörigen gemäß § 32 II, 1. und 2. Alt. StGB.

Notwehr- / Nothilfelage

Es müsste ein Notwehr- bzw. Nothilfelage bestanden haben. Ein rechtswidriger Angriff im Sinne des § 32 StGB liegt vor, wenn durch menschliches Verhalten eine Verletzung rechtlich geschützter Güter oder Interessen droht, ohne dass der Angreifende seinerseits gerechtfertigt ist.[26]

Die Äußerungen des K stellten einen Angriff auf die Ehre des B und die der übrigen Familienmitglieder dar, der nicht gerechtfertigt war (s. o.). Es bestand daher ein rechtswidriger Angriff durch K.

---

[26] *Joecks*, StGB, § 32 Rn. 6, 10.

Fraglich ist jedoch, ob hier noch ein **gegenwärtiger** rechtswidriger Angriff des K auf die Ehre des B bzw. auf die Ehre der Familienmitglieder vorlag. Gegenwärtig ist ein Angriff, der unmittelbar bevorsteht, gerade begonnen hat oder noch andauert.[27] Grundsätzlich ist davon auszugehen, dass der **Angriff** mit der Kundgabe der Ehrverletzungen **abgeschlossen** war. Allerdings hat der Bundesgerichtshof die Auffassung vertreten, der Angriff dauere bei Ehrverletzungen bis zum Abschluss eines Gesprächs an, da die Beleidigung noch gleichsam „im Raume stehe".[28] Diese Ansicht ist allerdings strikt abzulehnen, da nicht einsichtig ist, warum dann mit der gleichen Argumentation nicht auch die Opfer einer vor kurzem begangenen Körperverletzung oder Nötigung zur Wiederherstellung ihrer Ehre handgreiflich werden dürften. Die Ahndung von Rechtsgutsverletzungen durch schnelle „Vergeltungsmaßnahmen" muss jedoch grundsätzlich untersagt bleiben, wenn die Rechtsgutsverletzung abgeschlossen war. Ein gegenwärtiger, rechtswidriger Angriff lag nicht mehr vor.

B steht daher kein Notwehrrecht zu. Weitere Rechtfertigungsgründe sind nicht ersichtlich. B handelte somit **rechtswidrig**.[29]

4. Schuld

B müsste schuldhaft gehandelt haben. Sollte das Motiv des B für die Verletzung des K – die Wiederherstellung der Familienehre – auch dazu geführt haben, dass er von einer Rechtfertigung seines Verhaltens durch Nothilfe ausging, so führt diese Fehlvorstellung als indirekter und für B **vermeidbarer Verbotsirrtum** lediglich zu einer fakultativen Strafmilderung gemäß §§ 17 S. 2, 49 I StGB (Fall des so

---

[27]   *Wessels/Beulke*, AT, Rn. 328.

[28]   *BGH* nach *Pfeiffer/Maul/Schulte*, StGB, § 53 a. F. Anm. 4; vgl. auch LK-*Spendel*, StGB, § 32 Rn. 122 m. Fn. 247. Unzutreffenderweise allein als Frage der Erforderlichkeit wird das Problem in *BGHSt* 3, 217 (218) eingeordnet.

[29]   Zur ausführlichen Auseinandersetzung mit der Notwehr vgl. die Fälle 5 und 6 des Skriptes *„Standardfälle Strafrecht für Anfänger Band 1".*

genannten **Erlaubnisirrtums**[30]). B handelte mithin schuldhaft.

5. Strafantrag

Der gemäß § 230 I S. 1 StGB erforderliche Strafantrag wurde gestellt.

6. Ergebnis

B ist strafbar wegen Körperverletzung gemäß § 223 I StGB.

II. Gefährliche Körperverletzung zu Lasten des K, §§ 223, 224 I Nr. 2 StGB

Durch den Schlag auf die Tischkante könnte B sich auch wegen gefährlicher Körperverletzung gemäß §§ 223, 224 I Nr. 2 StGB strafbar gemacht haben.

1. Grundtatbestand

B hat mit § 223 I StGB den Grundtatbestand der gefährlichen Körperverletzung verwirklicht (s. o.).

2. Qualifikationsmerkmale: § 224 I Nr. 2, 2. Alt. StGB

B müsste zudem eines der in § 224 I StGB aufgeführten Qualifikationsmerkmale erfüllt haben. In Betracht kommt die Verwendung eines **gefährlichen Werkzeugs** gemäß § 224 I Nr. 2, 2. Alt. StGB. Zweifelhaft ist allerdings, ob auch ein unbewegter Gegenstand, auf den das Opfer vom Täter hin zu bewegt wird, „Werkzeug" gemäß § 224 I Nr. 2, 2. Alt. StGB sein kann.

a) Die herrschende Meinung

Nach überwiegender Auffassung impliziert der Begriff „Werkzeug", dass es sich um einen Gegenstand handeln muss, der durch menschliche Einwirkung gegen einen

---

[30] Vgl. zum Erlaubnisirrtum *Joecks*, StGB, § 16 Rn. 27.

210

menschlichen Körper in Bewegung gebracht wird. Die **Ausnutzung** harter, **unbewegter Gegenstände** soll daher nicht ausreichen.[31] „Der See, ein Abgrund oder die heiße Sonne können nicht ‚Werkzeug' sein[32]". Danach handelt es bei dem Tisch nach der Art seiner konkreten Verwendung nicht um ein gefährliches Werkzeug.

b) Die Minderheitsmeinung

Nach der Gegenansicht sollen auch unbewegte Gegenstände einbezogen werden.[33] Angesichts des auch von der herrschenden Meinung weit gezogenen Werkzeugbegriffs überzeuge das Wortlautargument nicht. Die erste Ansicht führe zu zufälligen, zweckwidrigen Ergebnissen. So sei der Stoß gegen eine Kreissäge nicht erfasst, der Wurf mit einer beweglichen Kreissäge hingegen schon. Gleiches gelte etwa für Fälle mit unbeweglichen bzw. tragbaren Herdplatten.[34] Demnach ist der Tisch hier ein gefährliches Werkzeug, zudem er nach Art seiner konkreten Verwendung auch geeignet war, erhebliche Verletzungen zu verursachen.

c) Stellungnahme

Wenn auch der Mindermeinung zuzugeben ist, dass die gefundenen Ergebnisse häufig unbefriedigend wirken, so ist dies doch die nicht untypische Folge der Einhaltung der von Art. 103 II GG vorgegebenen Grenzen. Wenn es auch sinnvoll erscheint, unbewegliche Gegenstände zu erfassen, die umgangssprachlich durchaus unter den Werkzeugbegriff fallen (zum Beispiel die Kreissäge), so führt ihre Einbeziehung zu kaum mehr lösbaren Abgrenzungsproblemen, da nicht feststeht, welche unbeweglichen Gegenständen noch als „Werkzeug" zu verstehen sind. Eine dem **Bestimmt-**

[31] *BGH* NStZ 1988, S. 361 (362); *Lackner/Kühl*, StGB, § 224, Rn. 4; *Joecks*, StGB, § 224 Rn. 21 f.
[32] *Tröndle/Fischer*, StGB, § 224 Rn. 8.
[33] Schönke/Schröder-*Lenckner*, StGB, § 224 Rn. 8; LK-*Lilie*, StGB, § 224 Rn. 27.
[34] *Rengier*, BT II, § 14 Rn. 16.

heitsgrundsatz genügende Trennlinie diesseits der Extreme von „Kreissäge" und „heiße Sonne" ist jedenfalls nicht auszumachen. Es ist daher der herrschenden Meinung zu folgen. Der Tisch stellt **kein gefährliches Werkzeug** gemäß § 224 I Nr. 2 StGB dar.

3. Ergebnis

B hat sich nicht wegen gefährlicher Körperverletzung gemäß §§ 223, 224 I Nr. 2 StGB zu Lasten des K strafbar gemacht.

III. Körperverletzung durch das Drücken in das Essen, § 223 I StGB

Indem B das Gesicht des K in das Essen hinunterdrückte, könnte er sich wegen Körperverletzung gemäß § 223 I StGB strafbar gemacht haben.

1. Objektiver Tatbestand

Erfolg

Es müsste der tatbestandliche Erfolg des § 223 StGB verwirklicht worden sein. In Betracht kommt hier allein eine körperliche Misshandlung des K. An der Unangemessenheit der Behandlung bestehen keine Zweifel. Problematisch ist hingegen, ob das Drücken des K in das Essen dessen körperliches Wohlbefinden über die bereits bestehenden Schmerzen hinaus **erheblich** beeinträchtigt hat. Da das Essen als nicht mehr heiß geschildert wird, kann nicht von einer erheblichen Beeinträchtigung des körperlichen Wohlbefindens für den kurzen Zeitraum ausgegangen werden, zumal auch keine Angaben dazu gemacht werden, ob K sich etwa verschluckt hat oder sonst wie unter Atemnot gelitten hat. Hinzu kommt, dass sich die Suppe etwa mit Hilfe einer Serviette schnell wieder aus dem Gesicht entfernen lässt.

Nach alledem ist die für die Annahme einer körperlichen Misshandlung erforderliche Erheblichkeitsschwelle noch nicht überschritten. Mangels einer mehr als nur unerheblichen Beeinträchtigung des körperlichen Wohlbefindens ist der Erfolg der Körperverletzung nicht gegeben.[35]

2. Ergebnis

B hat sich durch Hinabdrücken des Gesichts in das Essen nicht wegen Körperverletzung gemäß § 223 I StGB strafbar gemacht.

IV. Tätliche Beleidigung des K, § 185 2. Alt. StGB

Das Hinabdrücken in die Suppe könnte hingegen als tätliche Beleidigung gemäß § 185 2. Alt. StGB strafbar sein.

1. Objektiver Tatbestand

a) Beleidigung

B müsste den K beleidigt haben. Es muss für jedermann als besonders demütigend empfunden werden, mit dem Gesicht – und dazu noch in der Öffentlichkeit – in einen Teller voller Essen gedrückt zu werden. Das Verhalten war auch nicht bloße Begleiterscheinung der Nötigung, sondern musste von der Warte eines verständigen Dritten aus als Kränkung verstanden werden, die weit über die mit dem Verlust der Willensentschließungsfreiheit verbundene Erniedrigung hinausging und hinausgehen sollte. Das Herunterdrücken in das Essen stellte daher nach den Gesamtumständen und dem objektiven Sinngehalt nach eine Missachtung des personalen Geltungswertes des K dar. B hat K somit beleidigt.

b) Qualifikation nach § 185 2. Alt. StGB

Der Qualifikationstatbestand der tätlichen Beleidigung erfordert eine **unmittelbare körperliche Einwirkung** auf den anderen, aus der sich ihr ehrenrühriger Sinn ergibt.[36]

---

[35] Ein anderes Subsumtionsergebnis ist vertretbar.
[36] *Kindhäuser*, BT I, § 25 Rn. 12.

Mit der Gewaltanwendung des B ist die geforderte Einwirkung auf K gegeben. Auch sollte der entwürdigende Zustand des K gerade durch den Angriff auf seinen Körper, nämlich durch das hilflose Geschehenlassen-Müssen des Hinunterdrückens in das Essen erfolgen. Mithin ist das Qualifikationsmerkmal der tätlichen Beleidigung gegeben.

2. Subjektiver Tatbestand

B handelte hinsichtlich der Herabwürdigung des K mit dolus directus 1. Grades. Auch war er sich des Tätlichkeitscharakters der Beleidigung bewusst. B hat somit vorsätzlich gehandelt.

3. Rechtswidrigkeit

Das Verhalten des B war rechtswidrig.

4. Schuld

B handelte auch schuldhaft. Für die Anwendbarkeit von § 17 StGB gilt das für die Strafbarkeit des B aus § 223 I StGB ausgeführte entsprechend.

5. Straffreiheit nach § 199 StGB

Für B und/oder K besteht nach § 199 StGB die Möglichkeit, wegen der **Wechselseitigkeit** ihrer Beleidigungen für straffrei erklärt zu werden. Dabei ist zur Erwiderung des B in Bezug auf K's Beleidigung der Mitglieder der Familie Blofeld davon auszugehen, dass B die Beleidigung für seine Familie erwidert hat.[37] Über die Straffreiheit entscheidet das Gericht nach pflichtgemäßem Ermessen.[38]

---

[37] Zu dieser Konstellation der „Stellvertretung" vgl. *Tröndle/Fischer*, StGB, § 199 Rn. 5.

[38] *Tröndle/Fischer*, StGB, § 199 Rn. 7.

6. Strafantrag

Der gemäß § 194 I S. 1 StGB erforderliche Strafantrag wurde gestellt.

7. Ergebnis

Unter der Bedingung der unterbliebenen Anwendung von § 199 StGB hat B sich wegen tätlicher Beleidigung des K gemäß § 185 2. Alt. StGB strafbar gemacht.

V. Freiheitsberaubung, § 239 I, 2. Alt. StGB

Durch das Herunterdrücken auf den Teller könnte B sich zudem wegen Freiheitsberaubung gemäß § 239 I, 2. Alt. StGB strafbar gemacht haben.

1. Objektiver Tatbestand

K müsste seiner Fortbewegungsfreiheit beraubt worden sein. In Betracht kommt hier eine Freiheitsberaubung „auf andere Weise", § 239 I, 2. Alt. StGB. Auf andere Weise ist das Opfer durch jede Handlung der Freiheit beraubt, welche objektiv die vollständige Aufhebung der Fortbewegungsfreiheit bewirkt.[39] Dies war hier für K der Fall. Allerdings sollen nur ganz kurzfristige Einschränkungen der Fortbewegungsfreiheit vom tatbestandlichen Schutzbereich nicht mehr erfasst sein.[40] Als Abgrenzungshilfe für die Bestimmung der zeitlichen Anforderungen ist nach wie vor die Formel des Reichsgerichts von der „Dauer eines Vaterunser" gebräuchlich.[41] Danach war für diesen Sachverhalt aufgrund des nur wenige Sekunden dauernden Vorgangs noch nicht von einer Entziehung der Fortbewegungsfreiheit im Sinne des § 239 StGB auszugehen.

---

[39] *Wessels/Hettinger*, BT/1, Rn. 372.
[40] Vgl. etwa *BGH* NStZ 2003, 371 zu einer Schlägerei, bei der das Opfer für die Dauer von drei Schlägen am Boden fixiert wurde und nach einem darauf folgenden kurzen Wortwechsel wieder losgelassen wurde; Beispiel nach *Rengier*, BT II, § 22 Rn. 8.
[41] *RGSt* 7, 259 (260); dazu *Rengier*, aaO; *Krey*[12], BT I, Rn. 313; *Arzt/Weber*, BT, § 9 Rn. 10, 23.

Der objektive Tatbestand des § 239 StGB liegt wegen seiner **teleologischen Reduktion für Bagatellfälle** nicht vor.

2. Ergebnis

Durch das Herunterdrücken auf den Teller hat B sich nicht wegen Freiheitsberaubung gemäß § 239 I, 2. Alt. StGB strafbar gemacht.

VI. Nötigung, § 240 I und II StGB

Das Herunterdrücken in das Essen könnte jedoch als Nötigung gemäß § 240 I und II StGB strafbar sein.

1. Objektiver Tatbestand

a) Nötigungsmittel

B müsste mit Gewalt oder durch Drohung mit einem empfindlichen Übel auf K eingewirkt haben. Nach einer üblichen Kurzdefinition ist **Gewalt** der (zumindest auch) physisch vermittelte Zwang zur Überwindung eines geleisteten oder erwarteten Widerstandes.[42] Mit dem Hinunterdrücken des K wirkte T direkt auf dessen Körper ein. Durch diese physische Zwangswirkung sollte auch der von B erwartete Widerstand des K gebrochen werden. B hat somit Gewalt im Sinne des § 240 StGB angewendet.

b) Nötigungserfolg

Folge der Nötigungshandlung muss ein erzwungenes Verhalten, genauer: eine **Handlung**, **Duldung** oder **Unterlassung** sein. Hier hat B den K durch die Gewaltanwendung dazu gebracht, den „Tauchgang" in die Suppenschüssel hinzunehmen und ihm mithin eine Duldung abgenötigt. Ein Nötigungserfolg ist somit gegeben.

---

[42] *Tröndle/Fischer*, StGB, § 240 Rn. 8.

2. Subjektiver Tatbestand

B müsste vorsätzlich gehandelt haben. Strittig ist bei § 240 StGB, ob hinsichtlich des Nötigungszwecks bedingter Vorsatz ausreicht[43], oder ob, jedenfalls bei Gewalt[44], bei Gewalt gegen Sachen[45] oder sogar prinzipiell bei jeder Nötigung[46] Absicht im Sinne des dolus directus 1. Grades erforderlich ist. B kam es auf die Duldung der Attacke durch K als Ziel seines Handelns an, um die geplante „Bestrafung" des K durchführen zu können. Daher handelte er hinsichtlich des Nötigungserfolges mit Absicht, so dass ein Streit über die Vorsatzform beim Nötigungszweck dahinstehen kann. Schließlich erkannte B, dass er Gewalt anwendete. B handelte folglich **vorsätzlich**.

3. Rechtswidrigkeit

B müsste rechtswidrig gehandelt haben.

a) Rechtfertigungsgründe

Rechtfertigungsgründe sind nicht ersichtlich (s. o.).

b) Verwerflichkeitsklausel, § 240 II StGB

T müsste ferner **verwerflich** im Sinne von § 240 II StGB gehandelt haben.

Merke: Gewöhnlich kann die Rechtswidrigkeit einer Tat angenommen werden, wenn der Tatbestand vorliegt und festgestellt wurde, dass keine Rechtfertigungsgründe eingreifen. Der weiten tatbestandlichen Fassung von § 240 I StGB wegen hat der Gesetzgeber mit der Verwerflichkeitsklausel in **§ 240 II StGB ein zusätzliches Korrektiv** auf Unrechtsebene geschaffen, welches diejenigen tatbestand-

---

[43]   *BGHSt* 5, 245.
[44]   *Rengier*, BT II, § 23 Rn. 70 m. w. N.
[45]   *Wessels/Hettinger*, BT/1, Rn. 419 m. w. N.
[46]   Schönke/Schröder-*Eser*, StGB, § 240 Rn. 34 m. w. N.

lichen Handlungen als Nötigungsunrecht ausschließen soll, welche die Strafwürdigkeitsschwelle nicht überschreiten.[47] Im Gutachten ist vorab wie sonst auch zu prüfen, ob Rechtfertigungsgründe gegeben sind. Ist dies der Fall, erübrigt sich natürlich die Verwerflichkeitsprüfung. Sonst ist im Anschluss die Prüfung von § 240 II StGB vorzunehmen.

Verwerflichkeit meint einen erhöhten Grad sittlicher Missbilligung.[48] Sie ergibt sich dabei erst aus der **Beziehung von Mittel und Zweck**, wozu eine **umfassende Abwägung** und Berücksichtigung sämtlicher Umstände des Einzelfalls notwendig ist.[49] Die Verwerflichkeit der Nötigung ist allerdings indiziert, wenn Gewalt das Nötigungsmittel ist[50]; dies gilt umso mehr, wenn das Nötigungsmittel einen Straftatbestand erfüllt[51]. Dies ist hier der Fall: B verwirklicht durch das gewaltsame Herunterdrücken des K § 185 2. Alt. StGB (s. o.). Ziel der Nötigung waren hier im Wesentlichen die Rache an und die Demütigung des K. Aber auch die daneben verfolgten, unter Umständen noch nachvollziehbaren „Erziehungszwecke" und der Schutz der Familienehre standen in einem vollkommen unausgewogenen Verhältnis zu dem angewendeten Mittel. Dabei ist auch zu beachten, dass B den K aus dem gleichen Motiv schon zuvor erheblich verletzt hat. Angesichts dieser Umstände muss das Auftreten des B trotz des vielleicht zum Teil billigenswerten Zwecks eher als Fall von gewaltsamer „Selbstjustiz"

---

[47] *BGHSt* 35, 270 (275 f.); *Rengier*, BT II, § 23 Rn. 57.
[48] *BGHSt* 17, 331.
[49] *Joecks*, StGB, § 240 Rn. 31.
[50] *Krey*[12], BT I, Rn. 364; demgegenüber hat das *BVerG* (*BVerfGE* 73, 206 [254 ff.]) entschieden, auch bei Nötigung mit Gewalt sei die Verwerflichkeit unter Abwägung aller Umstände zu ermitteln. Dieser Auffassung wird allerdings der „weite" Gewaltbegriff zugrunde gelegt, vgl. *Krey*, aaO. Allerdings hat das *BVerfG* selbst darauf hingewiesen, dass bei Anwendung eines „engen" Gewaltbegriffs eine „Indizwirkung" durchaus vertretbar sei, *BVerfGE* 73, 206 (255). Vgl. hierzu auch *Tröndle/Fischer*, StGB, § 240 Rn. 45.
[51] *Tröndle/Fischer*, aaO; *Kindhäuser*, BT I, § 13 Rn. 37; *Rengier*, BT II, § 23 Rn. 61; sogar vom Feststehen der Verwerflichkeit gehen *Joecks*, StGB, § 240 Rn. 37 sowie *Arzt/Weber*, BT, § 9 Rn. 79 aus.

eingeordnet werden.[52] Das Verhalten des B war demzufolge verwerflich und somit **rechtswidrig**.

4. Schuld

B handelte auch schuldhaft. Für die Anwendbarkeit von § 17 StGB gilt das für die Strafbarkeit des B aus § 223 I StGB ausgeführte entsprechend.

5. Ergebnis

B ist strafbar wegen Nötigung gegenüber K, § 240 I StGB.

Endergebnis und Konkurrenzen

B hat sich wegen Körperverletzung gegenüber K, § 223 I StGB, Nötigung des K, § 240 I und II StGB sowie wegen tätlicher Beleidigung des K gemäß § 185 2. Alt. StGB strafbar gemacht. Die Nötigung und die tätliche Beleidigung stehen in **Idealkonkurrenz** zueinander (eine Handlung im natürlichen Sinn), § 52 I StGB. Beide Delikte stehen zu der Körperverletzung in **Realkonkurrenz**, § 53 I StGB, da es für die Annahme einer natürlichen Handlungseinheit an einem einheitlichen Willensentschluss des B fehlte.[53]

K hat sich wegen Beleidigung des B gemäß § 185 1. Alt. StGB und wegen Beleidigung der Mitglieder der Familie Blofeld gemäß § 185 1. Alt. StGB strafbar gemacht. Die Beleidigungen der einzelnen Familienmitglieder stehen in Idealkonkurrenz zueinander (eine Handlung im natürlichen Sinn), § 52 I StGB.

---

[52] Zur Selbstjustiz bei der Nötigung vgl. *BGHSt* 39, 133 (137): „Der einzelne, der sich anmaßt, den Staat mit Nötigungsmitteln zu vertreten, handelt verwerflich, wenn er vorsätzlich den Vorrang staatlicher Zwangsmittel außer acht lässt, um durch von ihm selbst ausgeübte Gewalt und ohne speziellen Rechtfertigungsgrund die Gesetzestreue anderer zu erzwingen."

[53] Bei engem räumlich-zeitlichen Zusammenhang ist auf diese sonst nach allgemeiner Ansicht obligatorische Voraussetzung der natürlichen Handlungseinheit (vgl. nur *Wessels/Beulke*, AT, § Rn. 764) – sofern sie als Rechtsfigur überhaupt anerkannt wird – von Seiten der Rechtsprechung auch schon verzichtet worden, vgl. etwa *4 StR* 72/77; 606/98; 154/79.

Fraglich ist hingegen, in welchem Verhältnis die Beleidigung des B und die Beleidigung der Familienmitglieder zueinander stehen. Für die Begründung einer Handlungseinheit kommen hier zum einen die tatbestandliche Handlungseinheit in Form der **„iterativen Tatbestandsverwirklichung"**[54], zum anderen die Rechtsfigur der **natürlichen Handlungseinheit**[55] in Betracht. Dabei ist bereits umstritten, ob **(1)** die natürliche Handlungseinheit überhaupt anzuerkennen ist[56] und **(2)** die iterative Tatbestandsverwirklichung ein Fall der tatbestandlichen Handlungseinheit[57] oder der natürlichen Handlungseinheit[58] ist.

Im Ergebnis unterscheiden sich die Voraussetzungen von iterativer Tatbestandsverwirklichung und natürlicher Handlungseinheit in dem hier entscheidenden Punkt nicht voneinander, so dass diese zum Teil bloß terminologischen Streitigkeiten dahinstehen können. Zweifelhaft ist nämlich nach beiden Rechtsfiguren gleichermaßen, ob Handlungseinheit auch dann noch angenommen werden kann, wenn **verschiedene Rechtsgutsträger höchstpersönlicher Rechtsgüter** von den Willensbetätigungen des Täters betroffen sind.[59]

1. Die Ansicht der Rechtsprechung

Die Rechtsprechung und Teile der Lehre haben für derartige Sachverhalte eine natürliche Handlungseinheit ausnahmsweise zugelassen, wenn ein besonders enger zeitlicher und

---

[54] Vgl. zu diesem Begriff *Wessels/Beulke*, AT, Rn. 763.
[55] Siehe hierzu *Tröndle/Fischer*, StGB, Vor § 52 Rn. 3 ff.
[56] Die Rechtsfigur wird vom BGH in ständiger Rechtsprechung anerkannt, *BGH*St 10, 230 (231), 43, 312 (315); ablehnend u. a. *Wessels/Beulke*, AT, Rn. 765; *Kühl*, AT, § 21, Rn. 10 ff.; Schönke/Schröder-*Stree*, StGB, Vor §§ 52 ff. Rn. 22 ff.; *Jakobs*, AT, 32. Abschnitt Rn. 35, 37.
[57] So *Wessels/Beulke*, AT, Rn. 764; LK-*Rissing-van Saan*, StGB, Vor §§ 52 ff. Rn. 10 ff., 20 ff., jeweils m. w. N.
[58] *BGH* StV 1996, 481, NStZ 1999, 406 (407); *Roxin*, AT II, § 33 Rn. 29 ff. m w. N.
[59] *Roxin*, AT II, § 33 Rn. 36, 38 ff.

räumlicher Zusammenhang zwischen den Angriffen besteht.[60]
Die Beleidigung des B und die der Familienmitglieder erfolgten unmittelbar nacheinander; zudem sind auch die übrigen Voraussetzungen der natürlichen Handlungseinheit[61] gegeben. Mit dieser Auffassung kann daher hier noch ausnahmsweise von einer natürlichen Handlungseinheit ausgegangen werden.

2. Die herrschende Auffassung im Schrifttum

Die Mehrheit des Schrifttums hingegen lehnt die Feststellung von Handlungseinheit über die Rechtsfiguren der iterativen Tatbestandsverwirklichung bzw. der natürlichen Handlungseinheit ausnahmslos ab, wenn bei der Verletzung höchstpersönlicher Rechtsgüter durch mehrere Willensbetätigungen die Rechtsgutsträger nicht identisch sind.[62]

Die Ehre ist ein höchstpersönliches Rechtsgut, auch waren verschiedene Rechtsgutsträger von den Aussagen des K betroffen. Für diesen Fall ist somit nach der Mehrheitsansicht in der Wissenschaft eine Handlungseinheit abzulehnen.

3. Stellungnahme

Zu Recht wird der erstgenannten Ansicht entgegengehalten, dass sie mit dem „besonders engen Zusammenhang" kein überzeugendes Differenzierungskriterium erkennen lässt, so dass die Trennung für Konstellationen wie die vorliegende praktisch nicht ohne Willkür durchführbar ist.[63] Vielmehr bilden höchstpersönliche Rechtsgüter absolute Einheiten,

---

[60] *BGHSt* 37, 289; StV 1990, 544; StV 1994, 537 (538); LK-*Rissing-van Saan*, StGB, Vor §§ 52 ff. Rn. 14; *Tröndle/Fischer*, StGB, Vor § 52 Rn. 7.

[61] Sie lauten: (1) ein einheitlicher Wille; (2) eine Mehrheit gleichartiger Handlungsakte; (3) die objektive und auch für einen Dritten erkennbare Zusammengehörigkeit (Aufstellung bei *Roxin*, AT II, § 33 Rn. 31.).

[62] Schönke/Schröder-*Stree*, StGB, Vor §§ 52 ff. Rn. 24 ff.; *Mitsch*, JuS 1993, 385 (388); *Maiwald*, die natürliche Handlungseinheit (1964), S. 81 f.; Roxin, AT II, § 33 Rn. 41 m. w. N.

[63] *Roxin*, aaO.

die einer quantitativen Berechnung ausnahmslos unzugänglich sind. Die Verletzung der Ehre zweier Personen ist nicht einfach die verstärkte Verletzung des Rechtsguts Ehre.[64] Der Annahme einer iterativen Tatausführung bzw. von natürlicher Handlungseinheit steht somit die Höchstpersönlichkeit der verletzten Rechtsgüter bei unterschiedlichen Rechtsgutsträgern entgegen. Es ist daher von **Handlungsmehrheit** und infolgedessen von **Realkonkurrenz** (§ 53 I StGB) zwischen der Beleidigung des B und der Beleidigung der Familienmitglieder auszugehen.

Hinweis: Die Behandlung der Konkurrenzen am Ende eines Gutachtens ist nicht besonders beliebt, zumal, wenn man diesen Bereich zu Beginn des Studiums beiseite geschoben hat. Der vorangegangene Meinungsstreit hat jedoch gezeigt, dass auch auf Konkurrenzebene schwierige Probleme auf (I)ihre Lösung warten können. Spätestens zum Examen hin sollte man sich daher wenigstens in Grundzügen mit diesem – zugegebenermaßen komplizierten – Thema auseinandersetzen, damit es seinen „Schrecken" verliert.

Sowohl für B als auch für K steht die Strafbarkeit wegen Beleidigung unter dem Vorbehalt des § 199 StGB.

Vertiefungshinweise

- Zu den „typischen" Problemen des Hausfriedensbruchs: *Geppert*, Jura 1989, 378 ff.

- Lernbeitrag zu den Ehrdelikten: *Geppert*, Zur Systematik der Beleidigungsdelikte, Jura 2002, 820 ff.

- Aufsatz zu § 239 StGB: *Park/Schwarz*, Die Freiheitsberaubung, Jura 1995, 294 ff.

---

[64] *Maiwald*, Die natürliche Handlungseinheit (1964), S. 81.

Fall 9: „Geschönte Zahlen"

▸ **Standort:** Strafrecht BT, Urkundenstraftaten

Der Kleinunternehmer U ist in finanziellen Schwierigkeiten. Er wendet sich daher an die befreundete erfolgreiche Junganwältin A und bittet sie um ein Darlehen in Höhe von 100.000 . A weigert sich zunächst. Nach einiger Zeit des „Weichkochens" erklärt sie sich grundsätzlich zur Gewährung eines Darlehens bereit, besteht aber auf der vorzeitigen Ausstellung eines Schuldscheins durch U, weil sie von ihm „halbkrumme Touren" gewohnt ist. Nach hitziger Schlacht um die Höhe des Betrages und mehrmaliger „Tipp-ex"–Verwendung stehen nach endgültiger Einigung schließlich die von U ersehnten 100.000 im Schuldschein. Den Schuldschein legt A in ihre Schreibtischschublade, das Geld überweist sie U am nächsten Tag. Um A gewogener zu stimmen und ihr wenigstens halbwegs Sicherheit bieten zu können, legt U der A außerdem einen von K über 10.000 ausgestellten Schuldschein vor, den er sich von diesem hatte ausstellen lassen. U hat tatsächlich einen Anspruch in dieser Höhe aus einer unbezahlten Lieferung gegen K, der allerdings bei der Ausstellung versehentlich nur einen Betrag von 1.000 eingetragen hatte. Dem hatte U „abgeholfen", indem er auf dem handschriftlichen Schuldschein eine Null ergänzt hatte. Ein paar Tage später hatte er K von dessen Versehen und seiner Korrektur berichtet. K war mit dem Vorgehen des U einverstanden gewesen.

Einige Zeit später ist U mal wieder auf einen Kaffee bei A in der Kanzlei. Als diese für ein telefonisches Mandantengespräch kurz den Raum verlässt, geht U an den Schreibtisch und nimmt den Schuldschein heraus. Mit Hilfe des „Tipp-ex" verändert er den Betrag auf 75.000 , wobei er die Hoffnung hegt, A könne sich angesichts der damaligen zähen Verhandlungen nicht mehr genau an den Betrag erinnern und werde den Schwindel nicht bemerken. Wider

U's Erwarten ist dies jedoch nicht der Fall. Zornig verändert A den Betrag wieder auf 100.000 . Sie denkt sich dabei, dass das ja wohl strafrechtlich „irgendwie in Ordnung" sein müsse.

U hat noch andere Schwierigkeiten. Als er wieder einmal betrunken aus der Kneipe heimfährt, erwischt ihn eine Streife mit einer BAK von 1,5 ‰. Er wird daraufhin wegen Trunkenheit im Verkehr verurteilt. Zusätzlich entzieht ihm der Strafrichter die Fahrerlaubnis, weil er von U als Wiederholungstäter die „Nase gestrichen voll" hat. U, der den Führerschein für die Arbeit braucht, begibt sich gleich am nächsten Tag zur Führerscheinstelle. Er erzählt dem zuständigen Sachbearbeiter S, der zugleich sein Schwiegervater ist, er habe seinen Führerschein verloren und benötige einen neuen. S hatte aber bereits durch seine Tochter von dessen Verurteilung und dem Führerscheinentzug erfahren.

Er lässt sich aber nichts anmerken und stellt U unter Ausführungen über seine eigene Schusseligkeit einen neuen Führerschein aus. U glaubt derweil tatsächlich, dass S seinen Schwindel nicht bemerkt habe.

Strafbarkeit der Beteiligten nach dem StGB? § 316 StGB ist nicht zu prüfen.

Erster Tatkomplex: Gewährung des Darlehens und Änderung des von K ausgestellten Schuldscheins

I. Betrug, § 263 I StGB
1. Objektiver Tatbestand: Schon keine Täuschung
2. Ergebnis

II. Urkundenfälschung, § 267 I, 2. Var. StGB
1. Objektiver Tatbestand
    a) Urkunde
    b) Tathandlung Verfälschen: Nach der Geistigkeitstheorie
       unechte Urkunde
2. Subjektiver Tatbestand
    a) Vorsatz
    b) Handeln zur Täuschung im Rechtsverkehr

3. Rechtswidrigkeit
    a) Rechtfertigung durch Einwilligung: Disponibilität des Rechtsguts, Einwilligungserklärung
    b) Mutmaßliche Einwilligung: Keine mutmaßliche Einwilligung nach dem Prinzip des mangelnden Interesses
4. Schuld: Kein Erlaubnisirrtum nach § 17 StGB
5. Ergebnis

III. Urkundenfälschung, § 267 I, 1. Var. StGB

IV. Urkundenunterdrückung, § 274 I Nr. 1 StGB
1. Objektiver Tatbestand
    a) Tathandlung: Beschädigen
    b) Kein ausschließliches Beweisführungsrecht des U
2. Subjektiver Tatbestand
    a) Vorsatz
    b) Nachteilszufügungsabsicht
3. Rechtswidrigkeit: Keine Rechtfertigung durch Einwilligung
4. Schuld: Kein Erlaubnisirrtum nach § 17 StGB
5. Ergebnis

V. Sachbeschädigung, § 303 I StGB
1. Tatbestand
2. Ergebnis

Zweiter Teil: Das Ausstellen des Führerscheins

I. Falschbeurkundung im Amt, § 348 I StGB
1. Objektiver Tatbestand
    a) Amtsträgereigenschaft des S
    b) Befugnis der Behörde zur Aufnahme öffentlicher Urkunden und Zuständigkeit des S
    c) Falschbeurkundung einer rechtlich erheblichen Tatsache bei erhöhter Beweiskraft dieser Tatsache
2. Subjektiver Tatbestand
3. Rechtswidrigkeit
4. Schuld
5. Ergebnis

II. Anstiftung zur Falschbeurkundung §§ 348 I, 26 StGB
1. Objektiver Tatbestand
    a) Vorsätzliche rechtswidrige Haupttat
    b) Bestimmen nach § 26 StGB: Strittig – Anforderungen an das Bestimmen
2. Subjektiver Tatbestand: Kein Anstiftervorsatz als wesensgleiches Minus
3. Ergebnis

III. Mittelbare Falschbeurkundung, § 271 I StGB
1. Objektiver Tatbestand
    a) Falschbeurkundung einer rechtserheblichen Tatsache in einer öffentlichen Urkunde durch einen Amtträger
    b) Bewirken: Strittig – Bewirken bei Bösgläubigkeit des Opfers
2. Ergebnis

IV. Versuchte Mittelbare Falschbeurkundung, §§ 271, 22, 23 I StGB
1. Vorprüfung
2. Tatentschluss
3. Unmittelbares Ansetzen nach § 22 StGB
4. Rechtswidrigkeit
5. Schuld
6. Ergebnis

Dritter Teil: Änderung des von U ausgestellten Schuldscheins

I. Urkundenfälschung, § 267, 2. Var. StGB
1. Objektiver Tatbestand
    a) Eine Ansicht – Kein Urkundenfälschung bei Verfälschen durch den Aussteller
    b) herrschende Meinung – Keine Identitätstäuschung nötig
    c) Stellungnahme
2. Subjektiver Tatbestand
3. Rechtswidrigkeit
4. Schuld
5. Ergebnis

II. Urkundenunterdrückung, § 274 I Nr. 1 StGB
1. Objektiver Tatbestand
2. Subjektiver Tatbestand
3. Rechtswidrigkeit
4. Schuld
5. Ergebnis

III. Versuchter Betrug, §§ 263 I, II, 22, 23 I, 12 I StGB

IV. Urkundenfälschung, § 267 I, 2. Var. StGB
1. Objektiver Tatbestand: Kein Verfälschen mangels Rechtsgutsbeeinträchtigung
2. Ergebnis

V. Urkundenfälschung, § 267 I, 1. Var. StGB

Endergebnis und Konkurrenzen

Erster Tatkomplex: Gewährung des Darlehens und Änderung des von K ausgestellten Schuldscheins

I. Strafbarkeit des U gemäß § 263 I StGB durch das Überreden der A zur Gewährung des Darlehens in Höhe von 100.000 €

1. Objektiver Tatbestand

U könnte sich dadurch wegen Betruges strafbar gemacht haben, dass er A zur Gewährung eines Darlehens in Höhe von 100.000 überredete, ohne dabei je vorgehabt zu haben, ihr den vollen Betrag zurückzuerstatten.

> **Hinweis**: In Betracht kommt hier nur ein so genannter **Eingehungsbetrug**.[1] Darauf, ob das Geld ausgezahlt wurde oder nicht, kommt es nicht an, weil eine konkrete Vermögensgefährdung nach herrschender Meinung ausreichend ist.[2] Die konkrete Vermögensgefährdung läge hier in der Pflicht zur Auszahlung des Darlehens nach § 488 BGB.

In dem Eintragen der Summe in den Schuldschein ist der konkludente Abschluss eines Darlehensvertrages nach § 488 I BGB zu sehen.[3]

U müsste A über seine Rückzahlungsabsichten getäuscht haben. Dafür, dass er schon bei Eintragung der 100.000 in den Schuldschein bzw. bei Abschluss des Vertrages vorhatte, A um einen Teil der Summe zu prellen, ist dem Sachverhalt nichts zu entnehmen. Eine Vorspiegelung falscher innerer Tatsachen kann somit nicht angenommen werden.

---

[1] Vgl. dazu allgemein *Wessels/Hillenkamp*, BT/2, Rn. 539.
[2] Vgl. Fall 4.
[3] Der Wortlaut des § 488 BGB bestätigt nun im Wortlaut eindeutig die Konsensualvertragstheorie, die schon zu § 607 BGB a.F. herrschend war; s. BT-Drucks. 14/6040 (Internetversion), S. 253 re. Sp.

2. Ergebnis

U hat sich nicht nach § 263 I StGB strafbar gemacht, indem er A zur Gewährung des Darlehens überredete.

II. Strafbarkeit des U gemäß § 267 I, 2. Var. StGB wegen der Änderung des von K ausgestellten Schuldscheins

U könnte sich wegen Urkundenfälschung strafbar gemacht haben, indem er in dem ihm von K ausgestellten Schuldschein den Betrag von 1.000 auf 10.000 änderte.

1. Objektiver Tatbestand

U müsste eine unechte Urkunde hergestellt oder eine echte Urkunde verfälscht haben.

a) Urkunde

Der von K ausgestellte Schuldschein müsste eine Urkunde sein. Eine **Urkunde** ist in jeder **verkörperten Gedankenerklärung**, die zum **Beweis im Rechtsverkehr bestimmt und geeignet** ist und ihren **Aussteller erkennen lässt**[4], zu sehen.

Der von K ausgestellte Schuldschein hat unproblematisch eine **Perpetuierungs-, Beweis- und Identitätsfunktion**, so dass oben genannten Merkmale der Urkunde gegeben sind. Eine Urkunde liegt vor.

> **Anmerkung**: Da es sich vorliegend um ein **Schriftstück** handelt, bedarf es keiner Darstellung des **Streites** darüber, ob nur diese oder auch so genannte **Beweiszeichen** Urkunden sein können.[5]

b) Tathandlung Verfälschen

U müsste die Urkunde verfälscht haben.

---

[4] *BGH*St 13, 235, 239; Schönke/Schröder-*Cramer*, StGB, § 267, Rn. 2 m. w. N.
[5] Vgl. hierzu *Otto*, BT, § 70 Rn. 1 ff.

> **Merke**: Durch das Verfälschen einer echten Urkunde wird regelmäßig auch eine unechte Urkunde hergestellt, da die Erklärung dem Aussteller ja so nicht mehr zurechenbar ist.[6] Die 2. Var. ist dann aber **lex specialis zur 1. Var.**, so dass sie in der Klausur vorrangig geprüft werden sollte. Ob man in einem solchen Fall die 1. Var. nur in den Konkurrenzen[7] erwähnt oder sie selbständig durchprüft, ist Geschmackssache. Eine Ausnahme von der genannten Regel stellt nach herrschender Meinung das Verfälschen durch den Aussteller dar.[8]

Verfälschen ist die nachträgliche Veränderung des gedanklichen Inhalts einer echten Urkunde.[9] U hat aus der 1.000 eine 10.000 gemacht. Er hat somit eigentlich den im Schuldschein verkörperten gedanklichen Inhalt der Erklärung des K „ich, K, schulde U 1.000 " verändert und somit eine echte Urkunde verfälscht. Die Tatsache, dass die Aussage, die die Urkunde nach dem „Eingriff" enthält inhaltlich wahr ist, spielt für das Merkmal des Verfälschens keine Rolle.[10]

Fraglich ist aber, ob durch U's „Korrektur" nach der herrschenden **Geistigkeitstheorie** auch eine unechte Urkunde vorliegt. Nach der Geistigkeitstheorie ist Aussteller einer Urkunde nicht derjenige, der sie körperlich hergestellt hat, sondern **derjenige, dem das Erklärte im Rechtsverkehr zugerechnet wird** und von dem diese Erklärung in diesem Sinne **geistig herrührt**, weil er sich als Urheber zu ihr bekennt.[11]

---

[6]   S. nur Schönke/Schröder-*Cramer/Heine*, StGB, § 267 Rn. 64 m. w. N.

[7]   Hierzu allgemein Schönke/Schröder-*Cramer/Heine*, StGB, § 267 Rn. 99.

[8]   Vgl. zu dieser Streitfrage Schönke/Schröder-*Cramer/Heine*, StGB, § 267 Rn 68 und sogleich.

[9]   *Lackner/Kühl*, StGB, § 267 Rn. 20.

[10]   *RGSt* 5, 259; *Tröndle/Fischer*, StGB, § 267 Rn. 19.

[11]   *BGHSt* 13, 382, 385; *Otto*, BT, § 70 Rn. 10.

U hat genau den Inhalt herbeigeführt, den der Aussteller beabsichtigt hatte. Insofern könnte man annehmen, dass die Erklärung „ich schulde U 10.000" letztlich geistig von K herrührt. Die Frage der Echtheit wäre indes nur dann von Bedeutung, wenn die Tathandlung des § 267, 2. Var. StGB überhaupt eine unechte Urkunde als Ergebnis verlangt. Dies ist nach herrschender Meinung zu der Fallgestaltung des Verfälschens durch den Aussteller gerade nicht der Fall.[12]

Jedenfalls hatte K die Äußerung bzw. Änderung aber nicht veranlasst, weil er sie nicht kannte bzw. seinen Irrtum nicht bemerkt hatte. Ohne Veranlassung kann ihm die Erklärung aber gerade nicht zugerechnet werden, eine Stellvertretung lag bei Vornahme der Tathandlung nicht vor. Es liegt somit nach der Änderung der Erklärung durch U nach der Geistigkeitstheorie eine unechte Urkunde vor. Etwas anderes ergibt sich auch nicht daraus, dass K die Änderung des Betrages, und damit nach § 177 BGB eine etwaige Stellvertretung ein paar Wochen später genehmigt. Der **Rückwirkungsgedanke** des § 184 I BGB führte **im Straf-recht zu nicht hinnehmbarer Rechtsunsicherheit**, es kommt allein auf den Tatzeitpunkt an.
Die Frage, ob ein Verfälschen nach § 267 I 2. Var. StGB eine unechte Urkunde zum Ergebnis haben muss, kann damit hier offen bleiben. Ein Verfälschen ist gegeben.

2. Subjektiver Tatbestand

a) Vorsatz

U wusste um die Veränderung des gedanklichen Inhalts der Urkunde und wollte sie auch. Er handelte also vorsätzlich.

b) Handeln zur Täuschung im Rechtsverkehr

Zur **Täuschung im Rechtsverkehr** handelt, wer einen anderen **über die Echtheit** bzw. Unverfälschtheit der

---

[12] S. Fn 8 unter weiter unten.

Urkunde **zu täuschen sucht** und ihn **dadurch zu einem rechtserheblichen Verhalten veranlassen** will.[13]

U wollte die Urkunde A vorlegen, um sie zur Gewährung des Darlehens zu bewegen. Dabei wollte er nicht, dass sie von der Veränderung durch ihn weiß. Dass K unter Umständen die Höhe des Anspruchs bestätigt hätte, ist für die Täuschungsabsicht hinsichtlich der Unverfälschtheit irrelevant. U handelte folglich zur Täuschung im Rechtsverkehr.

3. Rechtswidrigkeit

U müsste auch rechtswidrig gehandelt haben.

> **Hinweis**: Es werden hier nur die problematischen Punkte der Einwilligungsvoraussetzungen angesprochen.[14]

a) Rechtfertigung durch Einwilligung

In Betracht kommt eine Rechtfertigung durch Einwilligung des K.

aa) Disponibilität des Rechtsguts

Zunächst müsste überhaupt ein **einwilligungsfähiges Rechtsgut** vorliegen. Geschütztes Rechtsgut ist in **§ 267 StGB die Sicherheit und Zuverlässigkeit des Rechtsverkehrs** im Sinne des Beweisverkehrs[15], also das Vertrauen des Beweisverkehrs in die Echtheit und Unverfälschtheit der Urkunde bzw. darin, dass die Erklärung von einem bestimmten Aussteller stammt.[16] Dabei handelt es sich um ein Rechtsgut der Allgemeinheit, was eine Dispositionsbefugnis eigentlich ausschließt. Wenn es aber Sinn und Zweck des § 267 StGB ist, dass der Beweisverkehr sich darauf verlassen kann, dass hinter der Urkunde ein bestimmter Aussteller als Garant steht, so ist das **Schutzgut**

---

[13] *BGHSt* 33, 105; *Wessels/ Hettinger*, BT/1, Rn. 836.
[14] Zu den vollständigen Voraussetzungen s. *Wessels/Beulke*, Rn. 370 ff.
[15] BGHSt 2, 50, 52; Schönke/Schröder-*Cramer/Heine*, StGB, § 267 Rn. 1.
[16] Schönke/Schröder-*Cramer/Heine*, StGB, § 267 Rn. 1; *Wessels/Hettinger*, BT/1 Rn. 789.

nicht betroffen, wenn der **Aussteller** in die Änderung der Urkunde bewusst **einwilligt, bevor ein Dritter ein berechtigtes Interesse** an dem unversehrten Bestand der Urkunde erlangt. Der Beweisverkehr kann dann – nachträglich – wieder auf die Aussage des Ausstellers vertrauen. Soweit also der Aussteller die Urkunde noch verändern darf, weil fremde Beweisinteressen noch nicht berührt werden, ist eine Rechtfertigung noch möglich.[17]

Vorliegend hatte U die Urkunde verändert, bevor er sie dem Beweisverkehr, insbesondere der A, zukommen ließ. Es hatte deshalb kein Dritter ein schutzwürdiges Beweisinteresse an der Urkunde erlangt. Es kann im Gegenteil der A nur recht sein, wenn der Schuldschein einen höheren Betrag ausweist. Die Erklärung einer Einwilligung in § 267 StGB wäre hier deshalb grundsätzlich möglich.

bb) Einwilligungserklärung

K hat aber erst nach der Änderung von dieser erfahren und sich dann mit ihr einverstanden erklärt. Eine **Einwilligung muss** jedoch **bereits vor der Tat vorliegen**[18], eine nachträgliche Genehmigung ist im Strafrecht bedeutungslos.[19] Aus dem nachträglichen „Einverständnis" kann sich eine Rechtfertigung deshalb nicht ergeben.

Eine Einwilligung seitens des K könnte allein darin gesehen werden, dass K den ursprünglichen Willen hatte, in den Schuldschein eine 10.000 statt einer 1.000 einzutragen. Allerdings muss für eine rechtfertigende Wirkung die Einwilligung zumindest konkludent erklärt werden.[20]

---

[17] So im Ergebnis LK-*Gribbohm*, StGB, 11. Auflage, § 267 Rn. 242; ebenso LK-*Tröndle* in der Voraufl. § 267, Rn. 183; anders Schönke/Schröder-*Cramer/Heine*, StGB, § 267 Rn. 67 sowie *Puppe*, NStZ 1988, 314, die dann schon die Unechtheit der Urkunde verneinen; die Möglichkeit einer Einwilligung bei § 267 generell bezweifelnd *BayObLG* NStZ 1988, 313.

[18] *Wessels/Beulke*, AT, Rn. 378.

[19] *BGH*St 17, 359.

[20] S. nur *Wessels/Beulke*, AT, Rn. 378.

232

> Im dem Erfordernis einer Erklärung liegt einer der wichtigen **Unterschiede zum tatbestandsausschließenden Einverständnis.** Ein anderer liegt in der Relevanz von Willensmängeln.[21]

K hat nicht ausdrücklich in eine etwaige Änderung eingewilligt. Man könnte nur annehmen, dass in der mündlichen Anerkennung des Anspruchs vor der Ausstellung des Schuldscheins in Höhe von 10.000 eine konkludente Einwilligung in eine spätere Änderung der Zahl im Falle eines Irrtums liegt. Dies liegt jedoch außerhalb des nach der Verkehrsauffassung annehmbaren, denn die Urkunde soll ja gerade einen Beweiswert schaffen, der über mündliche Abreden hinausgeht. Ein Irrtum bei der Ausstellung des Schuldscheins ist deshalb gerade nicht verkehrstypisch und wird von den Parteien auch nicht ohne weiteres in Rechnung gestellt. Die Annahme einer vorherigen konkludenten Zustimmung zu einer Änderung wäre hier widersinnig, weil sie den Sinn und Zweck des Schuldscheins im Geschäftsverkehr auf den Kopf stellte.
Eine erklärte Einwilligung liegt nach alledem nicht vor.

b) Rechtfertigung durch mutmaßliche Einwilligung

In Betracht kommt weiter eine **mutmaßliche Einwilligung,** immerhin hat K der Änderung nachträglich zugestimmt. Es könnte eine mutmaßliche Einwilligung aufgrund eines Handelns im materiellen Interesse des Betroffenen vorliegen.[22] Dazu müsste eine Einwilligung vor der Tat nicht mehr einholbar gewesen sein[23], die **mutmaßliche Einwilligung** aufgrund eines Handelns im materiellen Interesse des Betroffenen **ist subsidiär.** U hätte K hier aber problemlos fragen können, ob er einer Änderung zustimmt. In Betracht kommt deshalb nur eine **mutmaßliche Einwil-**

---

[21] Vgl. *Wessels/Beulke*, AT, Rn. 366 ff.
[22] Siehe zu den beiden unterschiedlichen Ausprägungen der mutmaßlichen Einwilligung *Wessels/ Beulke*, AT, Rn. 380 ff.
[23] Siehe *Wessels/Beulke*, AT, Rn. 381.

ligung nach dem Prinzip des mangelnden Interesses.
Nach diesem Prinzip ist eine Einwilligung möglich, wenn es,
unter Respektierung der persönlichen Einstellung des
Betroffenen, **an einem schutzwürdigen Erhaltungsinter-
esse hinsichtlich des Rechtsguts fehlt.**[24]

Dass das Rechtsgut der Sicherheit und Zuverlässigkeit des
Beweisverkehrs bzw. die berechtigten Interessen Dritter
einer Einwilligung hier grundsätzlich nicht entgegenstehen,
wurde schon aufgezeigt. An dieser Stelle ist aber außerdem
das Interesse des K bzw. die Frage zu berücksichtigen, ob
er wirklich kein Interesse an der Unversehrtheit der Urkunde
hatte. Das Vorliegen der Voraussetzungen der mutmaßlichen Einwilligung ist dabei **ex ante** zu überprüfen.[25] Ob der
Interessenträger die Tat im Nachhinein genehmigt, ist ohne
Belang.[26] Ebenso ist es ohne Belang, ob durch die
Veränderung die Wahrheitswidrigkeit beseitigt werden soll.[27]

K hat U einen Schuldschein über dessen Anspruch gegen
ihn ausstellen wollen. Dieser sollte auch nicht nur einen
Beweiswert für U oder Dritte, denen er vorgelegt wird,
sondern auch für ihn selbst haben; der Anspruch wird ja aus
seiner Sicht auch der Höhe nach begrenzt. U konnte
deshalb nicht ohne weiteres davon ausgehen, dass K sich
mit der Änderung einverstanden erklären würde, insbesondere, wenn er den Anspruch anders nicht beweisen
kann. Angesichts dieses Beweiswertes auch für K ist es –
wie schon ausgeführt – eben nicht typisch, dass sich der
Aussteller bei einem solchen Dokument irrt und deshalb mit
der Änderung nach der Verkehrsauffassung ohne Rück-
sprache einverstanden ist. Folglich ist auch eine mutmaßliche Einwilligung nach dem Prinzip des mangelnden
Interesses ausgeschlossen. U handelte somit rechtswidrig.

---

[24] *Wessels/Beulke*, AT, Rn. 384.
[25] Schönke/Schröder-*Cramer/Heine/Lenckner*, StGB, Vorb. zu §§ 32 ff. Rn. 59;
       Baumann/Weber/Mitsch, AT, S. 407.
[26] Schönke/Schröder-*Cramer/Heine/Lenckner*, StGB, Vorb. zu §§ 32 ff. Rn. 54;
       Baumann/Weber/Mitsch, AT, S. 407.
[27] LK-*Gribbohm*, StGB, 11. Auflage, § 267 Rn. 245.

> Es ist hier mit Blick darauf, dass der Anspruch tatsächlich in Höhe von 10.000 besteht, wohl auch vertretbar, ein mangelndes Interesse des K anzunehmen und damit eine mutmaßliche Einwilligung zu bejahen.

4. Schuld

U müsste schuldhaft gehandelt haben. Fraglich ist, ob der Schuldvorwurf aufgrund eines **Irrtums** entfällt. Möglicherweise unterlag U einem **Erlaubnistatbestandsirrtum**. Dann entfiele nach wohl überwiegender Meinung analog § 16 StGB der Vorsatzschuldvorwurf[28] und U wäre nicht nach § 267 StGB strafbar, gleich ob der Irrtum vermeidbar war oder nicht. U irrt hier aber nicht über das Vorliegen tatsächlicher Umstände, die im Falle ihres Gegenseins die Voraussetzungen für eine mutmaßliche Einwilligung begründet hätten. Seine Vorstellung geht allenfalls dahin, dass sein Verhalten angesichts der Umstände „schon in Ordnung" sei. In Betracht kommt deshalb nur ein **Irrtum über die Rechtswidrigkeit nach § 17 StGB**, ein so genannter **Erlaubnisirrtum**.[29] U wäre nach dieser Vorschrift nur dann straffrei, wenn er den Irrtum nicht vermeiden konnte.

Für die **Vermeidbarkeit** in § 17 StGB ist entscheidend, ob der Täter die gehörige **Anspannung seines Gewissens** unterlassen und dadurch versäumt hat, das Unrechtmäßige seines Handelns zu erkennen; das Maß der erforderlichen Gewissensanspannung richtet sich nach den **intellektuellen Fähigkeiten des Einzelnen, seinem Lebens- und Berufskreis und den Umständen des Falles**.[30] Die Annahme von Vermeidbarkeit setzt voraus, dass er alle seine geistigen Erkenntniskräfte eingesetzt und aufgetretene Zweifel durch Nachdenken und erforderlichenfalls durch Einholung von

---

[28] Zu den verschiedenen Ansichten zur Behandlung des ETB s. *Wessels/ Beulke*, AT Rn. 467 ff.

[29] Anders *Puppe*, NStZ 1988, 314 (315), die von einem Verbotsirrtum spricht, weil der Betreffende davon ausgehe, dass die Urkunde aufgrund des mangelnden Interesses bzw. Einverständnisses des Ausstellers echt sei. Für die Anwendung des § 17 ergeben sich dadurch freilich keine Unterschiede.

[30] *BGH*St 2, 198 (201).

Rat bei einer sachkundigen und vertrauenswürdigen Stelle oder Person beseitigt hat.[31] Es ist zweifelhaft, ob einem Laien in einem solchen Fall abverlangt werden kann, zu erkennen, dass er trotz der inhaltlichen Berichtigung einer Urkunde gleichwohl, was die Echtheit der Urkunde betrifft, strafrechtliches Unrecht begeht. Andererseits lässt sich sagen, dass U bei gehöriger Gewissensanspannung hätte erkennen können, dass die eigenmächtige Veränderung der Urkunde mit Blick auf die Bedeutung eines solchen Schuldscheins und die Interessen des K nicht ohne weiteres rechtmäßig ist. Angesichts der allgemein anerkannten und auch U bekannten Bedeutung eines Schuldscheins wäre es angemessen gewesen, K vorher zu fragen, ob er den Betrag verändern kann. Im Ergebnis ist deshalb hier von der Vermeidbarkeit des Irrtums auszugehen.

> Eine andere Ansicht lässt sich hier genauso gut vertreten.

5. Ergebnis

U hat sich durch das Ändern des Betrages in dem Schuldschein von 1.000 auf 10.000 nach § 267 I, 2. Var. StGB strafbar gemacht.

III. Strafbarkeit des U gem. § 267 I, 1. Var. StGB

U hat durch das Verändern des Betrages auch eine unechte Urkunde hergestellt.[32] § 267 I, 1. Var. StGB tritt aber bei gleichzeitiger Verwirklichung der 2. Var. als lex generalis zurück.[33]

Ergebnis

U hat sich auch nach § 267 I, 2. Var. StGB strafbar gemacht.

---

[31] Schönke/Schröder-*Cramer/Sternberg-Lieben*, StGB, § 17 Rn. 14.
[32] Siehe oben.
[33] Wessels/Hettinger, BT/1, Rn. 844.

IV. Strafbarkeit des U nach § 274 I Nr. 1 StGB

U könnte sich durch das Ändern des Betrages in 10.000 auch nach § 274 I Nr. 1 StGB strafbar gemacht haben.

1. Objektiver Tatbestand

a) Tathandlung

U hat den gedanklichen Inhalt der Urkunde nicht so beseitigt, dass er überhaupt nicht mehr zu erkennen ist bzw. dass sie als Beweismittel nicht mehr besteht.[34] Ein **Vernichten** liegt deshalb nicht vor. U könnte die Urkunde aber beschädigt haben. Ein **Beschädigen** ist in jeder **Veränderung der Urkunde zu sehen, die sie in ihrem Wert als Beweismittel beeinträchtigt.**[35] Bei der Verfälschung einer Urkunde nach § 267 I, 2. Var. StGB ist ein Beschädigen tatbestandlich ebenfalls regelmäßig gegeben, weil dadurch der bisherige Beweisinhalt beeinträchtigt wird.[36] Es muss aber nicht in jedem Verfälschen zugleich ein Beschädigen nach § 274 I Nr. 1 StGB liegen.[37]

Problematisch ist hier insofern abermals, dass der Anspruch tatsächlich in der von U eingetragenen Höhe besteht; eine Beeinträchtigung des Beweisinhaltes ist nur insoweit gegeben, als man die materielle (zivilrechtliche) Rechtslage außer Acht lässt. Mit Blick darauf, dass die Urkunde für K auch anspruchsbegrenzende Funktion hat, muss man jedoch von einer Beeinträchtigung des Beweiswertes für K ausgehen.

b) Kein ausschließliches Beweisführungsrecht des U

„**Gehören**" in § 274 I Nr. 1 StGB meint **nicht** etwa die **Eigentumsverhältnisse, sondern** das **Recht,** mit der

---

[34] Vgl. Schönke/Schröder-*Cramer/Heine*, StGB, § 274 Rn. 4.

[35] *Wessels/Hettinger*, BT/1, Rn. 892; Schönke/Schröder-*Cramer/Heine*, StGB, § 274 Rn. 8.

[36] Schönke/Schröder-*Cramer/Heine*, StGB, § 274 Rn. 8a.

[37] Vgl. *Tröndle/Fischer*, StGB, § 274 Rn. 4.

Urkunde oder der technischen Aufzeichnung im Rechtsverkehr Beweis zu erbringen.[38]

Weil ein Schuldschein, wie bereits mehrfach erläutert, auch für den Schuldner eine Beweisfunktion hat, steht das Beweisführungsrecht hier auch dem K und somit nicht ausschließlich dem U zu.

2. Subjektiver Tatbestand

a) Vorsatz

Zum Vorsatz gehört neben der Kenntnis aller Tatumstände, dass der Beeinträchtigungswille sich gegen die Funktion des Tatobjekts als Beweismittel richtet.[39] Zudem muss der Täter nach der Parallelwertung in der Laiensphäre wissen, dass er über den Tatgegenstand nicht alleine verfügen kann.[40]

U weiß, dass durch die Veränderung des Inhalts der Urkunde auch deren Funktion als Beweismittel beeinträchtigt wird. Auch ihm als Laien ist dabei klar, dass der Schuldschein auch für K als Schuldner eine Beweisfunktion erfüllt und ihm somit nicht ausschließlich gehört. U handelte folglich vorsätzlich.

b) Nachteilszufügungsabsicht

U müsste auch mit **Nachteilszufügungsabsicht** gehandelt haben. Unter Nachteil ist jede Beeinträchtigung fremder Rechte zu verstehen; es muss sich nach **herrschender Meinung nicht um vermögensrechtliche Nachteile handeln.**[41] Einen Nachteil stellt insbesondere die Verschlechterung der Beweislage dar.[42] Es genügt **nach überwiegender Ansicht** zudem, dass der Täter mit **dolus**

[38] H. M., s. *BGHSt* 29, 192, LK-*Gribbohm*, 11. Auflage, StGB, § 274 Rn. 5, *Lackner/Kühl*, StGB, § 274 Rn. 2.
[39] *Wessels/Hettinger*, BT/1, Rn. 895.
[40] Schönke/Schröder-*Cramer/Heine*, StGB, § 274 Rn. 13.
[41] BGHSt 29, 192; *Wessels/Hettinger*, BT/1, Rn. 895; Schönke/Schröder-*Cramer/Heine*, StGB, § 274 Rn. 16.
[42] Schönke/Schröder-*Cramer/Heine*, StGB, § 274 Rn. 16.

directus II. Grades handelt, weil das Motiv meist nur der eigene Vorteil ist.[43]

U wusste darum, dass, wenn er den Schuldschein auf 10.000 ändert, der bisherige Beweiswert zum Nachteil des K verändert wird. Dass er aufgrund der materiellen Rechtslage eventuell nicht glaubte, diesen insgesamt nachteilig zu behandeln, ist an dieser Stelle ohne Bedeutung.

3. Rechtswidrigkeit

U müsste rechtswidrig gehandelt haben. Fraglich ist auch im Rahmen des § 274 StGB, ob K in die Veränderung **eingewilligt** hat. Im Gegensatz zu § 267 StGB wird hier nicht der Rechtsverkehr als solcher, sondern der einzelne Berechtigte geschützt.[44] Eine Einwilligung des Berechtigten ist deshalb hier grundsätzlich ohne weiteres möglich.[45]

Allerdings kann sowohl bezüglich der erklärten als auch der mutmaßlichen Einwilligung hier nichts anderes gelten als bei § 267 StGB. Eine Rechtfertigung aufgrund (mutmaßlicher) Einwilligung muss deshalb auch hier entfallen.

4. Schuld

Auch hier kommt ein **Erlaubnisirrtum** bzw. Verbotsirrtum – je nach dem ob man annimmt, dass U glaubte, K werde schon einverstanden sein oder dass er glaubte, eine inhaltliche Berichtigung der Urkunde könne ja wohl generell keine Beweisbeeinträchtigung sein[46] – in Betracht. Dass der Irrtum, dem U insoweit unter Umständen unterlag, vermeidbar gewesen ist, wurde aber schon aufgezeigt. U handelte deshalb auch schuldhaft.

---

[43] *BGH* NJW 1953, 1924; *BGH* MDR/D 58, 140; *Tröndle/Fischer*, StGB, § 274 Rn. 6; a.A. z.B. SK-*Hoyer*, StGB, § 274 Rn. 17.

[44] *Wessels/Hettinger*, BT/1, Rn. 886; Schönke/Schröder-*Cramer/Heine*, StGB, § 274, Rn. 2.

[45] Schönke/Schröder-*Cramer/Heine*, StGB, § 274 Rn. 11; SK-*Hoyer*, StGB, § 274, Rn. 2.

[46] Vgl. zur Abgrenzung von Verbots- und Erlaubnisirrtum bei § 267 StGB im vorliegenden Fall auch Fn. 29.

> **Anmerkung**: Eine andere Ansicht wäre auch hier sowohl in der Rechtswidrigkeit hinsichtlich der mutmaßlichen Einwilligung als auch in der Schuld bei § 17 StGB, ebenso wie oben bei der Prüfung des § 267 StGB, vertretbar. Nur unterschiedlich dürfen die Ergebnisse bei §§ 267, 274 StGB nicht sein, weil die Wertungsfragen jeweils die gleichen sind.

5. Ergebnis

U hat sich nach § 274 I Nr. 1 StGB strafbar gemacht.

V. Strafbarkeit des U nach § 303 I StGB

In der Veränderung des Inhalts der Urkunde könnte darüber hinaus eine Sachbeschädigung zu sehen sein.

1. Objektiver Tatbestand

U könnte die Urkunde beschädigt haben. Allerdings muss der Täter in § 303 StGB im Gegensatz zu § 274 I Nr. 1 StGB eine **fremde Sache** beschädigen. Das Eigentum an einem Schuldschein steht aber dem Gläubiger zu, vgl. **§ 952 I 1 BGB**. Es liegt folglich schon kein taugliches Tatobjekt vor.

2. Ergebnis

Keine Strafbarkeit nach § 303 I StGB.

Zweiter Tatkomplex: Das Ausstellen des Führerscheins

I. Strafbarkeit des S nach § 348 I StGB wegen Ausstellens des Führerscheins

S könnte sich dadurch, dass er U den neuen Führerschein ausstellte, wegen einer Falschbeurkundung im Amt strafbar gemacht haben.

1. Objektiver Tatbestand

a) Amtsträgereigenschaft des S

S ist als Sachbearbeiter bei der Führerscheinstelle Beamter nach **§ 11 I Nr. 2a StGB**. Er ist damit Amtsträger im Sinne von § 348 I StGB.

b) Befugnis der Behörde zur Aufnahme öffentlicher Urkunden und Zuständigkeit des S

Des Weiteren müsste es sich bei dem Führerschein um eine öffentliche Urkunde handeln. Nach dem **dreigliedrigen Urkundsbegriff des § 415 I ZPO** ist eine öffentliche Urkunde nur eine solche, die von einer **öffentlichen Behörde innerhalb der Grenzen ihrer Amtsbefugnisse** oder von einer mit öffentlichem Glauben versehenen Person **im Rahmen ihrer Zuständigkeit** und in der **vorgeschriebenen Form** errichtet worden ist.

Merke: Der Urkundenbegriff ist in den §§ 271, 348 StGB ein anderer als in § 267 StGB, weil es in diesen Normen um öffentliche Urkunden geht. Für die Definition kann auf § 415 I ZPO zurückgegriffen werden.

Die Führerscheinstelle ist Teil einer öffentlichen Behörde, zu deren Zuständigkeit die Ausstellung von Führerscheinen gehört. Davon, dass der von S ausgestellte Führerschein die vorgeschriebene Form hat, kann ausgegangen werden. Es handelt sich vorliegend also um eine öffentliche Urkunde im Sinne von § 348 I StGB.
Als zuständiger Sachbearbeiter ist S auch die für die Ausstellung zuständige Person innerhalb der Führerscheinstelle. Er handelte somit innerhalb seiner persönlichen Zuständigkeit.

Merke: Die Prüfung der Zuständigkeit der Behörde ergibt sich aus dem Urkundenbegriff des § 415 I ZPO, die der Zuständigkeit der Person des Amtsträgers dagegen aus § 348 I StGB.

c) Falschbeurkundung einer rechtlich erheblichen Tatsache bei erhöhter Beweiskraft dieser Tatsache

Ob jemand im Besitz einer Fahrerlaubnis ist oder nicht, ist eine rechtlich erhebliche Tatsache. U hat **nicht nur** ein **Fahrverbot** nach § 44 StGB bekommen, ihm wurde vom

Richter die **Fahrerlaubnis nach § 69 StGB entzogen**. Die rechtlich erhebliche Tatsache hat S somit auch falsch beurkundet.

Diese falsch beurkundete Tatsache müsste ferner **öffentliche Beweisrichtung** haben, d.h. der öffentliche Glaube bzw. die **volle Beweiskraft für und gegen jedermann** muss **sich** gerade **auf die unwahre Tatsache beziehen**.[47] Sie muss für den Rechtsverkehr nach außen bestimmt sein (so genannte **erhöhte Beweiskraft**).

Dass sich die erhöhte Beweiskraft des Papiers Führerschein auf das Vorliegen einer Fahrerlaubnis erstreckt, ergibt sich schon aus **§ 2 I S. 3 StVG** sowie aus **§§ 4 ff. FeV**.[48]

Worauf sich die erhöhte Beweiskraft bezieht, kann im Einzelfall Schwierigkeiten bereiten. Es empfiehlt sich folgende Vorgehensweise:

Zunächst sind die einschlägigen Vorschriften heranzuziehen und **auszulegen**. (vgl. zum Beispiel §§ 415 I, 417, 418 ZPO; im vorliegenden Fall hilft § 2 I S. 3 StVG weiter).

Kommt man so zu keinem Ergebnis, ist hilfsweise auf die **Verkehrsanschauung** sowie auf den **Zweck** für die Errichtung der öffentlichen Urkunde abzustellen. Beispiel: Der notarielle Kaufvertrag beweist nur, dass die Parteien an einem bestimmten Ort zu einer bestimmten Zeit vor dem Notar die festgehaltene Aussage gemacht haben. Die erhöhte Beweiskraft bezieht sich dagegen nicht auf die inhaltliche Richtigkeit der Angaben (insbesondere den Kaufpreis).[49]

S hat mithin eine rechtliche erhebliche Tatsache, auf die sich die erhöhte Beweiskraft der Urkunde bezog, falsch beurkundet. Der objektive Tatbestand ist somit gegeben.

---

[47] *BGH*St 20, 186 (187); 17, 66 (67).
[48] Vgl. auch *BGH*St 37, 207 (209).
[49] Vgl. *OLG Karlsruhe*, NJW 1999, 1044.

2. Subjektiver Tatbestand

S hatte Vorsatz hinsichtlich aller objektiven Tatbestandsmerkmale, insb. hinsichtlich der Unrichtigkeit der beurkundeten Tatsache. Er handelte diesbezüglich mit dolus directus I. Grades.

3./4. Rechtswidrigkeit und Schuld

S' Verhalten war rechtswidrig und schuldhaft.

5. Ergebnis

S hat sich nach § 348 I StGB strafbar gemacht.

II. Strafbarkeit des U nach §§ 348 I, 26 StGB wegen Veranlassens der Neuausstellung des Führerscheins

> **Anmerkung**: Theoretisch vorrangig in Betracht kommt eine Strafbarkeit des U nach §§ 348, 25 I, 2 Alt., 22, 23 I StGB. **Eine mittelbare Täterschaft ist bei § 348 StGB aber nicht möglich**, weil die Amtsträgereigenschaft ein **strafbegründendes besonderes persönliches Merkmal nach § 28 I StGB** ist.[50] Es ist in der Klausur auch möglich, diese Prüfung unter eigener Überschrift vorzunehmen, sie sollte dann aber kurz gehalten werden.

U könnte sich dadurch, dass er die Neuausstellung durch sein Erscheinen und seine unwahrheitsgemäße Darstellung veranlasst hat, wegen Anstiftung zur Falschbeurkundung im Amt strafbar gemacht haben.

1. Objektiver Tatbestand

a) Vorsätzliche rechtswidrige Haupttat

S ist strafbar gem. § 348 I StGB. Eine vorsätzliche rechtswidrige Haupttat liegt damit vor.

---

[50] Vgl. auch unten.

b) Bestimmen nach § 26 StGB

Bestimmen bedeutet **Hervorrufen des Tatentschlusses**. Das Verlangen des U nach einer Neuausstellung war jedenfalls kausal für die Tat des V. Bezüglich der weiteren Anforderungen an das Bestimmen herrscht Uneinigkeit.[51]

aa) Schaffung einer tatanreizenden Situation genügt

Nach einer Ansicht reicht jede irgendwie geartete Verursachung des Tatentschlusses, wozu auch das Schaffen einer tatanreizenden Situation gehört.[52] Nach dieser Ansicht wäre hier Bestimmen anzunehmen.

bb) Kommunikative Einwirkung erforderlich

Die **herrschende Meinung** verlangt für die Anstiftungshandlung **eine Willensbeeinflussung im Wege des offenen geistigen Kontakts**. Der Tatentschluss muss durch die kommunikative Einwirkung hervorgerufen werden.[53]

U erzählt S er habe den seinen Führerschein verloren und benötige einen neuen. Es besteht, bezogen auf die Haupttat, also eine psychische Beziehung zwischen den beiden. Die Einwirkung des U auf S ist auch die einzige Ursache dafür, dass dieser die Falschbeurkundung vornimmt. Dass U versucht hat, bei S einen Motivirrtum zu erregen, ist nach dieser Ansicht irrelevant.[54] Nach der herrschenden Meinung wäre daher ebenfalls von einem Bestimmen nach § 26 StGB auszugehen.

cc) Kollusives Zusammenwirken nötig

Eine dritte Meinung fordert einen gemeinsamen Tatplan im Sinne einer „**Kollusion**". Es muss unmittelbar auffordernd

---

[51] Vgl. zu den unterschiedlichen Ansichten die Nachweise bei *Wessels/Beulke*, AT, Rn. 568.

[52] *Bloy*, AT, S. 329.

[53] *Jeschek/Weigend*, S. 686; SK-*Hoyer*, StGB, § 26 Rn. 12; *Kühl*, § 20 Rn. 172 ff.; Schönke/Schröder-*Cramer/Heine*, StGB, § 26 Rn. 4 m.w.N.

[54] Siehe *Wessels/ Beulke*, AT, Rn. 568.

auf den Haupttäter eingewirkt und so der Tatentschluss herbeigerufen worden sein.[55]
U wusste nicht, dass S ihn durchschaut hatte. Er wollte gerade, dass S die Ausstellung gutgläubig vornimmt. Von einem kollusiven Zusammenwirken kann hier deshalb keine Rede sein. Nach dieser Ansicht wären die Voraussetzungen des § 26 StGB somit nicht gegeben.

dd) Stellungnahme

Gegen die dritte Auffassung spricht, dass sie die Anstiftung zu sehr in die Nähe von § 25 II StGB rückt. Ein kollusives Zusammenwirken erscheint weniger typisch für einen akzessorischen Rechtsgutsangriff als für eine Mittäterschaft. Die Strafbarkeit der Anstiftung würde auch zu sehr eingeengt, nicht zuletzt durch Beweisschwierigkeiten in der Praxis. Dieser Ansicht ist daher nicht zu folgen.

Die anderen Auffassungen kommen beide zu einem Bestimmen, so dass sich eine Stellungnahme zugunsten einer dieser Ansichten erübrigt. § 26 StGB ist nach alledem objektiv gegeben.

Anmerkung: Sollte in der Klausur wirklich einmal das bloße Schaffen einer tatanreizenden Situation als Anstiftungshandlung in Betracht kommen, so muss sich auch mit der ersten Ansicht näher auseinandergesetzt werden. Dass die bloße Verursachung des Tatentschlusses eigentlich nicht ausreichen kann, ergibt sich aus dem Strafgrund der Teilnahme. Zwar ist das Unrecht der Teilnahme vom Unrecht der Haupttat abhängig; sie verkörpert jedoch auch einen eigenen Unwert, [56] der darin zu sehen ist, dass der Anstifter das **Rechtsgut** auch selbst **mittelbar angreift**. Dieser mittelbare Angriff liegt in der **kommunikativen Beeinflussung** des Täters,[57] die bloße Schaffung einer tatanreizenden Situation reicht dafür nicht aus.

---

[55] *Puppe*, GA 1984, 101 (121); *Meyer*, Das Erfordernis der Kollusion bei der Anstiftung 1973; ders. JuS 1970, 529 (531).
[56] Vgl. Schönke/Schröder-*Cramer/Heine*, StGB, vor § 25 Rn. 17a.
[57] Vgl. Schönke/Schröder-*Cramer/Heine*, StGB, § 26 Rn. 4.

> **Beachte** außerdem: Wer Anstiftung mangels Kollusion ablehnt, darf die Prüfung einer (psychischen) Beihilfe nicht vergessen!

2. Subjektiver Tatbestand

Zunächst müsste U Vorsatz hinsichtlich der vorsätzlichen rechtswidrigen Haupttat des S gehabt haben.

U hält S für gutgläubig. Er hat also eigentlich nicht den Vorsatz, diesen zu einer vorsätzlichen Haupttat anzustiften. Die überwiegende Ansicht sieht jedoch im Vorsatz der mittelbaren Täterschaft den der Anstiftung als **„wesensgleiches Minus"** enthalten und will dementsprechend wegen vollendeter Anstiftung bestrafen.[58]

> **Achtung:** U hatte Vorsatz hinsichtlich § 271 StGB, **nicht** etwa bezogen auf §§ 348, 25 I 2. Alt. StGB. Wegen § 28 I StGB ist eine **mittelbare Täterschaft in § 348 StGB** nicht möglich.[59] Diese „Lücke" füllt § 271 StGB aus.

Nach anderen Stimmen lässt sich dagegen in dieser Konstellation mangels Anstiftervorsatzes eine vollendete Anstiftung nie annehmen.[60]

Eine vollendete Anstiftung nimmt aber auch die überwiegende Ansicht dann nicht an, wenn das täterschaftliche Handeln hinsichtlich des Strafrahmens privilegiert ist[61], weil anderenfalls der Betreffende durch die Bestrafung nach § 26 StGB schlechter und somit die gesetzliche Privilegierung umgangen würde.

Der Strafrahmen des § 271 StGB reicht bis zu drei Jahren Freiheitsstrafe, der des § 348 StGB bis zu fünf Jahren. Demnach ist hier der Gedanke des „wesensgleichen Minus" nach einhelliger Auffassung nicht anwendbar; eine Bestrafung nach §§ 348, 26 StGB muss entfallen.

---

[58]   Vgl. *Wessels/Beulke*, AT, Rn. 549 m. w. N.
[59]   S. auch oben.
[60]   *Gropp,* AT, § 10 Rn. 77; SK-*Hoyer*, StGB, § 25 Rn. 145.
[61]   Vgl. *Wessels/Beulke*, AT, Rn. 549.

Etwas anderes ergibt sich auch nicht aus den bei §§ 348, 26 StGB zu beachtenden §§ 28 I, 49 I StGB: Die obligatorische Strafmilderung des § 28 I StGB führt nach § 49 I Nr. 2 StGB in § 348 StGB zu einer Strafrahmenminderung auf 3 Jahre und 9 Monate. Da also der Strafrahmen der §§ 348, 26 StGB auch bei Berücksichtigung von § 28 I StGB höher ist als der von § 271 StGB, würde immer noch eine Privilegierung umgangen, so dass es bei dem Ergebnis der herrschenden Meinung bleibt.

Anmerkung: Das Problem der Umgehung der Privilegierung muss bei § 160 bzw. §§ 153, 26 StGB entsprechend gelöst werden.

3. Ergebnis

U hat sich nicht nach §§ 348, 26 StGB strafbar gemacht.

II. Strafbarkeit des U gemäß § 271 I StGB

In Betracht kommt nach dem Gesagten aber eine Strafbarkeit wegen mittelbarer Falschbeurkundung.

1. Objektiver Tatbestand

a) Falschbeurkundung einer rechtserheblichen Tatsache in einer öffentlichen Urkunde durch einen Amtsträger

Dass eine rechtserhebliche Tatsache, auf die sich die erhöhte Beweiskraft bezieht, in einer öffentlichen Urkunde von einem Amtsträger falsch beurkundet wurde, wurde schon im Rahmen des § 348 StGB dargelegt. Hinsichtlich dieser Voraussetzungen ergeben sich hier keine Unterschiede.

b) Bewirken

Unter **Bewirken ist jede Verursachung der unwahren Beurkundung zu verstehen.**[62] Dabei ist die Täuschung des

---

[62] *Tröndle/Fischer*, StGB, § 271 Rn. 15; *Lackner/Kühl*, StGB, § 271 Rn. 6; LK-*Gribbohm*, 11. Auflage, StGB, § 271 Rn. 74.

Beamten das typische Mittel, wenngleich nicht das einzige.[63] Verursacht hat U die Falschbeurkundung. Problematisch ist dagegen, wie es sich auswirkt, dass die Täuschung nur aus Sicht des U, nicht aber objektiv erfolgreich war.

Ob ein Bewirken auch dann vorliegt, wenn der Handelnde entgegen der Erwartung des Hintermanns bösgläubig ist, ist umstritten.[64]

aa) Bestrafung aus Versuch, § 271 I, IV StGB

Nach einer Ansicht ist U lediglich aus Versuch zu bestrafen, § 271 I, IV StGB. Diese Ansicht sieht die ratio der Vorschrift allein in der Füllung der Lücke, die § 348 StGB aufgrund von § 28 I StGB hinterlässt.[65]
Nach dieser Meinung liegt hier kein Bewirken vor.

bb) § 271 I StGB auch bei vermeintlicher Gutgläubigkeit

Die herrschende Meinung betrachtet § 271 StGB **nicht allein als Auffangtatbestand** in der beschriebenen Weise. Die Norm soll generell in allen Fällen einschlägig sein, in denen der Amtsträger aufgrund des Einwirkens des Täters lediglich den objektiven Tatbestand des § 348 StGB erfüllt.[66]
Danach liegt ein Bewirken hier vor.

cc) Stellungnahme

Für die erste Auffassung spricht, dass bei Bösgläubigkeit des Opfers eine Tatherrschaft schwer zu begründen ist. Soweit man die ratio der Norm also allein in der Füllung der Lücke hinsichtlich der mittelbaren Täterschaft sieht, die § 348 StGB aufgrund von § 28 I StGB hinterlässt, kann § 271 I StGB nicht greifen. Auch stellt sich die Frage, ob diese Konstellation nicht gerade in den Anwendungsbereich von Abs. IV fällt.

---

63 Schönke/Schröder-*Cramer/Heine*, StGB, § 271 Rn. 25 m. w. N.
64 Vgl. *Lackner/Kühl*, StGB, § 271 Rn. 7 m. w. N.
65 Vgl. *Joecks*, § 271 Rn. 18.
66 Vgl. die Formulierung bei SK-*Hoyer*, StGB, § 271 Rn. 22: „Grunddelikt".

Diese Argumente sind letztlich überzeugend. Es ist daher der ersten Ansicht darin zu folgen, dass ein Bewirken hier nicht angenommen werden kann.

> **Anmerkung**: Eine andere Ansicht ist hier vertretbar. Zu beachten ist zudem, dass der gleiche Streit um das Verhältnis von § 160 zu §§ 153, 26 StGB geführt wird. Bejaht man mit der herrschenden Meinung den objektiven Tatbestand des § 271 I StGB, so muss im subjektiven Tatbestand kurz darauf hingewiesen werden, dass der Vorsatz der mittelbaren Täterschaft hier den Vorsatz, eine bösgläubige Person zu einer Falschbeurkundung im Amt zu „verleiten", als wesensgleiches Minus umfasst[67], vgl. auch oben. In diesen Fällen besteht immer eine Inkongruenz zwischen objektivem und subjektivem Tatbestand, weil der „Anstifter" sich eben etwas anderes vorgestellt hat als tatsächlich eingetreten ist. Dieses Problem lässt sich aber dann mit einem Hinweis auf die Unwesentlichkeit der Vorsatzabweichung „umschiffen".

2. Ergebnis

U hat sich nicht nach § 271 I StGB strafbar gemacht.

III. Strafbarkeit des U nach § 271 I, IV, 22, 23 I, 12 I StGB

U könnte sich aber wegen des Versuchs der mittelbaren Falschbeurkundung strafbar gemacht haben.

1. Vorprüfung

Nach der hier vertretenen Ansicht ist die Tat nicht vollendet. Der Versuch ist strafbar nach **§ 271 IV StGB**.

2. Tatentschluss

U wollte, dass S die rechtserhebliche Tatsache, auf die sich die erhöhte Beweiskraft bezieht – namentlich die Tatsache,

---

[67] Schönke/Schröder-*Cramer/Heine*, StGB, § 271 Rn. 30 m.w.N.

dass er eine Fahrerlaubnis besitzt – falsch beurkundet. Er handelte auch vorsätzlich hinsichtlich seines eigenen Einflusses bzw. des Bewirkens dieser Falschbeurkundung durch einen gutgläubigen Amtsträger.

> Ob S gut- oder bösgläubig war hatte, spielt in der Versuchs-konstellation natürlich gerade keine Rolle. Es kommt allein auf U's Vorstellung an.

Der Tatentschluss lag also vor.

3. Unmittelbares Ansetzen nach § 22 StGB

U hatte schon begonnen, auf S einzuwirken, indem er diesem die Geschichte von dem verloren gegangenen Führerschein erzählte. Da also schon die Tathandlung schon im Gange war, liegt ein unmittelbares Ansetzen nach § 22 StGB unproblematisch vor.

4./5. Rechtswidrigkeit und Schuld

Rechtfertigungs- oder Entschuldigungsgründe sind nicht ersichtlich.

6. Ergebnis

U hat wegen versuchter mittelbarer Falschbeurkundung gemäß §§ 271 I, IV, 22 StGB strafbar gemacht.

Dritter Tatkomplex: Änderung des von U ausgestellten Schuldscheins

I. Strafbarkeit des U nach § 267 I, 2. Var. StGB durch Änderung des Betrages von 100.000 auf 75.000 €

U könnte sich wegen Urkundenfälschung strafbar gemacht haben, indem er den Betrag in dem von ihm ausgestellten Schuldschein auf 75.000 änderte.

1. Objektiver Tatbestand

Ein Schuldschein ist eine Urkunde im Sinne von § 267 StGB.[68] Diese Urkunde müsste U verfälscht haben. Verfälschen ist die nachträgliche Veränderung des gedanklichen Inhalts einer echten Urkunde.[69] Den gedanklichen Inhalt hat U verändert, der Schuldschein sagt nach der Veränderung etwas anderes aus als davor. Demnach läge eigentlich ein Verfälschen vor. Problematisch ist indes, ob die 2. Var. des § 267 I StGB auch erfüllt ist, wenn der **Aussteller selbst die Urkunde verfälscht**. Die Frage ist **umstritten.**[70]

a) Keine Urkundenfälschung bei Verfälschen durch den Aussteller

Nach einer Ansicht ist auch bei der 2. Var. in § 267 I StGB eine **Identitätstäuschung Voraussetzung.**[71] Das Verfälschen durch den Aussteller erfülle deshalb den Tatbestand nicht. Nach dieser Ansicht muss die Tathandlung der 2. Var. – ebenso wie die erste – immer eine unechte Urkunde zur Folge haben. Um dem Vorwurf des Hervorrufens von Strafbarkeitslücken zu entgehen, wird auf eine **mögliche Bestrafung nach § 274 I Nr. 1 StGB** verwiesen. Nach dieser Auffassung kommt hier eine Bestrafung des U aus § 267 I, 2. Alt. StGB nicht in Betracht.

b) Keine Identitätstäuschung nötig

Nach **herrschender Meinung** kann sich auch der Aussteller nach § 267 I, 2. Var. StGB strafbar machen, wenn er die Dispositionsbefugnis verloren hat.[72] Als Argument wird angeführt, dass die **2. Var.** sonst **keine eigenständige Bedeutung in § 267 I StGB** hätte, weil immer auch ein Herstellen

---

[68] Siehe oben.

[69] *Lackner/Kühl*, StGB, § 267 Rn. 20.

[70] Vgl. die Darstellung bei *Lackner/Kühl*, StGB, § 267 Rn. 21.

[71] SK-*Hoyer*, StGB, § 267 Rn. 83; Schönke/Schröder/*Cramer/Heine*, StGB, § 267 Rn. 68.

[72] *BGH*St 13, 382 (387); *Tröndle/Fischer*, StGB, § 267 Rn. 19a.

einer unechten Urkunde nach der 1. Var. gegeben wäre. Nach dieser Meinung ist der Tatbestand des Verfälschens hier erfüllt.

c) Stellungnahme

Gegen die herrschende Meinung spricht, dass der Schutz der Dispositionsbefugnis eigentlich unter § 274 I Nr. 1 StGB fällt, korreliert sie doch mit dem dortigen Begriff des „Gehörens". Entgegen der Mindermeinung lassen sich indes nicht alle Fallgestaltungen des Verfälschens durch den Aussteller im Ergebnis unter § 274 StGB fassen. Es wird nämlich nicht immer eine Nachteilszufügungsabsicht vorliegen, sodass eben doch Strafbarkeitslücken entstehen können.[73] Zudem lässt sich nicht ohne weiteres annehmen, dass der Gesetzgeber etwas Überflüssiges statuiert. Im Ergebnis ist deshalb der herrschenden Meinung zu folgen, sodass der Tatbestand des § 267 I, 2. Var. StGB erfüllt ist.

> Die andere Ansicht ist nur schwer vertretbar. Denn man kann schwerlich davon ausgehen, dass der Gesetzgeber mehrere Begehungsformen umschreiben wollte, ohne sich über den systematischen Zusammenhang Gedanken zu machen. Zwar läuft die herrschende Meinung eigentlich dem Grundkonzept der unterschiedlichen Schutzrichtungen der §§ 267 StGB (Echtheit – „Autorisierung" durch den Aussteller) und 274 StGB (Dispositionsbefugnis über den Beweiswert) zuwider.[74] Andererseits kann man sich angesichts der 2. Var. aber gerade fragen, ob ein Grundkonzept dieser Art überhaupt existiert.

2. Subjektiver Tatbestand

U handelte vorsätzlich bezüglich aller objektiven Tatbestandsmerkmale. Da er vorhatte, den veränderten Schuld-

---

[73] So z.B. im Lehrbuchfall der nachträglichen „Verbesserung" einer Klassenarbeit durch den Schüler.

[74] So die Kritik von Teilen des Schrifttums, s. z.B. SK-*Hoyer*, StGB, § 267 Rn. 83; NK-Puppe, StGB, § 267 Rn. 87; Schönke/Schröder-*Cramer/Heine*, StGB, § 267 Rn. 68.

schein A vorzulegen, handelte er auch zur Täuschung im Rechtsverkehr.

3./4. Rechtswidrigkeit und Schuld

U's Verhalten war rechtswidrig und schuldhaft.

5. Ergebnis

U hat sich gem. § 267 I, 2. Var. StGB strafbar gemacht.

II. Strafbarkeit des U nach § 274 I Nr. 1 StGB

Eine Strafbarkeit wegen des Veränderns des Schuldscheins könnte sich zudem aus § 274 I Nr. 1 StGB ergeben.

1. Objektiver Tatbestand

Eine Urkunde liegt vor. In Betracht kommt auch hier allein die Variante des Beschädigens. Indem er den Betrag veränderte, hat U den Beweiswert der Urkunde geschädigt. Hier entspricht der Betrag auch nicht der „zivilrechtlichen" Wahrheit, so dass an einem Beschädigen auch insofern kein Zweifel besteht.

Der Schuldschein stand dem U zudem nicht ausschließlich zur Beweisverwertung zu, so dass er ihm im Sinne von § 274 I Nr. 1 StGB „nicht gehörte".

2. Subjektiver Tatbestand

U handelte vorsätzlich und in der Absicht, der A einen Nachteil zuzufügen.

3./4. Rechtswidrigkeit und Schuld

U handelte rechtswidrig und schuldhaft.

5. Ergebnis

U hat sich auch nach § 274 I Nr. 1 StGB strafbar gemacht.

III. Strafbarkeit des U nach §§ 263 I, II, 22, 23 I, 12 I StGB gegenüber dem Richter und zu Lasten der A

Man könnte auch an einen Strafbarkeit wegen Betruges wegen Vorlegens des veränderten Schuldscheins im Prozeß denken. Für ein unmittelbares Ansetzen ergeben sich diesbezüglich aber keinerlei Anhaltspunkte aus dem Sachverhalt.

Ergebnis

Eine Strafbarkeit wegen Betruges entfällt.

IV. Strafbarkeit der A nach § 267 I, 2. Var. StGB durch Rückgängigmachung der Fälschung des U

A könnte sich dadurch, dass sie den Betrag wieder auf 100.000 geändert hat, wegen einer Urkundenfälschung strafbar gemacht haben.

1. Objektiver Tatbestand

Eine Urkunde liegt vor. Fraglich ist, ob A diese verfälscht hat. Die Urkunde war durch U's Verfälschung nicht unecht geworden, die Veränderung war nur inhaltlicher Art.[75] Sie ist deshalb eigentlich weiterhin ein taugliches Tatobjekt für die 2. Var. Das Vorliegen des Tatbestandes ist gleichwohl zweifelhaft.

Nach herrschender Meinung schützt die 2. Var. auch den gedanklichen Inhalt der Urkunde.[76] Der Begriff des zu schützenden Inhalts ist hier problematisch. Zunächst kommt es **nicht** auf die inhaltliche **Wahrheit** an.[77] Ein Verfälschen ist deshalb auch gegeben, wenn durch die Veränderung der Urkundeninhalt wahr wird.[78] Dass der Inhalt der Urkunde

---

[75] Anders nur, wenn man den Aussteller rein zeitlich also danach bestimmt, wer zuletzt Veränderungen an der Urkunde vorgenommen hat, vgl. *Sax*, FS Peters (1974), 149 ff.

[76] Vgl. Schönke/Schröder-*Cramer/Heine*, StGB, § 267 Rn. 68.

[77] *RGSt* 5, 529.

[78] *Tröndle/Fischer*, StGB, § 267 Rn. 19.

nach A's Eingriff objektiv der Wahrheit entsprach, ist deshalb unerheblich.

> Die 2. Var. in § 267 I StGB schützt niemals, auch nach herrschender Meinung nicht, die inhaltliche Wahrheit der Urkunde. Geschützt wird der gedankliche Inhalt nur insoweit, als die Gedankenerklärung in der Form Bestand haben soll, die sie durch den Aussteller erfahren hat. Im oben dargelegten Streit um das Verfälschen durch den Aussteller nimmt die herrschende Meinung – wie gesehen – nur insofern eine Schutzzweckerweiterung vor, als sie die Dispositionsbefugnis über den Beweisinhalt mit umfasst.
> Schutz erfährt die Wahrheit dagegen in §§ 271, 348 StGB.

Es ließe sich jedoch insofern auf den wahren Inhalt abstellen, als dieser im Zeitpunkt der Erteilung des Schuldscheins durch U auch tatsächlich in der Urkunde verbrieft und die Erklärung somit durch ihn autorisiert war. Auf diesen Zeitpunkt und nicht auf den nach U's „Korrektur" abzustellen, ließe sich damit rechtfertigen, dass U eben keine Dispositionsbefugnis mehr über die Urkunde hatte. Wenn aber die verkörperte Erklärung zugunsten des Rechtsverkehrs durch den Aussteller nicht mehr verändert werden darf, dann wird der Schutzbereich des § 267 StGB nicht verletzt, wenn diese Erklärung erhalten – oder wie hier – wiederhergestellt wird. Es liegt deshalb im vorliegenden Fall gar **keine Rechtsgutsbeeinträchtigung** vor. Es geht also gar nicht um die Wahrheit des Inhalts, sondern um den „status quo" der Erklärung in der Urkunde, bevor U das Recht verlor, den Gedankeninhalt zu verändern. Zudem hätte man anderenfalls das seltsame Ergebnis, dass A aufgrund des Schutzes von Gedankeninhalten strafbar wäre, die ihrerseits erst durch eine Straftat in der Urkunde Verkörperung gefunden haben.

Im Ergebnis ist ein Verfälschen ist hier deshalb mangels Rechtsgutsbeeinträchtigung zu verneinen.

> Eine andere Ansicht ist hier wohl nur schwer vertretbar.

Hinweis: Das Problem ist nicht ganz einfach. Es reicht an dieser Stelle aber, ein Gespür dafür zu haben, dass der Schutzzweck der Norm hier unter Umständen nicht berührt ist.

Kommt man doch zu einer Tatbestandsverwirklichung durch A, so muss man erkennen, dass auf den folgenden Deliktsebenen noch weitere Möglichkeiten vorhanden sind, der A „zu helfen".

Zu denken wäre an die Möglichkeit einer Rechtfertigung nach § 32 StGB. Problematisch wäre dabei schon das Vorliegen eines notwehrfähigen Rechtsguts. Die Sicherheit des Rechtsverkehrs ist kein notwehrfähiges Rechtsgut und ob das Beweisführungsrecht ein von § 267 StGB geschütztes Rechtsgut ist, ist zweifelhaft. Dass die herrschende Meinung im Falle des Verfälschens durch den Aussteller diesem die Dispositionsbefugnis über den Beweiswert entzieht, bedeutet nicht ohne weiteres, dass ein notwehrfähiges Rechtsgut für A vorliegt. Denn geschützt werden soll dadurch in erster Linie der Rechtsverkehr, nicht der Beweisführungsberechtigte; dieser erhält Schutz eigentlich nur über § 274 I Nr. 1 StGB.

Des Weiteren wäre § 34 StGB zu erwägen. Dort sind zwar auch Rechtsgüter der Allgemeinheit grundsätzlich schutzfähig.[79] Ein rechtfertigender Notstand müsste jedoch an der Angemessenheitsklausel scheitern, weil obrigkeitliche Hilfe möglich gewesen wäre[80]; ein Ergebnis, das wertungsmäßig mit den ebenfalls nicht einschlägigen §§ 229, 230 BGB übereinstimmt.

Auf der Ebene der Schuld wäre ein Verbotsirrtum nach § 17 StGB zu prüfen. A's Aussage, die Änderung ginge schon in Ordnung könnte auch als Irrtum über das Vorliegen eines in Wahrheit nicht existenten Rechtfertigungsgrundes angesehen werden. Dann wäre ein Erlaubnisirrtum zu erläutern. Die Unvermeidbarkeit hier zu bejahen, erschiene vertretbar, weil die Tatbestandsmäßigkeit bzw. Rechtswidrigkeit –

---

[79] *Tröndle/Fischer*, StGB, § 34 Rn. 3a.
[80] Vgl. *Kühl*, AT, § 8 Rn. 175 ff.

sofern bejaht – eines solchen Verhaltens auch für einen Juristen nur schwer zu erkennen ist bzw. nicht eindeutig zu bestimmen ist.

2. Ergebnis

A hat sich nicht nach § 267 I, 2. Var. StGB strafbar gemacht.

V. Strafbarkeit der A nach § 267 I, 1. Var. StGB durch Rückgängigmachung der Fälschung des U

Eine Strafbarkeit der A könnte sich schließlich auch aus § 267 I 1, 1. Var. StGB ergeben.

Dazu müsste sie eine unechte Urkunde hergestellt haben. Dies ist der Fall, denn bei der inhaltlichen Veränderung einer Urkunde durch eine andere Person als den Aussteller ist auch immer eine Identitätstäuschung gegeben. Allerdings stellt sich auch hier die Frage, ob die Urkunde in dem status quo, den sie nach der strafbaren Veränderung durch U erfahren hat, tatsächlich einem strafrechtlichen Schutz unterliegen soll. Dies ist richtigerweise abzulehnen.

Es ergeben sich hier keine Unterschiede zur Prüfung der 2. Var.

Ergebnis

A hat sich auch nicht nach § 267 I, 1. Var. StGB strafbar gemacht.

Endergebnis und Konkurrenzen

Im ersten Teil wird bei U § 267 I, 1. Var. StGB durch die 2. Var. verdrängt.[81]

---

[81] Vgl. zum Verhältnis der 1. zur 2. Var. *Wessels/ Hettinger*, BT/1, Rn. 844.

Wird durch die Beseitigung von Teilen einer Erklärung der Urkunde ein **neuer Beweisinhalt** gegeben, so tritt § 274 StGB als subsidiär hinter § 267 StGB zurück, weil hier die Beschädigung nur das Mittel zur Verfälschung ist.[82] Dies gilt ebenso, wenn der Urkunde nach dem Eingriff durch Einfügung ein neuer Inhalt gegeben wird.[83] Im ersten Teil bleibt somit allein die Strafbarkeit wegen § 267 I, 2. Var. StGB bestehen, § 52 StGB kommt nicht zur Anwendung.

Diese Tat steht in Tatmehrheit zu den Taten nach §§ 271 I, IV, 22 StGB im zweiten Teil und zu § 267 I, 2. Var. StGB, der den wiederum mitverwirklichten § 274 in der beschriebenen Weise verdrängt.

U ist nach alledem wegen einer Urkundenfälschung in Tatmehrheit mit einer weiteren Urkundenfälschung in Tatmehrheit mit einer versuchten mittelbaren Falschbeurkundung zu bestrafen, §§ 267 I, 2. Var., 271 I, IV, 22, 53 StGB.

S hat nur § 348 StGB verwirklicht, so dass sich die Frage der Konkurrenzen nicht stellt. S ist also nach § 348 I StGB zu bestrafen.

A ist straffrei.

Vertiefungshinweise

- *Böse*, Rechtsprechungsübersicht zu den Urkundendelikten, NStZ 2005, 370 ff.

- Speziell zur Verfälschung durch den Aussteller: *Kargl*, JA 2003, 604 ff.

---

[82] Schönke/Schröder-*Cramer/Heine*, StGB, § 267 Rn. 71; *Lackner/Kühl*, StGB, § 267 Rn. 20 m.w.N.

[83] Schönke/Schröder-*Cramer/Heine*, StGB, § 267 Rn. 71.

Fall 10: „Vom rechten Weg abgekommen"

▶ **Standort:** Strafrecht BT, Gefährdung des Straßenverkehrs, Trunkenheit im Verkehr, Unerlaubtes Entfernen vom Unfallort

In Anschluss an das heimische Schützenfest sucht der nur leicht alkoholisierte S eine Mitfahrgelegenheit, als er seinen sichtlich angetrunkenen Bruder B trifft. B, der zunächst mit Hinweis auf seine Fahruntüchtigkeit und die verstärkten Polizeikontrollen ablehnt, lässt sich dann aber doch von S zur Autofahrt überreden. Da B schon öfters betrunken gefahren ist und es nie zu einem Zwischenfall kam, schließt er jegliche Möglichkeit einer Gefährdung aus.

B setzt sich nun hinter das Steuer und fährt los. Noch innerhalb der Ortschaft gerät B, der eine BAK von 1,35 ‰ aufweist, infolge alkoholbedingter Unachtsamkeit in einer leichten Linkskurve ins Schlingern und rutscht mit seinem PKW in einen Vorgarten. Dabei wird neben einem maroden Gartenzaun eine komplette Gartenzwergsammlung, die auch einige sehr teure exotische Exemplare enthält und auf einen Wert von 1.700,- geschätzt wird, völlig zerstört. Während S beim Aufprall gegen das Armaturenbrett eine Platzwunde an der Stirn erleidet, bleibt B unversehrt.

Nachdem sich B vom Schrecken erholt hat, vergewissert er sich, dass S nicht ernsthaft verletzt ist und setzt die Fahrt fort. Ohne weitere Zwischenfälle bringt er nun sich und seinen Bruder ans Ziel.

Prüfen Sie die Strafbarkeit von B und S nach dem StGB!

Erster Tatkomplex: Vor dem Unfall
A. Strafbarkeit von B
I. Gefährdung des Straßenverkehrs, §§ 315c I Nr. 1a StGB
1. Objektiver Tatbestand: Fahruntüchtigkeit, Beifahrer/Teilnehmer als Tatobjekt
2. Subjektiver Tatbestand
3. Ergebnis

II. Gefährdung des Straßenverkehrs, §§ 315c I Nr. 1a, III Nr. 1 StGB
1. Objektiver Tatbestand
2. Subjektiver Tatbestand
3. Rechtswidrigkeit: Rechtfertigende Einwilligung
4. Schuld
5. Ergebnis

III. Fahrlässige Körperverletzung, § 229 StGB
1. Tatbestand
    a) Erfolg, Handlung und Kausalität
    b) Objektive Sorgfaltspflichtverletzung bei objektiver Voraussehbarkeit des Erfolgs
    c) Objektive Zurechnung: Selbstgefährdung
2. Rechtswidrigkeit: Rechtfertigende Einwilligung
3. Ergebnis

IV. Trunkenheit im Verkehr, § 316 I StGB

B. Strafbarkeit von S
I. Anstiftung zur Gefährdung des Straßenverkehrs,
§§ 315c I Nr. 1a, III Nr. 1, 26 StGB
1. Objektiver Tatbestand: Vorsätzliche rechtswidrige Haupttat
2. Subjektiver Tatbestand: Fahrlässige Gefährdung
3. Rechtswidrigkeit
4. Schuld
5. Ergebnis

II. Anstiftung zur Trunkenheit im Verkehr § 316 I, 26 StGB

Zweiter Tatkomplex: Nach dem Unfall
A. Strafbarkeit von B
I. Trunkenheit im Verkehr, § 316 I StGB

II. Unerlaubtes Entfernen vom Unfallort, § 142 I StGB
1. Objektiver Tatbestand: Unfall im Straßenverkehr, Unfallbeteiligter
2. Subjektiver Tatbestand
3. Rechtswidrigkeit
4. Schuld
5. Ergebnis

B. Strafbarkeit von S

I. Unerlaubtes Entfernen vom Unfallort, § 142 I StGB

1. Objektiver Tatbestand: Unfallbeteiligter
2. Subjektiver Tatbestand
3. Rechtswidrigkeit
4. Schuld
5. Ergebnis

II. Beihilfe zur Trunkenheit im Verkehr, §§ 316 I, 27 StGB

1. Tatbestand: Psychische Beihilfe
2. Ergebnis

III. Beihilfe zur Trunkenheit im Verkehr durch Unterlassen, §§ 316 I, 27, 13 StGB

1. Objektiver Tatbestand: Beihilfe durch Unterlassen; Garantenstellung
2. Subjektiver Tatbestand
3. Rechtswidrigkeit
4. Schuld
5. Ergebnis

Endergebnis und Konkurrenzen

Erster Tatkomplex: Vor dem Unfall

A. Strafbarkeit von B

I. Gefährdung des Straßenverkehrs, § 315c I Nr. 1a StGB

1. Objektiver Tatbestand

a) Führen eines Fahrzeuges im Straßenverkehr

B müsste ein Fahrzeug im Straßenverkehr geführt haben. Fahrzeuge sind solche Gegenstände, die zur Fortbewegung auf dem Boden bestimmt und geeignet sind.[1] Bei einem Kfz handelt es sich, seine bestimmungsgemäße Verwendung der Fortbewegung und des Transportes berücksichtigend, um einen zur Bewegung bestimmten Gegenstand und somit um ein Fahrzeug. Dieses Fahrzeug müsste B nun im Straßenverkehr geführt haben.

---

[1]   LK-*König* § 315c Rn. 7.

Ein Fahrzeug im Straßenverkehr führt, wer es eigen- oder mitverantwortlich in Bewegung setzt oder es unter Handhabung seiner technischen Vorrichtungen während der Fahrbewegung durch den öffentlichen Verkehr lenkt.[2] B hat ein Auto als Fahrer auf einer öffentlichen Straße gelenkt und somit ein Fahrzeug im Verkehr geführt.

b) Fahruntüchtigkeit infolge Alkoholgenusses, § 315c I Nr. 1a StGB

B müsste infolge Alkoholgenusses zur Zeit des Fahrzeugführens fahruntüchtig gewesen sein. Ein Fahrzeugführer ist fahruntüchtig, wenn seine Gesamtleistungsfähigkeit durch Enthemmung sowie infolge geistig-seelischer oder körperlicher Leistungsabfälle soweit herabgesetzt ist, dass er nicht mehr fähig ist, sein Fahrzeug über eine längere Strecke sicher zu führen.[3] Grundsätzlich kommt der BAK nur Indizcharakter zu, so dass im Einzelfall der Nachweis, dass der Fahrer unfähig war, sich sicher im Verkehr zu bewegen, überdies erbracht werden muss (**relative Fahrunfähigkeit**). Erreicht die BAK jedoch einen Wert von 1,1 ‰ und mehr, tritt unabhängig von alkoholbedingten Ausfallerscheinungen **absolute Fahrunfähigkeit** ein.[4] B hatte eine BAK von 1,35 ‰ und war daher, ohne dass es darüber hinaus irgendwelcher weiterer Feststellung bedarf, fahruntüchtig im Sinne von § 315c I Nr. 1 StGB.

c) Konkrete Gefahr für Leib und Leben

B müsste **Leib** oder **Leben einer anderen Person** gefährdet haben. Fraglich ist, ob das bloße Mitfahren des S eine Gefahr für dessen Leib oder Leben begründet hat. Der BGH hat früher bereits das Mitfahren bei einem fahruntüchtigen Fahrer als **konkrete Gefährdung** gewertet und

---

[2]   Schönke/Schröder- *Cramer/Sternberg-Lieben*, StGB, § 316 Rn. 20.
[3]   *Wessels/Hettinger*, BT/1, Rn. 986.
[4]   *Rengier*, BT I, § 43 Rn. 6 ff.

dabei die stark verminderte Leistungsfähigkeit des Fahrzeugführers zur Begründung angeführt.[5] Mittlerweile hat der BGH allerdings den kritischen Äußerungen[6] der Obergerichte und der Literatur Gehör geschenkt und seine Voraussetzungen zu Gunsten einer klaren Abgrenzung von abstrakten (§ 316 StGB) und konkreten (§ 315 StGB) Gefährdungsdelikten modifiziert. Eine konkrete Gefahr soll demnach nur vorliegen, wenn es im Zusammenhang mit der Alkoholisierung zu einer kritischen Verkehrssituation (so genannter **Beinahe-Unfall**) gekommen ist.[7]

S ist durch die Kollision und der daraus resultierenden Platzwunde an der Stirn in seiner körperlichen Gesundheit beeinträchtigt worden. Da jede Verletzung notwendig das Stadium der konkreten Gefährdung durchläuft, hat B durch sein Verhalten eine konkrete Leibesgefahr begründet. Ob B darüber hinaus eine konkrete Lebensgefahr begründet hat, lässt sich dem Sachverhalt nicht entnehmen. Dies ist jedoch zumindest zweifelhaft, da S nur verhältnismäßig leichte, nicht lebensbedrohliche Verletzungen erlitten hat. Da die Insassen des Täterfahrzeugs taugliche Tatobjekte sind[8], ist die Gefährdung des S grundsätzlich geeignet, den Tatbestand zu erfüllen. Da S den B zur Trunkenheitsfahrt überredet hat, er mithin zur Gefährdung des Straßenverkehrs angestiftet haben könnte, stellt sich allerdings die Frage, wie sich die Teilnehmereigenschaft auf die Eigenschaft als Gefährdungsobjekt in § 315c StGB auswirkt. Hierzu ist es zunächst erforderlich, die mögliche Anstiftung zu prüfen.

Da die Anstiftung eine vorsätzliche rechtswidrige Haupttat voraussetzt, diese aber gerade Prüfungsgegenstand ist, lässt die **limitierte Akzessorietät** der Teilnahme eine Teilnahmeprüfung im klassischen Sinne nicht zu. Bei der

---

[5]   *BGH* NJW 1989, 1227.

[6]   *BayObLG* NJW 1990, 133; Schönke-Schröder-*Cramer/Steinberg-Lieben*, StGB, § 315c Rn. 35 m. w. N.

[7]   *BGH* NJW 1995, 3131 (3132).

[8]   *BGHSt* 6, 100 (102); *BGH* NJW 1989, 1227 (1228).

Klärung dieser scheinbar unlösbaren Aufbaufrage wird, sofern überhaupt auf dieses Problem hingewiesen wird, nicht einheitlich vorgegangen.[9] Hier wird, um den Bruch möglichst gering zu halten, eine summarische Prüfung vorgenommen.

Da S den fahruntüchtigen, zunächst fahrunwilligen B zur Autofahrt überredete und er dies in Kenntnis dessen starker Alkoholisierung tat, ist eine Anstiftung nicht von vornherein ausgeschlossen. Die Teilnahme wäre dabei gemäß den §§ 11 II, 29 StGB auch bei einer fahrlässigen Gefährdung nach § 315c I, III Nr. 1 StGB möglich. S könnte als Anstifter damit als taugliches Gefährdungsobjekt ausscheiden. Ob Teilnehmer den Schutz von § 315c StGB genießen, ist umstritten.

aa) Teilnehmer kein taugliches Tatobjekt

Die Rechtsprechung und Teile der Literatur sehen den Teilnehmer nicht als taugliches Tatobjekt an und führen zur Begründung an, dass ein Teilnehmer kein anderer im Sinne des § 315c I StGB sein kann.[10] Die konkrete Gefährdung des S vermag nach dieser Ansicht den Tatbestand nicht zu erfüllen.

bb) Teilnehmer als Tatobjekt

Ein großer Teil des Schrifttums sieht auch im Teilnehmer ein taugliches Tatobjekt und lässt seine konkrete Gefährdung zur Tatbestandsverwirklichung ausreichen.[11] Die bereits festgestellte konkrete Leibesgefährdung des S ist somit unabhängig von der Teilnehmereigenschaft beachtlich, so dass B den Leib einer anderen Person gefährdet hat.

---

[9]   *Schroeder* JuS 1994, 845: Verweis auf die nachfolgende Teilnehmerprüfung; (846); *Graul* JuS 1992, 321 (324): summarische Inzidentprüfung.
[10]   *BGH*St 6, 100 (102); *Tröndle/Fischer*, StGB, § 315c Rn. 17.
[11]   Schönke/Schröder-*Cramer/Sternberg-Lieben*, StGB, § 315c Rn. 33; *Rengier*, BT II, § 44 Rn. 8; *Hillenkamp*, JuS 1977, 166 (169).

cc) Stellungnahme

Berücksichtigt man, dass die Rechtsprechung und der überwiegende Teil des Schrifttums dem einwilligenden Mitfahrer
die Verfügungsbefugnis wegen der Indisponibilität des
Rechtsgutes versagen[12], scheint es nicht sachgerecht, Tat-
beteiligte aus dem Schutzbereich des § 315c StGB heraus-
zunehmen, da diesen so faktisch ein Verzicht ermöglicht
wird. Es ist auch nicht nachvollziehbar, weshalb derjenige,
der einen anderen anstiftet, betrunken nach Hause zu
fahren, selbst aber nicht einsteigt und wenige Minuten
später vom Angestifteten angefahren wird[13], aus dem
Schutzbereich herausfallen soll. Darüber hinaus ist zu
beachten, dass das Strafrecht sogar im Verhältnis zwischen
Straftätern[14] gilt und daher grundsätzlich eine Verwirkung
von Schutzrechten nicht kennt. Zwar ist dem Gesetz ein
Ausschluss, wie ihn die Rechtsprechung vornimmt, nicht
fremd, jedoch ist es gerade aufgrund der diesbezüglich
existierenden Regelungen[15] nicht möglich, im Wege der
Auslegung Tatobjekte vom Regelungsbereich auszuschließen. Die erstgenannte Ansicht ist daher abzulehnen. S ist
taugliches Gefährdungsobjekt im Sinne von § 315c StGB.

d) Konkrete Gefahr für Sachen von bedeutendem Wert

Als **Sache von bedeutendem Wert** kommt das von B
geführte Fahrzeug nicht in Betracht, da § 315c I StGB nur
die Gefährdung fremder Sachen erfasst.
Jedoch ist durch die Zerstörung des Gartenzauns und der
Gartenzwergsammlung auch die logisch vorangehende
Gefährdung dieser Objekte offensichtlich gegeben. Fraglich
ist jedoch, wann eine Sache einen bedeutenden Wert
aufweist. Die Grenze für einen bedeutenden Wert wird
mittlerweile überwiegend bei ca. 1.000,- angesetzt, dabei

---

[12] *BGHSt* 23 261 (263); *Lackner/Kühl*, StGB, § 315c Rn. 32; NK-*Herzog*, StGB,
§ 315c Rn. 23; *Tröndle/Fischer*, StGB, § 315c Rn. 17 m. w. N.
[13] Beispiel nach *Hillenkamp*, JuS 1977, 166 (170).
[14] So kann zum Beispiel der Dieb bestohlen und der Betrüger nach h. M.
betrogen werden.
[15] §§ 257 III, 258 V StGB; hierzu *Schröder* JuS 1994, 846 (847).

aber in Rechtsprechung und Lehre nicht einheitlich beurteilt.[16] Ausschlaggebend ist dabei nicht der Wert der Sache, sondern die Höhe des drohenden Schadens.[17] Da vorliegend der tatsächliche eingetretene Schaden allein an der Gartenzwergsammlung bereits 1.700,- beträgt, ist die Gefährdung fremder Sachen von bedeutendem Wert gegeben.

e) Objektiver Gefahrenzusammenhang

Zwischen der konkreten Gefahr und dem Fehlverhalten muss ein objektiver Zusammenhang bestehen. Dabei muss die konkrete Gefahr ihren Grund gerade im Fehlverhalten haben.[18] Da B infolge alkoholbedingter Unachtsamkeit von der Straße abkam und S sich dadurch die Verletzungen zu zog, hat sich in der konkreten Lebensgefahr gerade die durch die Fahruntüchtigkeit erhöhte Gefährlichkeit realisiert. Das Gleiche gilt auch für die Zerstörung des Gartenzauns und der Gartenzwergsammlung.

Der objektive Zusammenhang zwischen Fehlverhalten und konkreter Gefahr ist somit zu bejahen. Da der Schutz der Allgemeinheit[19] Vorrang vor den Individualinteressen der körperlichen Integrität hat, ist auch eine mögliche, den objektiven Zusammenhang ausschließende Selbstgefährdung nicht einschlägig.

2. Subjektiver Tatbestand

B müsste vorsätzlich gehandelt haben. Der Vorsatz des § 315c I StGB verlangt dabei das Bewusstsein, trotz Fahruntüchtigkeit ein Fahrzeug im Straßenverkehr zu führen und

---

[16] Beispielhaft: *BGHSt* 48, 119 (121); *OLG Dresden* NJW, 2005 2633 (1.000); SK-*Horn*, StGB, § 315 Rn. 9 (2.000 DM); *Tröndle/Fischer*, StGB, § 315 Rn. 16a (nicht unter 1.300).

[17] *BGH* NJW 1990, 194 (195); *Lackner/Kühl*, StGB, § 315c Rn. 24.

[18] Schönke/Schröder-*Cramer/Sternberg-Lieben*, StGB, § 315c Rn. 36.

[19] Dies wird im Rahmen der rechtfertigenden Einwilligung näher zu untersuchen sein.

dadurch eine konkrete Gefahr für Leib, Leben oder eine fremde Sache von bedeutendem Wert zu verursachen.

B wusste, dass er nach dem Genuss von Alkohol an diesem Abend nicht mehr in der Lage war, ein Fahrzeug zu führen und setzte sich entgegen seiner Bedenken an das Steuer seines Fahrzeuges. B handelte somit vorsätzlich bezüglich des Führens eines Fahrzeuges im Straßenverkehr und der Fahruntüchtigkeit infolge Alkoholgenusses. Fraglich ist jedoch, ob B auch die konkrete Gefährdung der anderen Person und der fremden Sachen von bedeutendem Wert **vorsätzlich** herbeigeführt hat. B hat die Verletzung von S und Zerstörung von Gartenzaun und Rosensammlung weder beabsichtigt noch als sichere Folge seines Handelns vorausgesehen, so dass weder Absicht, bei der es dem Täter gerade auf den Taterfolg ankommt, noch der direkte Vorsatz, bei dem der Täter weiß oder als sicher voraussieht, dass seine Handlung zur Verwirklichung des objektiven Tatbestands führt, vorliegt. Da der § 315c I StGB keine besondere Vorsatzform fordert, ist für den subjektiven Tatbestand auch der Eventualvorsatz hinreichend.

Da B kein Bewusstsein hinsichtlich der Gefährdung hatte, er mithin nicht einmal die Möglichkeit der Verletzung dieser Rechtsgüter erkannte, bleibt für den Eventualvorsatz kein Raum.

Hinweis: Da vorliegend bereits keine Möglichkeitsvorstellung bei B bestand, ist eine detaillierte Abgrenzung zwischen bedingtem Vorsatz und bewusster Fahrlässigkeit nicht erforderlich.[20] Für das weitere Vorgehen empfiehlt es sich aus Gründen der Übersichtlichkeit (dringend), den nun zu untersuchenden § 315c III Nr. 1 StGB separat zu prüfen.

---

[20] Zur detaillierten Abgrenzung von Eventualvorsatz und bewusster Fahrlässigkeit siehe Fall 2 des Skriptes *„Standardfälle Strafrecht für Anfänger Band 1"*.

3. Ergebnis

B ist nicht strafbar wegen Gefährdung des Straßenverkehrs gemäß § 315c I Nr. 1a StGB.

II. Gefährdung des Straßenverkehrs, § 315c I Nr.1a, III Nr. 1 StGB

B könnte sich durch den gleichen Vorgang jedoch gemäß § 315c I Nr. 1a, III Nr. 1 StGB strafbar gemacht haben.

1. Tatbestand

a) Tatbestandsverwirklichung

B hat durch die tatbestandliche Handlung den Erfolg des § 315c I Nr. 1a StGB zurechenbar verwirklicht (s. o.). Eine Strafbarkeit nach § 315c I StGB war vorliegend nur aufgrund des fehlenden Vorsatzes bezüglich der Gefährdung zu verneinen.

b) Fahrlässigkeit bezüglich der Gefährdung

Der § 315c III Nr. 1 StGB ermöglicht jedoch hinsichtlich der Gefährdung auch eine Strafbarkeit wegen fahrlässiger Herbeiführung des Taterfolges (so genannte **Vorsatz-Fahrlässigkeits-Kombination**).

Die Prüfung erfolgt dabei nach dem üblichen Fahrlässigkeitsaufbau.[21]

aa) Objektive Sorgfaltspflichtverletzung bei objektiver Voraussehbarkeit des Erfolges

Die **objektive Sorgfaltspflichtverletzung** orientiert sich an gesetzlichen Maßstäben oder an den Durchschnittsanforderungen, die an einen einsichtigen Menschen in der Lage des Täters zu stellen wären.[22] Die Trunkenheitsfahrt ist eine in § 24a StVG und in § 316 StGB verbotene und mit

---

[21] Siehe hierzu: *Wessels/Beulke*, AT, Rn. 875.

[22] Schönke/Schröder-*Cramer/Sternberg-Lieben*, StGB, § 15 Rn. 133.

268

Strafe bedrohte Handlung. Diese Vorschriften dienen dem Schutz von Unbeteiligten Dritten und sind somit objektiv geeignet, eine Sorgfaltspflicht für den Straßenverkehr zu begründen. Die objektive Vorhersehbarkeit richtet sich danach, ob ein objektiver Dritter den Erfolgseintritt hätte erkennen können.[23] Da B sich entgegen dieser Pflicht im Straßenverkehr bewegt hat, ist ihm eine Sorgfaltspflichtverletzung vorzuwerfen. Für einen einsichtigen Kraftfahrer war auch erkennbar, dass B infolge alkoholbedingter Fahrfehler einen Verkehrsunfall verursachen und dabei den Mitfahrer verletzen und Sachen Dritter zerstören bzw. zumindest einer Gefahr aussetzen könnte. Die Gefährdung war somit objektiv vorhersehbar.

bb) Objektive Zurechnung

Mit der Trunkenheitsfahrt hat B eine missbilligte Gefahr geschaffen, die sich durch die Verletzung des S und die Zerstörung des Gartenzauns sowie der Gartenzwerge in ihrem tatbestandsmäßigen Erfolg realisiert hat.

2. Rechtswidrigkeit

Die Rechtswidrigkeit der Tat könnte hier aber jedenfalls hinsichtlich der Gefährdung des S durch eine **rechtfertigende Einwilligung** ausgeschlossen sein.

a) Disponibilität des Rechtsgutes

Der Einwilligende muss zunächst rechtlich befugt sein, über das Rechtsgut zu verfügen. Die Befugnis des Fahrzeuginsassen in eine Gefährdung im Sinne von § 315c StGB einzuwilligen, ist dabei in Rechtsprechung und Lehre umstritten.

aa) Schutz „auch" von Individualrechtsgütern

Nach einer Ansicht schützt der § 315c StGB kumulativ sowohl die Sicherheit im Straßenverkehr, das Leben, die

---

[23] Schönke/Schröder-*Cramer/Sternberg-Lieben*, StGB, § 15 Rn. 180.

körperliche Unversehrtheit und fremdes Eigentum, so dass eine rechtfertigende Einwilligung grundsätzlich möglich ist.[24] Nach dieser Auffassung wäre S zum Rechtsgutverzicht befugt und eine rechtfertigende Einwilligung damit grundsätzlich möglich.

bb) Schutz der Allgemeinheit

Die ständige Rechtsprechung und Teile des Schrifttums lehnen hingegen eine Einwilligungsbefugnis des Mitfahrers ab und begründen dies damit, dass § 315c StGB dem Schutz der Allgemeinheit dient.[25] S konnte nach dieser Ansicht nicht in eine Rechtsgutverletzung auf Grundlage von § 315c StGB einwilligen.

cc) Stellungnahme

Da das Gesetz nur die Einwilligung in die Tötung (§ 216 StGB) oder ganz bestimmte Gesundheitsverletzungen (§ 228 StGB) ausschließt, somit also grundsätzlich die Möglichkeit besteht, in die Gefährdung einer Person einzuwilligen, ist auch eine Verfügungsbefugnis über den Rechtsgüterschutz des § 315c StGB denkbar. Insoweit könnte die Einwilligung grundsätzlich einen Teil des Unrechtstatbestands entfallen lassen. Da jedoch eben nur eines der Rechtsgüter des § 315c StGB von der Einwilligung betroffen ist, kann der Gesamtunrechtstatbestand nicht insgesamt aufgehoben werden. Dies muss insbesondere dann geltend wenn der Einzelne über den Kern der Schutzrichtung, hier die Sicherheit des Straßenverkehrs, nicht verfügen kann. Die systematische Stellung der Gefährdung des Straßenverkehrs im 28. Abschnitt, also bei den gemeingefährlichen Straftaten, macht eben diese Schwerpunktsetzung deutlich. Auch der Hinweis auf die noch mögliche Strafbarkeit nach § 316 StGB[26] kann ebenfalls nicht überzeugen. Dabei ist

[24] *OLG Hamburg* NJW 1969, 336; *Arzt/Weber*, BT, § 38 Rn. 43 m. w. N.
[25] BGHSt 23 261 (263); *Lackner/Kühl*, StGB, § 315c Rn. 32; NK-*Herzog*, StGB, § 315c Rn. 23; *Tröndle/Fischer*, StGB, § 315c Rn. 17 m. w. N.
[26] *Rengier*, BT II, § 44 Rn. 9.

nämlich zu beachten, dass die Trunkenheitsfahrt eben nur die alkohol- bzw. rauschbedingte abstrakte Gefährdung erfasst, während eine Parallelnorm zu § 315c I Nr. 2 StGB nicht existiert und so erhebliche Strafbarkeitslücken bestehen bleiben. Beachtet man weiter, dass das Strafmaß von § 316 I StGB deutlich unter dem von § 315c StGB liegt, kann durch § 316 StGB allein dem Schutz der Allgemeinheit im Straßenverkehr nicht ausreichend Rechnung getragen werden. Die Disponibilität über das Rechtsgut des § 315c StGB ist daher nicht gegeben und eine rechtfertigende Einwilligung somit ausgeschlossen.

b) Weitere Rechtfertigungsgründe

Da weitere Rechtfertigungsgründe nicht ersichtlich sind, handelte B hinsichtlich der Gefährdung einer anderen Person und der Gefährdung fremder Sachen von bedeutendem Wert rechtswidrig.

3. Schuld

Für das Bestehen eines Fahrlässigkeitsschuldvorwurfs müsste eine **subjektive Sorgfaltspflichtverletzung** bei **subjektiver Voraussehbarkeit des Erfolges** vorliegen. Es bestehen keine Anhaltspunkte dafür, dass B bei einer BAK in Höhe von 1,3 ‰ diese Fähigkeiten für die konkrete Situation fehlten; er hat daher subjektiv sorgfaltspflichtwidrig gehandelt. Auch war der Gefährdungserfolg für B subjektiv vorhersehbar. Darüber hinaus sind Entschuldigungsgründe oder Schuldausschließungsgründe nicht ersichtlich, so dass B schuldhaft handelte.

4. Ergebnis

B ist strafbar wegen Gefährdung des Straßenverkehrs gemäß §§ 315c I Nr. 1a, III Nr. 1 StGB.

Die Ausführungen zu der Gefährdung des S hätten in Anbetracht der konkreten Gefährdung von fremden Sachen von bedeutendem Wert auch kürzer ausfallen können.

Gleichwohl erfolgte hier eine ausführliche Subsumtion, da nur so ein Überblick zu den unterschiedlichsten Rechtsproblemen des Verkehrsstrafrechts gegeben werden konnte. Zudem ist zu beachten, dass in einem Gutachten grundsätzlich alle in Betracht kommenden Tatbestandsalternativen angemessen zu erörtern sind.

III. Fahrlässige Körperverletzung, § 229 StGB

B könnte sich durch den Unfall auch wegen fahrlässiger Körperverletzung gemäß § 229 StGB strafbar gemacht haben.

1. Tatbestand

a) Erfolg, Handlung und Kausalität

Die Platzwunde und die damit verbundenen Blutungen müssten eine **körperliche Misshandlung** oder eine **Gesundheitsschädigung** sein.

Körperliche Misshandlung ist eine üble, unangemessene Behandlung, die das körperliche Wohlbefinden nicht nur unerheblich beeinträchtigt.[27] Eine Platzwunde ist aufgrund der mit der Verletzung zusammenhängenden Schmerzen und der nötigen ärztlichen Versorgung eine unangemessene Behandlung. Eine körperliche Misshandlung ist somit zu bejahen.

Gesundheitsschädigung ist jedes Hervorrufen oder Steigern eines vom normalen Zustand der körperlichen Funktionen nachteilig abweichenden Zustandes.[28] Das Zufügen einer Wunde ist aufgrund der veränderten Gewebestruktur der Haut das Hervorrufen eines pathologischen Zustandes, so dass auch eine Gesundheitsschädigung vorliegt.

---

[27] Schönke/Schröder-*Eser*, StGB § 223 Rn. 5.
[28] *Lackner/Kühl*, StGB, § 223 Rn. 4.

b) Objektive Sorgfaltspflichtverletzung bei objektiver Voraussehbarkeit des Erfolges

Zwar ist grundsätzlich zwischen der konkreten Gefahr des § 315c StGB und der Verletzung im Sinne der §§ 223 ff. StGB zu differenzieren, jedoch gründen der Verletzungserfolg und der ihm logisch vorangehende Gefährdungserfolg auf dem gleichen Fehlverhalten, so dass bezüglich der Sorgfaltspflichtverletzung und der Vorhersehbarkeit das bereits Gesagte gilt.

Da der Sachverhalt als Ursache für das Abkommen von der Straße ausdrücklich alkoholbedingte Unachtsamkeit nennt, ist der Streit hinsichtlich der konkreten Ausgestaltung der Sorgfaltspflichtverletzung und des Pflichtwidrigkeitszusammenhangs hier nicht relevant. Es sollte aber grundsätzlich bekannt sein, dass die Rechtsprechung[29] eine nicht der Trunkenheit angepasste Geschwindigkeit (§ 3 I S. 1 und 2 StVO) verlangt, wohingegen die Literatur[30] an das Fahren trotz Fahruntauglichkeit (§ 316 StGB) anknüpft.

c) Objektive Zurechnung

Die Zurechnung könnte vorliegend entfallen, da S in Kenntnis der Alkoholisierung mitfuhr und sich damit **freiverantwortlich** der **Gefährdung** aussetzte.

aa) Ausschluss der objektiven Zurechnung

Eine Ansicht bewertet das Eingehen einer Gefahr als **einverständliche Fremdgefährdung** und will die objektive Zurechnung verneinen, wenn sich das Opfer der gesteigerten Gefahr bewusst war.[31] Eine Differenzierung zwischen Selbstgefährdung und einverständlicher Fremdgefährdung wird dabei nicht vorgenommen, so dass nach dieser Ansicht die damit zusammenhängenden Rechtsfragen ausschließlich die objektive Zurechnung berühren. Da sich S bewusst

---

[29]   *BGHSt* 24, 31; *BayObLG* NStZ 1997, 388.
[30]   *Puppe* NStZ 1997, 389 (390).
[31]   *Roxin*, AT/I, § 11 Rn. 107.

der Gefahr aussetzte, die eine Trunkenheitsfahrt mit sich bringt, kann dieser Erfolg nach dieser Ansicht dem B nicht zugerechnet werden.

bb) Kein Ausschluss der objektiven Zurechnung

Eine andere Auffassung **differenziert** zwischen der **Selbstgefährdung**, bei der die Tatherrschaft ausschließlich beim Gefährdeten liegt, und der **einverständlichen Fremdgefährdung**. Dabei soll lediglich die Selbstgefährdung die objektive Zurechnung ausschließen, während die einverständliche Fremdgefährdung im Rahmen der Rechtfertigung für die Einwilligung relevant werden soll.[32] S hat während der Fahrt keine Tatherrschaft, so dass nur eine einverständliche Fremdgefährdung in Betracht kommt und die objektive Zurechnung damit nicht ausgeschlossen wird.

cc) Stellungnahme

Berücksichtigt man, dass eine mögliche Zustimmung im § 315c StGB unstreitig der Rechtswidrigkeit zugeschrieben wird, ist bei § 229 StGB die Zuordnung zur objektiven Zurechnung nicht nachvollziehbar. Auch überzeugt die Gleichbehandlung von Fremd- und Selbstgefährdung nicht, unterscheidet sie doch das Element der Tatherrschaft deutlich. Da sich vorliegend die von B geschaffene, rechtlich missbilligte Gefahr verwirklicht hat, ist ihm die Körperverletzung objektiv zuzurechnen.

2. Rechtswidrigkeit

Die Rechtswidrigkeit könnte durch eine **rechtfertigende Einwilligung** ausgeschlossen sein.

a) Disponibilität des Rechtsgutes

Der Einwilligende muss rechtlich befugt sein, über das Rechtsgut zu verfügen. Dass die körperliche Integrität als disponibles Rechtsgut grundsätzlich der rechtfertigenden

---

[32] SK-*Rudolphi*, StGB, Vor § 1 Rn. 81a.

Einwilligung zugänglich ist, ergibt sich bereits aus § 228 StGB, der ausdrücklich die Möglichkeit der Rechtfertigung einer Körperverletzung durch Einwilligung nennt.

b) Einwilligungserklärung

Der Einwilligende muss vor der Verletzung ausdrücklich oder durch schlüssiges Verhalten auf den Rechtsgüterschutz verzichtet haben. S könnte hier durch das Mitfahren den Rechtsgutschutzverzicht **konkludent** erklärt haben. Das Mitfahren allein soll allerdings, selbst bei enger familiärer Verbundenheit, als Einwilligungserklärung nicht genügen.[33]

Die sichtliche und von S erkannte Alkoholisierung des B könnte jedoch eine Grundlage der Einwilligungserklärung darstellen. Für eine Einwilligung müssen über das Einsteigen in den Wagen des Angetrunkenen hinaus weitere Umstände, die darauf schließen lassen, dass der Mitfahrer bewusst das Risiko in Kauf nahm, gegeben sein.[34] Eine Einwilligungserklärung soll zum Beispiel dann bestehen, wenn der Fahrer den später Verletzten nicht mitnehmen wollte und es erst auf dessen Drängen tat.[35] Da S vorliegend trotz der sichtlichen Alkoholisierung und der zunächst bekundeten Nichtbereitschaft zur Autofahrt den B zur Mitnahme im Kfz überredete, ist eine **Einwilligungserklärung** zu bejahen.

c) Einwilligungsfähigkeit

Der Einwilligende muss nach seiner geistigen und sittlichen Reife imstande sein, die Bedeutung und Tragweite des Verzichts im Wesentlichen zu erkennen.[36] Die leichte Alkoholisierung des S vermag die Einwilligungsfähigkeit nicht auszuschließen, so dass er grundsätzlich in der Lage war, die Tragweite seiner Verzichtserklärung zu erkennen. Da ihm alle wesentlichen **Risikofaktoren** (starke Alkoholisier-

---

[33] *BayObLG* VRS 35, 121; *OLG Hamm* VRS 4, 39.
[34] *OLG Hamm* VRS 4, 39 (43).
[35] *OLG Celle* NJW 1964, 736.
[36] *Wessels/Beulke*, AT, Rn. 373.

ung, vermutlich auch Streckenführung und Fahrfähigkeiten des Bruders) bekannt waren, bestehen keine Zweifel an der Einwilligungsfähigkeit.

d) Sittenwidrigkeit

Unter Berücksichtigung des § 228 StGB darf die Tat trotz Einwilligung nicht gegen die guten Sitten verstoßen. Während zur Bestimmung der Sittenwidrigkeit früher vor allem auf den **Zweck** der Körperverletzung abgestellt wurde, wird heute die Grenze zum Verstoß gegen die guten Sitten überwiegend mit Bezug auf die **Intensität** der Verletzung gezogen. Sittenwidrig soll die Körperverletzung daher sein, wenn der **Erfolg des § 226 StGB** herbeigeführt wird bzw. herbeigeführt werden soll.[37] Da es hier lediglich zu einer Platzwunde kam, scheitert die Rechtfertigung durch eine wirksame Einwilligung nicht am Korrektiv der Sittenwidrigkeit.

e) Subjektives Rechtfertigungselement

Nach herrschender Meinung ist es für die Straflosigkeit eines objektiv gerechtfertigten Täters beim Fahrlässigkeitsdelikt nicht erforderlich, dass in Kenntnis des Rechtfertigungsgrundes gehandelt wird.[38] Diese Frage kann hier indes dahingestellt bleiben, da B sich der schlüssig erklärten Einwilligung ohnehin bewusst war.

2. Ergebnis

B ist nicht strafbar wegen fahrlässiger Körperverletzung an S gemäß § 229 StGB.

IV. Trunkenheit im Verkehr, § 316 StGB

B hat sich durch das Fahrzeugführen im Straßenverkehr trotz Fahrunfähigkeit auch strafbar gemacht wegen Trunkenheit im Verkehr gemäß § 316 StGB.

---

[37] *Joecks*, StGB, § 228 Rn. 3 ff.
[38] Vgl. zu dieser Fragestellung *Jescheck/Weigend*, AT, § 56 I. 3. m. w. N.

B. Strafbarkeit von S

I. Anstiftung zur Gefährdung des Straßenverkehrs, §§ 315c I Nr.1a, III Nr. 1, 26 StGB

S könnte sich dadurch, dass er den sichtlich angetrunkenen B zur Trunkenheitsfahrt überredet hat und dieser im Verlauf der Fahrt verunfallte, wegen Anstiftung zur Gefährdung des Straßenverkehrs gemäß §§ 315c I Nr. 1a, III Nr. 1, 26 StGB strafbar gemacht haben.

1. Objektiver Tatbestand

a) Vorsätzliche rechtswidrige Haupttat

Der objektive Tatbestand setzt gemäß § 26 StGB eine vorsätzliche und rechtswidrige Haupttat im Sinne des § 11 I Nr. 5 StGB voraus. Als vorsätzliche und rechtswidrige Haupttat kommt hier die Gefährdung des Straßenverkehrs gemäß § 315c I Nr.1a, III Nr. 1 StGB in Betracht. Da vorliegend nur eine fahrlässige Gefährdung angenommen werden konnte, ist eine vorsätzliche Begehung zweifelhaft. Gemäß **§ 11 II StGB** gelten jedoch auch solche Delikte als vorsätzlich, die aus der Kombination einer vorsätzlichen Tathandlung und der fahrlässigen Verursachung einer besonderen Tatfolge bestehen. Dies soll nach der weit überwiegenden Ansicht auch für die Regelung des § 315c III Nr. 1 StGB gelten.[39]

b) Anstiftungshandlung

S müsste B zur Begehung der oben genannten Haupttat bestimmt haben. Bestimmen ist das Hervorrufen des Tatentschlusses beim Haupttäter.[40] S hat auf der Suche nach einer Mitfahrgelegenheit seinen fahrunwilligen Bruder zur Trunkenheitsfahrt bewegt und somit den **Tatentschluss** bei ihm **hervorgerufen**.

---

[39] *BGH* VRS 57, 251; Schönke/Schröder-*Eser*, StGB, § 11 Rn. 74 m. w. N; a. A. *Gössel* FS Lange, 219 (225).

[40] *Tröndle/Fischer*, StGB, § 26 Rn. 2.

2. Subjektiver Tatbestand

Der subjektive Tatbestand setzt den so genannten **doppelten Anstiftungsvorsatz** voraus.

a) Vorsatz hinsichtlich Anstiftungshandlung

Der Vorsatz bezüglich der Anstiftungshandlung verlangt das Bewusstsein, bei jemanden den Entschluss zur Verwirklichung einer Straftat hervorzurufen. S wollte B zur Fahrt im fahrunfähigen Zustand überreden und handelte somit mit Vorsatz hinsichtlich des Bestimmens.

b) Vorsatz hinsichtlich Vollendung der Haupttat

Weiterhin müsste auch die Ausführung der Haupttat durch den Vorsatz des Hintermanns gedeckt sein. S überredete den sichtlich angetrunkenen B zur Trunkenheitsfahrt, obwohl er sich über dessen Zustand im Klaren war. Er hatte daher Vorsatz bezüglich der Trunkenheitsfahrt. Der Vorsatz hinsichtlich der fahrlässigen Folge kann jedoch nicht festgestellt werden. Trotz Uneinigkeit über den gesetzlichen Anknüpfungspunkt, soll es in solchen Fällen ausreichen, dass der Teilnehmer im Hinblick auf die Gefährdung fahrlässig gehandelt hat.[41] Da S die starke Alkoholisierung des B – auf die dieser auch selbst ausdrücklich hinwies – erkannte, hätte er die konkrete Gefahr im Sinne von § 315c I StGB voraussehen können. Ihm ist bezüglich der Gefährdung somit Fahrlässigkeit zu Last zu legen.

3./4. Rechtswidrigkeit und Schuld

Rechtfertigungs- und Entschuldigungsgründe sind nicht ersichtlich. S handelte rechtswidrig und schuldhaft.

---

[41] SK-*Rudolphi*, StGB, § 11 Rn. 52: § 11 II StGB; MK-*Radtke*, StGB, § 11 Rn. 108; LK-*König*, StGB, § 315 Rn. 132: § 29 StGB; *BGH*St 19, 339 (341); *Schroeder* JuS 1994, 846 (849): § 18 StGB. Hierzu instruktiv, im Ergebnis aber nicht überzeugend: *Noak* JuS 2005, 312.

5. Strafzumessung

Nach § 28 I StGB muss die Strafe des Teilnehmers gemildert werden, wenn besondere strafbegründende Merkmale des Täters beim Teilnehmer nicht vorliegen. Charakteristisch für das eigenhändige Begehungsdelikt des § 315c StGB ist, dass der Tatbestand nur vom Fahrzeugführer verwirklicht werden kann. Der § 28 I StGB bezieht sich jedoch nur auf so genannte **täterbezogene Merkmale**, die eine besondere persönliche Pflichtbindung voraussetzen.[42] Das Merkmal „Führen eines Fahrzeugs" charakterisiert nicht so sehr eine besondere persönliche Pflichtbindung als vielmehr die tatsächlichen Voraussetzungen, unter denen geschützte Rechtsgüter beeinträchtigt werden können.[43] Die gegen S zu verhängende Strafe ist somit nicht nach § 28 I StGB zu mildern.

6. Ergebnis

S ist strafbar wegen Anstiftung zur Gefährdung des Straßenverkehrs gemäß §§ 315c I Nr. 1a, III, 26 StGB.

II. Anstiftung zur Trunkenheit im Verkehr, §§ 316 I, 26 StGB

S ist wegen seines Gesprächs mit B auch strafbar wegen Anstiftung zur Trunkenheit im Verkehr gemäß §§ 316 I, 26 StGB.

Zweiter Tatkomplex: Nach dem Unfall

A. Strafbarkeit von B

I. Trunkenheit im Straßenverkehr, § 316 I StGB

B hat durch das Weiterfahren trotz Fahrunfähigkeit infolge starker Alkoholisierung den Tatbestand des § 316 I StGB vorsätzlich, rechtswidrig und schuldhaft verwirklicht.

---

[42] *BGH*St 23, 40 (41).
[43] Schönke/Schröder-*Cramer/Sternberg-Lieben*, StGB, § 315c Rn. 45.

II. Unerlaubtes Entfernen vom Unfallort, § 142 I StGB

B könnte sich dadurch, dass er nach dem Zwischenfall unverrichteter Dinge davon fuhr, wegen unerlaubten Entfernens vom Unfallort gemäß § 142 I StGB strafbar gemacht haben.

1. Objektiver Tatbestand

a) Unfall im Straßenverkehr

Der § 142 I StGB setzt einen Unfall im Straßenverkehr voraus. Ein **Unfall** ist jedes plötzliche Ereignis im öffentlichen Straßenverkehr, das einen nicht völlig belanglosen Körper- oder Sachschaden zur Folge hat.[44] Das Abkommen von der Straße war ein plötzliches Ereignis im öffentlichen Straßenverkehr, welches einen nicht unerheblichen Schaden für S und den Eigentümer des Gartens nach sich gezogen hat. Ein Unfall im Sinne des § 142 I StGB ist somit zu bejahen.

b) Unfallbeteiligter

B müsste Unfallbeteiligter im Sinne von § 142 V StGB gewesen sein. Unfallbeteiligter ist jeder, dessen Verhalten nach den Umständen zur Verursachung des Unfalls beigetragen haben kann.[45] B war als Fahrzeugführer direkter Verursacher des oben beschriebenen Unfallszenarios und somit Unfallbeteiligter.

c) Tathandlung des sich Entfernens

B müsste sich vom Unfallort entfernt haben. **Entfernen** bedeutet, dass der Täter eine Ortsveränderung vornimmt und damit die Durchführung der sofortigen Feststellung erschwert.[46]

---

[44]   *Rengier*, BT II, § 46 Rn. 2.
[45]   *BGHSt* 15, 1 (4).
[46]   *Lackner/Kühl*, StGB, § 142 Rn. 9.

Da B mit dem S den Unfallort verlassen hat, mithin eine Erschwerung der Feststellung nicht vorliegt, ist bezüglich dieser Unfallauswirkung ein Entfernen nicht anzunehmen. Hinsichtlich der Schäden im Vorgarten ist ein Entfernen jedoch gegeben. B hat den Unfallort nach nur wenigen Minuten, ohne irgendwelche Feststellungen über diesen Unfall ermöglicht zu haben, verlassen (§ 142 I Nr.1 StGB) und dabei auch eine angemessene **Wartezeit** nicht eingehalten (§ 142 I Nr. 2 StGB). B hat somit seine Feststellungs- und Wartepflicht nicht erfüllt.

2. Subjektiver Tatbestand

Der Vorsatz setzt voraus, dass der Unfallbeteiligte zum Zeitpunkt des bewussten Entfernens Kenntnis vom Unfall hatte. Da B erkannte, dass er einen Unfall mit nicht unerheblichem Sachschaden verursacht hat und sich dennoch vom Unfallort entfernte, handelte er **vorsätzlich**.

3./4. Rechtswidrigkeit und Schuld

Rechtfertigungs- und Entschuldigungsgründe sind nicht ersichtlich. B handelte rechtswidrig und schuldhaft.

5. Ergebnis

B ist strafbar wegen unerlaubten Entfernens vom Unfallort gemäß § 142 StGB.

B. Strafbarkeit von S

I. Unerlaubtes Entfernen vom Unfallort, § 142 I StGB

S könnte sich dadurch, dass er sich trotz Kenntnis von den Schäden im vom B gelenkten Wagen nach Hause fahren ließ, wegen unerlaubten Entfernens vom Unfallort gemäß § 142 I StGB strafbar gemacht haben.

1. Objektiver Tatbestand

a) Unfall im Straßenverkehr

Ein Unfall im Sinne des § 142 I StGB ist zu bejahen (s. o.).

b) Unfallbeteiligter

S müsste Unfallbeteiligter im Sinne von § 142 V StGB gewesen sein. S war als Beifahrer nicht direkter Verursacher des Unfallszenarios, so dass die Beteiligungseigenschaft fraglich ist. Eine nur mittelbare Beteilung soll jedoch ausreichen, wenn durch vorangegangenes Verhalten ein möglicherweise unfallrelevantes, zusätzliches **Gefahrenmoment** geschaffen wurde.[47] S hat durch seine Anstiftung zur Trunkenheitsfahrt bzw. durch sein Unterlassen, das von ihm geschaffene Risiko zu beenden, einen kausalen und nicht unerheblichen Beitrag zum Unfall im Straßenverkehr geliefert und ist somit Unfallbeteiligter.

c) Tathandlung des sich Entfernens

S müsste sich vom Unfallort entfernt haben. Fraglich ist jedoch, wie es sich auswirkt, dass S nur die Weiterfahrt des B geduldet hat, er sich somit **nicht aktiv** entfernt hat. Ein passives Verhalten soll ein Entfernen vom Unfallort darstellen, wenn der wartepflichtige Mitfahrer es **unterlässt**, den Fahrer zum sofortigen Halten zu bewegen, sofern die Aufforderung Erfolg gehabt hätte.[48] Da der Unfallbeteiligte S gegen die Weiterfahrt des B nicht protestiert hat und ihm dies trotz Platzwunde möglich war, hat er sich vom Unfallort entfernt.

2. Subjektiver Tatbestand

Da S erkannte, dass er einen nicht unerheblichen Beitrag zum Unfall geleistet hatte, ihm der dadurch verursachte,

---

[47] *BGH* NJW 1960, 1060 (1061); LK-*Rüth*, StGB, § 142 Rn. 21.
[48] Schönke/Schröder-*Cramer/Sternberg-Lieben*, StGB, § 142 Rn. 45.

nicht unerhebliche Sachschaden bewusst war und er sich dennoch vom Unfallort entfernte, handelte er vorsätzlich.

3./4. Rechtswidrigkeit und Schuld

Rechtfertigungs- und Entschuldigungsgründe sind nicht ersichtlich. S handelte rechtswidrig und schuldhaft.

5. Ergebnis

S hat sich wegen unerlaubten Entfernens vom Unfallort gemäß § 142 I StGB strafbar gemacht.

II. Beihilfe zur Trunkenheit im Verkehr, §§ 316 I, 27 StGB

S könnte sich dadurch, dass er nach dem Abkommen von der Straße im Kfz des B mitfuhr, wegen Beihilfe zur Trunkenheit im Verkehr gemäß §§ 316 I, 27 StGB strafbar gemacht haben.

1. Objektiver Tatbestand

a) Vorsätzliche rechtswidrige Haupttat

Die vorsätzliche rechtswidrige Haupttat ist mit der Trunkenheitsfahrt (§ 316 I StGB) des B gegeben.

b) Beihilfehandlung

Eine **physische** Beihilfe kommt nicht in Betracht. Möglicherweise könnte S dem B jedoch durch die weitere Mitfahrt und die darin liegende **psychische** Unterstützung[49] Hilfe geleistet haben. Die bloße Anwesenheit soll dabei jedoch als Beihilfehandlung nicht ausreichen.[50] Da S lediglich schweigend im Auto sitzen blieb, ist eine über die Anwesenheit hinausgehende aktive Unterstützung nicht

---

[49] Die psychische Unterstützung ist zwar umstritten, im Wesentlichen jedoch anerkannt. Zum Meinungsstand, der üblicherweise in einer Klausur nicht Prüfungsgegenstand ist, siehe: *Wessels/Beulke*, AT, Rn. 582 und § 13 Fn. 157.

[50] *BGH* NStZ 1995, 490 (491).

gegeben. Eine Beihilfe durch positives Tun scheidet somit aus.

2. Ergebnis

S hat sich nicht gemäß §§ 316 I, 27 StGB strafbar gemacht.

III. Beihilfe zur Trunkenheit im Verkehr durch Unter lassen, §§ 316 I, 27, 13 StGB

S könnte sich dadurch, dass er nach dem Abkommen von der Straße im Kfz des B mitfuhr, wegen Beihilfe zur Trunkenheit im Verkehr durch Unterlassen gemäß §§ 316 I, 27, 13 StGB strafbar gemacht haben.

1. Objektiver Tatbestand

Die vorsätzliche, rechtswidrige Haupttat ist mit der Trunkenheitsfahrt gegeben. Die Beihilfehandlung könnte sich daraus ergeben, dass S es unterlassen hat, nach dem ersten Fahrfehler auszusteigen oder den B zum Abbrechen der Fahrt zu bewegen. Da die damit einhergehende psychische Unterstützung den B in seinem Tatentschluss bestärkt hat, ist in diesem Unterlassen ein Fördern der Haupttat zu sehen. S hatte auch die Möglichkeit, durch eine entsprechende Handlung dieser Förderung entgegenzuwirken, so dass er eine gebotene Handlung trotz Möglichkeit nicht vorgenommen hat. Hieran war er auch nicht durch die Platzwunde gehindert.

Eine Strafbarkeit im Zusammenhang mit § 13 StGB setzt eine **Garantenstellung** voraus. S könnte aufgrund der engen familiären Verbundenheit mit B eine Garantenpflicht treffen. Zwar kann unter Geschwistern grundsätzlich eine Garantenpflicht aus enger persönlicher Verbundenheit bestehen[51], allerdings erfasst diese nur den Schutz der Person

---

[51] *Wessels/Beulke*, AT, Rn. 718; *Jescheck/Weigend*, AT, S. 622.

und deren Rechtsgüter und nicht die Pflicht, diese Person von der Begehung von Straftaten abzuhalten[52].

Vorliegend könnte sich eine Garantenpflicht allerdings aus einem gefahrbegründenden (pflichtwidrigen) Vorverhalten (sog. **Ingerenz**) ergeben.

a) Ablehnung der Ingerenz

Teile des Schrifttums lehnen die Möglichkeit der Begründung einer Garantenstellung durch vorangegangenes gefährdendes Tun und damit das Instrument der Ingerenz völlig ab (so genannte **Antiingerenztheorie**)[53]. Die Erscheinungsformen gefährlichen (Vor-)Verhaltens seien so mannigfaltig, dass eine dem Bestimmtheitsgrundsatz genügende Eingrenzung nicht zu leisten sei. Folgt man dieser Ansicht, ist eine Garantenstellung des S und somit eine Strafbarkeit auf Grundlage der §§ 316, 27, 13 StGB abzulehnen.

b) Ingerenz als Begründung der Garantenpflicht

Der überwiegende Teil der Rechtsprechung und Literatur erkennt hingegen die Existenz der Ingerenz an, knüpft die Entstehung der Garantenstellung jedoch an unterschiedliche Voraussetzungen. Während teilweise die Verursachung einer in Bezug auf den abzuwendenden Erfolg nahen, adäquaten Gefahr ausreichen soll (sog. **Verursachungstheorie**)[54], verlangen andere ein pflichtwidriges Verhalten (so genannte **Pflichtwidrigkeitstheorie**).[55] Da S den B zur Trunkenheitsfahrt angestiftet hat, mithin ein pflichtwidriges Vorverhalten vorliegt, ist dieser Meinungsunterschied vor-

---

[52] Mit dem Argument, dass Erwachsene für ihr Tun und Lassen regelmäßig selbst verantwortlich sind (betreffend Garantenpflicht unter Ehegatten): Wessels/Beulke, AT, Rn. 725, Schönke/Schröder-*Stree*, StGB, § 13 Rn. 53.

[53] *Schünemann*, GA 1974, 231 (233); *Roxin*, ZStW 83 (1971), 369 (403).

[54] BGHSt 11, 353 (355); MK-*Freund*, StGB, § 13 Rn. 124; *Kindhäuser*, StGB, § 13 Rn. 47.

[55] BGHSt 43, 381 (397); LK-*Jescheck*, StGB, § 13, Rn. 33; *Tröndle/Fischer*, StGB, § 13, Rn. 11.

liegend ohne Auswirkung. Eine Garantenstellung aus Ingerenz ist nach diesen Ansichten somit zu bejahen.

c) Stellungnahme

Grundsätzlich sind die Bedenken der Antiingerenztheorie hinsichtlich der Möglichkeit einer ausufernden Unterlassensstrafbarkeit nachvollziehbar. Allerdings führt die daraus resultierende ausnahmslose Ablehnung der Ingerenz ihrerseits zu kriminalpolitisch untragbaren Strafbarkeitslücken, die mit dem Hinweis auf eine Strafbarkeit aus dem eventuell korrespondierenden Fahrlässigkeitstatbestand und § 323c StGB nicht zu schließen sind.

Die erstgenannte Ansicht vermag daher nicht zu überzeugen, so dass eine Garantenstellung aus Ingerenz vorliegend zu bejahen ist. S hatte mithin eine Pflicht zur Erfolgsabwendung.

2. Subjektiver Tatbestand

S war sich der Tatsache bewusst, dass B sich durch das Weiterfahren wegen Trunkenheit im Verkehr strafbar machte. Er wusste auch, dass er durch sein Nichtstun die Trunkenheitsfahrt des B erleichterte. Da er sich des pflichtwidrigen Vorverhaltens noch bewusst war, er mithin die Grundlage seiner Handlungspflicht kannte, ist auch der Vorsatz hinsichtlich der Garantenstellung zu bejahen.

3./4. Rechtswidrigkeit und Schuld

Rechtfertigungs- und Entschuldigungsgründe sind nicht ersichtlich. S handelte rechtswidrig und schuldhaft.

5. Ergebnis

S hat sich wegen Beihilfe zur Trunkenheit im Verkehr durch Unterlassen gemäß §§ 316 I, 27, 13 StGB strafbar gemacht.

Endergebnis und Konkurrenzen

B hat sich der Gefährdung des Straßenverkehrs, der Trunkenheit im Verkehr, des unerlaubten Entfernens vom Unfallort und der Trunkenheit im Verkehr schuldig gemacht, §§ 315c I Nr. 1a, III Nr. 1, 316 I, 142 I, 316 I StGB.

Die Weiterfahrt zum Zwecke der Unfallflucht führt durch den neu gefassten Entschluss stets dazu, dass zwei eigenständige Trunkenheitsfahrten verwirklicht wurden.[56] Da § 316 StGB vollständig in § 315c I Nr. 1 StGB enthalten ist, tritt die Trunkenheit im Verkehr hinter die Gefährdung des Straßenverkehrs zurück. Das unerlaubte Entfernen vom Unfallort steht zur Trunkenheit im Verkehr im Verhältnis der Idealkonkurrenz[57], § 52 StGB. Zwischen beiden Tatkomplexen besteht Realkonkurrenz, § 53 StGB.

S hat sich der Anstiftung zur Gefährdung des Straßenverkehrs, der Anstiftung zur Trunkenheit im Verkehr, des unerlaubten Entfernens vom Unfallort und der Beihilfe zur Trunkenheit im Verkehr durch Unterlassen schuldig gemacht.

Die Anstiftung zur Trunkenheit im Verkehr tritt wiederum hinter die Anstiftung zur Gefährdung des Straßenverkehrs zurück. Die Beihilfe zur Trunkenheit im Verkehr durch Unterlassen und das unerlaubtes Entfernen vom Unfallort stehen im Verhältnis der Idealkonkurrenz, § 52 StGB. Diese Delikte stehen in Realkonkurrenz zu der Anstiftung zur Gefährdung des Straßenverkehrs, § 53 StGB.

Vertiefungshinweise

- Gefährdung d. Straßenverkehrs (§ 315c StGB) u. Trunkenheit i. Verkehr (§ 316 StGB): *Geppert*, Jura 2001, 559 ff; ders. Jura 1996, 47 ff.
- Die Teilnahme des Beifahrers an der gefährlichen Trunkenheitsfahrt: *Schroeder*, JuS 1994, 846 ff.
- Zur Strafbarkeit der einverständlichen Fremdgefährdung durch einen alkoholisierten Fahrer: *Heghmanns*, Blutalkohol 2002, 484 ff.
- Unerlaubtes Entfernen vom Unfallort: *Geppert*, Jura 1990, 78 ff.

---

[56] Vgl. *Tröndle/Fischer*, StGB, § 316 Rn. 59.
[57] Schönke/Schröder-*Cramer/Sternberg-Lieben*, StGB, § 142 Rn. 90.

Literaturverzeichnis

In dem nachfolgenden Literaturverzeichnis finden sich eine Auswahl der nach dem Dafürhalten der Autoren für die Ausbildung besonders geeigneten Lehrbücher zu den in diesem Skript behandelten Rechtsgebieten sowie einige Übungen im Gutachtenstil und die bekanntesten Kommentare.

I. Lehrbücher

Arzt, Gunther / *Weber*, Ulrich	Strafrecht, Besonderer Teil Bielefeld 2000
Haft, Fritjof	Strafrecht, Besonderer Teil I: Vermögensdelikte 8. Auflage, München 2004
Haft, Fritjof	Strafrecht, Besonderer Teil II: Delikte gegen die Person und die Allgemeinheit 8. Auflage, München 2005
Jäger, Christian	Examens-Repetitorium Strafrecht Besonderer Teil Heidelberg 2005
Kindhäuser, Urs	Strafrecht, Besonderer Teil I: Straftaten gegen Persönlichkeitsrechte, Staat und Gesellschaft 2. Auflage, Baden-Baden 2005
Kindhäuser, Urs	Strafrecht, Besonderer Teil II: Straftaten gegen Vermögensrechte 4. Auflage, Baden-Baden 2005
Krey, Volker / *Heinrich*, Manfred	Strafrecht, Besonderer Teil: Besonderer Teil ohne Vermögensdelikte 13. Auflage, Stuttgart 2005
Krey, Volker / *Hellmann*, Uwe	Strafrecht, Besonderer Teil: Vermögensdelikte 14. Auflage, Stuttgart 2005
Maurach, Reinhart / *Schroeder*, Friedrich-Christian / *Maiwald*, Manfred	Strafrecht, Besonderer Teil, Teilband 1: Straftaten gegen Persönlichkeits- und Vermögenswerte 9. Auflage, Heidelberg 2003
Maurach, Reinhart / *Schroeder*, Friedrich-Christian / *Maiwald*, Manfred	Strafrecht, Besonderer Teil, Teilband 2: Straftaten gegen Gemeinschaftswerte 9. Auflage, Heidelberg 2005
Otto, Harro	Grundkurs Strafrecht: Die einzelnen Delikte 7. Auflage, Berlin 2005
Rengier, Rudolf	Strafrecht, Besonderer Teil I: Vermögensdelikte 8. Auflage, München 2006
Rengier, Rudolf	Strafrecht, Besonderer Teil II: Delikte gegen die Person und die Allgemeinheit 6. Auflage, München 2005
Wessels, Johannes / *Hettinger*, Michael	Strafrecht, Besonderer Teil/1: Straftaten gegen Persönlichkeits- und Gemeinschaftswerte 28. Auflage, Heidelberg 2004
Wessels, Johannes / *Hillenkamp*, Thomas	Strafrecht, Besonderer Teil/2: Straftaten gegen Vermögenswerte 28. Auflage, Heidelberg 2005

II. Übungen im Gutachtenstil

Arzt, Gunther	Die Strafrechtsklausur 7. Auflage, München 2006
Beulke, Werner	Klausurenkurs im Strafrecht III: Ein Fall- und Repetitionsbuch für Examenskandidaten Heidelberg 2004
Haft, Fritjof	Strafrecht: Fallrepetitorium zum Allgemeinen und Besonderen Teil 4. Auflage, München 2004
Hillenkamp, Thomas	40 Probleme aus dem Strafrecht: Besonderer Teil 10. Auflage, München 2004
Kudlich, Hans	Strafrecht: Besonderer Teil Prüfe Dein Wissen: Rechtsfälle in Frage und Antwort, zwei Bände beide München 2004
Marxen, Klaus	Kompaktkurs Strafrecht, Besonderer Teil: Fälle zur Einführung, Wiederholung und Vertiefung München 2004
Otto, Harro	Übungen im Strafrecht 5. Auflage, Berlin 2001
Tiedemann, Klaus	Die Anfängerübung im Strafrecht 4. Auflage, München 1999

III. Kommentare

Jähnke, Burkhard / *Laufhütte*, Heinrich Wilhelm / *Odersky*, Walter (Hrsg.)	Strafgesetzbuch: Leipziger Kommentar; Großkommentar 11. Auflage, Berlin 2003 – 2005
Joecks, Wolfgang	Strafgesetzbuch: Studienkommentar 6. Auflage, München 2005
Joecks, Wolfgang / *Miebach*, Klaus (Hrsg.)	Münchener Kommentar zum Strafgesetzbuch in 6 Bänden München ab 2003
Lackner, Karl / *Kühl*, Kristian	Strafgesetzbuch: Kommentar 25. Auflage, München 2004
Rudolphi, Hans-Joachim / *Horn*, Eckhard / *Samson*, Erich u. a. (Hrsg.)	Systematischer Kommentar zum Strafgesetzbuch, Loseblattsammlung in 5 Bänden 8. Auflage, Frankfurt am Main 2005
Schönke, Adolf / *Schröder*, Horst (Hrsg.)	Strafgesetzbuch: Kommentar 27. Auflage, München 2006
Tröndle, Herbert / *Fischer*, Thomas	Strafgesetzbuch und Nebengesetze 53. Auflage, München 2006